U0782303

生活因阅读而精彩

生活因阅读而精彩

明成祖秘史

墨石◎著

中国华侨出版社

图书在版编目(CIP)数据

明成祖秘史 / 墨石著. —北京:中国华侨出版社,2014.6

("翰林书院"帝王史系列)

ISBN 978-7-5113-4687-2

Ⅰ.①明…　Ⅱ.①墨…　Ⅲ.①明成祖(1360~1424)-传记

Ⅳ.①K827=48

中国版本图书馆 CIP 数据核字(2014)第 113404 号

"翰林书院"帝王史系列:明成祖秘史

著　　者 / 墨　石
责任编辑 / 若　溪
责任校对 / 孙　丽
经　　销 / 新华书店
开　　本 / 787 毫米×1092 毫米　1/16　印张/20　字数/245 千字
印　　刷 / 北京军迪印刷有限责任公司
版　　次 / 2014 年 8 月第 1 版　2020 年 5 月第 2 次印刷
书　　号 / ISBN 978-7-5113-4687-2
定　　价 / 68.00 元

中国华侨出版社　北京市朝阳区静安里 26 号通成达大厦 3 层　邮编:100028
法律顾问:陈鹰律师事务所
编辑部:(010)64443056　　　64443979
发行部:(010)64443051　　传真:(010)64439708
网址:www.oveaschin.com
E-mail:oveaschin@sina.com

总序

滚滚长江东逝水，浪花淘尽英雄。是非成败转头空。青山依旧在，几度夕阳红。
白发渔樵江渚上，惯看秋月春风。一壶浊酒喜相逢。古今多少事，都付笑谈中。

这首词是明代杨慎《说秦汉》的开场词，深沉悲壮，意境高远。后来罗贯中将其收入《三国演义》，更被广为传诵。

虽为《说秦汉》的开场词，但作者的视野却没有局限在秦汉两代上，而是高屋建瓴地从历史事件和人物经历中，概括出一些始终能让人产生共鸣的思想感情，比如"空"。古来多少英雄是非成败，犹如大浪淘沙转眼成空。字里行间抒发了对历史变迁、英雄故去的感慨：无数英雄豪杰长眠地下之后，生前的所有是非得失、荣辱成败又有什么意义呢？在横亘古今的"青山"面前，"夕阳红"不过是人生短暂的美好时光而已。一个"空"字，无限感慨，几多惋惜，尽在其中。

本序言为何以这阕词为引子？是因为笔者认为这阕词可称为"史论"。它综观历代兴亡盛衰，以英雄豪杰的成败得失抒发感慨，体现了一种旷达超脱的人生观和历史观。在这种人生观和历史观指导下，我们认识和了解本套书的诸多帝王才更有宏观感和穿透力。

中国正统朝代的皇帝，加上一些农民起义建立的政权，皇帝总数不少于四百位！如何在这么多君王中选出十二个，实在不是简单的事。丛书撰写组最终在名气、正史、评价等综合因素考虑下，遴选出了如下十二位帝王，作为"帝王秘史"

的第一辑。这十二位帝王分别是：

统一六国，结束战国乱世的秦始皇嬴政；

起于亭长，击败西楚霸王项羽的汉高祖刘邦；

平定内乱，北击匈奴的汉武帝刘彻；

统一北方，奠定魏国基业的魏武帝曹操；

一统华夏，被西方称为"中国最伟大皇帝"的隋文帝杨坚；

文武双全，堪称帝王典范的唐太宗李世民；

毁誉参半的历史上唯一一位女皇帝武则天；

弯弓射雕，横扫欧亚的一代天骄成吉思汗；

乞丐出身，推翻元朝残暴统治的明太祖朱元璋；

开创明朝辉煌时代的明成祖朱棣；

南征北战，在位 61 年的康熙皇帝玄烨；

在位 60 年，有"十全老人"美称的乾隆皇帝弘历。

这十二位帝王，毫无疑问都开创或推动了一个时代的文明与繁盛。无论是时势造英雄，还是英雄改变时代，他们都是华夏星空中熠熠生辉的历史"明星"。本丛书的每一分册，都在有限而真实的史料基础上，以生动的语言和独特的视角，叙写他们百转千回、波澜壮阔的一生，展示了他们的成功与失败、高潮与低谷、坚定与疑惑、气魄与迷茫……

每位帝王都曾抒写过一段历史，或雄壮或悲戚，给后人无穷的想象和感叹。你可以击节，可以唏嘘，更可以和篇首那阕词中通晓古今、豁达潇洒的"白发渔樵"一样，把古今多少英雄的是非恩怨、成败荣辱都化作可助酒兴的谈资，纵论古今、品评人物，笑谈之中，人生不亦乐哉！

是为序。

目录
Contents

上篇　／　靖难之役

第一章 ／ 初露峥嵘

生于战火

自从 25 岁参军以后，朱元璋整日征战，终于占据了南京、镇江、长兴、常州、宁国、江阴、常熟、徽州、池州、扬州、婺州、诸暨、衢州、处州等地，这些地方多是鱼米之乡、丝绸之地，可为称霸之资。他坐拥十万军队，并有数十员谋臣武将辅佐，可谓是声势雄壮。

1360 年三月初，江南名士刘基、宋濂、章溢、叶琛一同来到应天 (今江苏南京)。除了一群虎将之外，朱元璋又多了一群经天纬地的文官。历代帝王之都的南京城里一派兴旺。

短短数年之间，朱元璋从一个家破人亡的放牛郎变成了一方霸主，可以说是功成名就。但是，他的日子过得并不消停。在他四周围，还有许多"军阀"虎视眈眈，长江上游有陈友谅，长江下游有张士诚，东南方有方国珍，南方有陈友定。方国珍、陈友定的目标在于保土割据，张士诚则对元朝首鼠两端，没有多大雄心；陈友谅最强，是朱元璋占领应天后遇到的最危险的敌人。

从1360年开始，朱元璋与陈友谅的争锋开始达到白热化阶段。前一年（1359年）年底，朱元璋派手下大将常遇春率部攻克池州，并在九华山下设伏打败了陈友谅的军队，俘虏了3000陈军。

常遇春是不世出的猛将，但是此人有一个非常恶劣的嗜好——杀俘虏。他将俘获的陈军士兵活埋，只留下了几个人，让他们给陈友谅带去了一句话——是我常遇春打败了你！

陈友谅愤怒了，马上组织军队，准备攻打朱元璋。

就当时的形势来看，陈友谅的实力要比朱元璋更强。他的天完政权占据江西、湖北、湖南的绝大部分和安徽、福建的一小部分，睥睨群雄，笑傲江湖。兵力至少30万，还装备有"混江龙"、"撞倒山"等百余艘名牌巨舰和数百条小艇，拥有当时中国最强的水军阵容。

而朱元璋的势力范围则是以应天为中心，占据了浙江大半和江苏、安徽的一小部分。大约有10万军队，水军实力只有陈友谅的1/10。

面对即将来临的强大对手，朱元璋自是难以平静。更令他担心的事情是，当时身边大多数人都持悲观态度，主张投降或逃跑，只有刘伯温一个人认为可以与敌一战，而他之所以有如此想法，还是因为"退无可退"。

五月二日这一天，焦头烂额的朱元璋得到了一个好消息——夫人生了。当时朱元璋正在一心想着如何在不久之后那场决定平生命运的大战中获胜，所以第四个儿子的诞生并未引起他太多的关注。这个孩子在出生之时，就受到了朱元璋冷落，而他的名字，叫朱棣。

事实上，朱棣刚出生的时候不叫朱棣。由于朱元璋忙于战事，所以根本没有时间给孩子起名字。从史书的记载来看，这个没有名字的孩子注定是不平凡的。《明实录》记载："上初生，光气五色满室，照映宫闼经日不散。"意思是生朱棣的时候，满屋子的华光异彩，持续了好几天。

至于这种说法的真实性，其实现代人大可不必过分相信，古代史上但凡名人出世，大多天有异象，牵强也好，附会也罢，都无可查证了。

朱棣出生一个月以后，陈友谅率领舟师引兵东下，攻陷了朱元璋的重要城市——太平。太平守将朱文逊战死，行枢密院判花云、王鼎及知府许瑗被俘殉难。

朱文逊是朱元璋的养子，花云是朱元璋的爱将，骁勇绝伦，失此二人，损伤重大。

拿下太平时候，陈友谅派人与张士诚联系，企图前后夹击朱元璋，将其铲灭。而朱元璋一方，则决定固守南京，这里城池坚固、地形复杂，而且是鱼米之乡，只要此地不失，朱元璋就元气不伤。

朱元璋根据应天的地形，作了如下部署：常遇春等率兵 3 万埋伏于石灰山（今南京幕府山）；徐达率兵列阵于南门外；赵德胜率兵横跨新河（今南京城西南）驻虎口城；杨璟驻兵大胜港（今南京城西南 15 里）；张德胜等率水师出龙江关（今南京兴中门外）；朱元璋亲自率主力埋伏于卢龙山（今南京狮子山）。并派胡大海自婺州、衢州率兵西攻信州（今江西上饶），威胁陈友谅侧后，进行牵制。

战前，朱元璋授意自己手下的大将、陈友谅的老友康茂才给陈友谅写信诈降，并与之约定在江东桥（今南京江东门附近）会合，以呼"老康"为暗号。

急于求胜的陈友谅在接到康茂才的信后，欣喜若狂，他认为有此内应，自己不需要张士诚也能打败朱元璋。农历五月初十，他率军来到江东桥，连呼"老康"，却无人应答。这时候陈友谅知道自己上当了，赶紧约束军队撤退，但为时已晚。朱元璋早已在此埋伏多时，见陈友谅进入到包围圈里，发出了攻击信号。刹那间，伏兵四起，杀声不断。

遭受到出其不意的打击之后，陈友谅的军队陷入混乱，争相逃跑。此战中，陈友谅军被杀和落水而死者甚多，另有2万余人被俘。而陈友谅则扔下军队和战船，乘小舟逃回九江。朱元璋率兵乘胜追击，夺回了安庆、太平之后，又占领了原本属于陈友谅的信州、袁州（今江西宜春）等地。在之后的一年里，朱元璋步步紧逼，相继占领了蕲州、黄州、兴国、黄梅、广济、乐平、抚州等地，收编龙兴（即洪都，今南昌）守军，实力大大增强，控制区迅速扩展。

鄱阳湖之战

1363年，张士诚派兵围攻小明王（元末各军阀名义上的领导者）的据点安丰。小明王向朱元璋求救。安丰是应天的屏障，如果张士诚拿下这座城市，那么就可以随时威胁朱元璋的地盘，所以朱元璋决定出兵救援小明王。

而陈友谅则趁着朱元璋主力军队救援安丰的机会，集结大量军队（号称60万）前来进攻。

陈友谅在向南京进发的路途中，遇到了一块难啃的骨头——由朱元璋侄子朱文正镇守的洪都城。

在这里，陈友谅遭到了朱文正的强烈抵抗，激战数月未能攻破洪都。而此时，朱元璋已经回到了南京，他一面命令徐达赶紧率领主力部队火速回师南京，一面命令洪都守军再坚守一月，疲惫陈军，争取时间。

这一年的七月初，徐达在完成了救援小明王的任务之后，回到了南京。朱元璋则赶紧组织军队，去救援洪都。

七月十六日，朱元璋的军队来到湖口。他首先派兵守住泾江口和南湖嘴，目的是切断陈友谅归路。又派兵扼守武阳渡，以防陈友谅从这个方向逃跑。他自己则亲自率领水师进入鄱阳湖，形成关门打狗之势。

陈友谅听说朱元璋大军将至，便停止进攻洪都，率军来到鄱阳湖，要与朱元璋决战。

二十日，两军在康郎山湖面遭遇。当时陈友谅将自己的巨大战舰用铁索连起来，展开数十里，"望之如山"，气势逼人。朱元璋手下尽是些小船，无法正面与陈友谅交锋，便将舰船分为20队，每队配备大小火炮、火铳、火箭、火蒺藜、大小火枪、神机箭和弓弩，命令各船接近敌舰时，先发火器，次用弓弩，最后想办法登上敌人的舰船，与之展开白刃战。

第二天，双方的战斗打响了。徐达身先士卒，率舰队勇猛冲击，击败陈友谅军的前锋，杀敌甚众，并缴获巨舰一艘。另一位将领俞通海则通过发射火炮，烧毁陈友谅20余艘舰船。但朱元璋一方的伤亡也不少，尤其是朱元璋的坐舰还在战斗中搁浅，险些被敌人围杀。

战斗整整持续了一天，基本上不分胜负。

次日，朱元璋亲自率领水师出战。但是由于陈友谅的装备优势非常明显，所以朱元璋未能获胜。他及时采纳了部将郭兴的建议，决定改用火攻破敌。

当天黄昏，湖面上刮起了东北风，朱元璋选择勇士驾驶7艘渔船，船上装满火药柴薪，迫近敌舰，顺风放火，风急火烈，迅速蔓延。一时烈焰飞腾，湖水尽赤，转瞬之间烧毁陈军数百艘巨舰，陈军死伤过半，陈友谅的两个兄弟及大将陈普略均被烧死。

朱元璋则趁此良机发动总攻，杀敌 2000 余人。

陷入绝境的陈友谅试图奋力一搏，他命令手下集中火力去攻击朱元璋的旗舰。朱元璋看出了陈友谅的意图，他刚换了一艘旗舰，原来的旗舰便被击沉。

从二十四日开始，朱元璋的军队便掌控了局势。手下大将俞通海等人率领 6 艘舰船突入陈友谅的舰队，纵横驰骋，如入无人之境。其他军队士气大振，发起猛烈攻击。

陈友谅此时已经彻底失去了抵抗的资本，节节败退，遗弃的旗鼓器仗，浮蔽湖面。他只好收拢残部，一路退却。当他退到星子南的时候，朱元璋的主力部队又追了上来。两只军队又在这里打了三天，陈友谅再难取得一胜。他手下两员大将见大势已去，便投降了朱元璋。眼见士气低落，陈友谅非常生气，下令把抓到的俘虏全部杀掉以泄愤。而朱元璋却反其道而行之，将俘虏全部放走。如此一来，陈友谅更加不得人心，内部分崩离析。

最后，陈友谅见败局已定，便想拼死突围，保全性命，但朱元璋不给他这个机会，全军追击，将陈友谅诛杀于乱军之中。

1364 年，朱元璋夺取了陈友谅的全部地盘，陈友谅的儿子陈理投降。至此，朱元璋成了最大的军阀，奠定了统一江南的基础。

大明王朝

朱元璋的势力一天天壮大，朱棣也一天天成长。

打败陈友谅之后，朱元璋自立为"吴王"，成了南方的霸主，只待挥师北上，逐鹿中原了。等到击败了元朝，他将成为中原大地上新的帝王，而朱棣，则会贵为皇子——众多皇子中的一个。

到这时，朱元璋一共有了七个儿子，长子朱标 13 岁，从小就跟着大学者宋濂学习，满腹经纶。次子朱棣 12 岁，老三朱㭎 10 岁，就连最小的朱樉，也都 3 岁了。其中，长子朱标已经被朱元璋列为世子，朱元璋一旦荣登大宝，他就是太子，将来还是皇上，众位兄弟都只能做他的臣子。

朱元璋希望自己的孩子们能够像自己一样，做出一番事业，光耀门楣。所以，在这年十月二十二日，他让老大朱标、老二朱棣去濠州拜谒祖宗的陵墓。临行前，他对儿子们说：

世称商高宗、周成王为贤君者，汝知之乎？高宗旧劳于外，知民疾苦；成王早闻无逸之训，知稼穑之艰难。故其在位，不敢暇逸，能修勤俭之政，为商、周令主。今汝诸子，生于富贵，未涉艰难，人情习于宴安，必生骄惰。况他日皆有国有家，不可不戒。

今使汝等于旁近郡县，游览山川，经历田野，因道途之险易，以知鞍马之勤劳；观小民之生业，以知衣食之艰难；察民情之好恶，知风俗之美恶。

即祖宗陵墓之所，访求父老，问吾起兵渡江时事，识之于心，以知吾创业之不易也。

世上的人都说商高宗、周成王是贤明的君主，你们知道为什么吗？商高宗常年在外劳苦，他知道人民的疾苦。周成王也明白勤劳的好处，他知道农民种地是多么不容易，所以他们自己也不敢过得太安逸。勤于政事，因此才能成为商周时代的贤明君主。你们现在都出身富贵，不知道人世间的艰难。长此以往，必然骄纵。将来你们要治国理家，这种心态要不得。所以现在让你们出趟远门，去看看平凡人是怎么生活的，向他们问问我当年起兵时候的艰辛，你们就知道我创业不容易了。

朱元璋的这番话，当时年仅 8 岁的朱棣可能并不十分理解。但是以后的历史告诉我们，他的实践工作可能比自己的任何一个兄弟做得都好。

1367 年的十二月，朱元璋在南京登基，自立为帝，国号为明。也就是此时，朱元璋才正式为几个儿子命名，天子无小事，给孩子起个名字也是事关国家社稷的大事，朱元璋还专门写了篇文章"通知"祖先："维子之生，父命以名，典礼所重，古今皆然。仰承先德，自举兵渡江以来，生子七人，敢告知之。"

自此，朱棣才正式叫朱棣。

在称帝的同时，朱元璋展开了对元朝统治者的最后决战。命徐达为征虏大将军、常遇春为副将军，率军 25 万，北进中原。

在北伐中，朱元璋发布了告北方官民的文告，文告中有这样几句话："驱逐胡虏，恢复中华，立纲陈纪，救济斯民。"这意味着，朱元璋不再是要为争取政治生存和个人性命而战了，他成了恢复华夏的英雄。

仅仅一年时间，朱元璋的军队就攻克了大都（北京），将元朝统治者赶回了北方草原，纵横一时的元帝国宣布灭亡。大明王朝成了整个中国的统治者。

从繁华的中原大地被赶回到蒙古草原上的元朝统治者并不甘心，他们建立了北元，并派遣大将扩廓帖木儿率兵不断骚扰大明边界。

1370年，朱元璋决心征剿北元，永绝后患。正月初三，他任命徐达为征虏大将军，李文忠为左副将军，冯胜为右副将军，邓愈为左副副将军，汤和为右副副将军，往征沙漠。

临行前，朱元璋问手下的将领："元顺帝滞留塞外，扩廓帖木儿以孤军犯我兰州，其志欲侥幸尺寸之利，不灭不已。今命你们出师，当以何为先？"

将领们回答说："以师直取元顺帝，扩廓帖木儿失势，可不战而降。"意思是直接攻打北元皇帝的军队，那么他手下的大将扩廓帖木儿就会不战而降。

朱元璋则说："扩廓帖木儿以兵临边，今舍彼而取元顺帝，是忘近而取远，失缓急之宜，不是善策。我的意思是，分兵二道，一令大将军徐达，自潼关山西安，取扩廓帖木儿；一令左副将军李文忠出居庸，入沙漠，追元顺帝。使其彼此自救，无暇应援。何况元顺帝远居沙漠，料不到我师突至，如孤豚之遇猛虎，取之必易。此有一举两得之效。"

皇帝的话是无可辩驳的，诸将马上按照朱元璋的指示行动。

四月初八，徐达军与扩廓帖木儿遭遇。第二天，战争打响，"诸将悉力与战"，扩廓帖木儿大败，并擒获了元郯王、文济王及国公阎思孝、平章韩扎儿、虎林赤等官1865人，同时还俘虏了84500余蒙古军队，以及15280匹战马。

战败的扩廓帖木儿带着家人逃走。

五月十三日，李文忠军围应昌城，次日破城，擒获元嫡孙买的里八剌及后妃宫女、官属将校人等，驼马牛羊不计其数。此战中，元代玉玺落入李文忠手中。此战过后，北元元气大伤，再无能力组织大规模的入侵战争。

六月二十日，朱元璋昭告天下——大败北元。

册封

在进攻北元获得胜利之时，朱元璋开始规划帝国的未来。如今他已经拥有了一个疆域广阔的国家。如何管理这个国家才能让子孙后代永远拥有这笔巨大的财富？这是朱元璋首要考虑的问题。最终，他决定采取分封制，就是把自己的儿子们分到全国各地，封他们为亲王，让他们各自管理一块地方。

昔者元失其驭，群雄并起，四方鼎沸，民遭涂炭。朕躬率师徒以靖大难。皇天眷佑，海宇宁谧。然天下之大，必建藩屏，上卫国家，下安生民。今诸子既长，宜各有爵封，分镇诸国。朕非私其亲，乃遵古先哲王之制，为久安长治之计。

皇上发话了，各位大臣也纷纷表示支持："陛下封建诸王，以卫宗祀，天下万世之公议。"

朱元璋接着说："先王封建，所以庇民，周行之而久远，秦废之而速亡。汉晋以来，莫不皆然。其间治乱不齐，特顾施为何如尔。要之，为长久之计，莫过于此。"

由此可见，在朱元璋的心目中，只有自己的家人才是最可靠的，所以把土地交给他们管理，皇帝才可以放心，大明江山才能够稳定。

四月初七，册封亲王的大典在南京举行。

皇宫的奉先殿里，端正地摆着五座宝册案，东边摆着十座宝册亭。参加典礼的文武百官早已肃立在位。

当皇帝朱元璋身着衮冕出现、坐上自己的龙位时，鼓乐齐鸣。司辰官报告典礼时辰已到，皇太子以及其他诸位皇子一起走进奉先殿。

皇子们入场之后，太子侍立在皇帝一旁，而其他皇子则在下位入座。这也体现了兄弟之间身份的不同。

紧接着，有官员大声诵读朱元璋的旨意："封皇子樉为秦王，棡为晋王，棣为燕王，橚为吴王，桢为楚王，榑为齐王，梓为潭王，杞为赵王，檀为鲁王，从孙守谦为靖江王。"

册封过后，诸位王子俯伏在地，向坐在宝座上的父亲朱元璋行礼，朱元璋的旁边站着诸位王子的大哥朱标，所以诸位王子在向父皇行礼的同时，也算是向自己的大哥、未来的皇帝行了礼。

这一年的朱棣 12 岁，12 岁的孩子可能还没有什么野心，但是也一定体会到了兄弟之间的不平等。从几天前，他便在负责礼仪的官员的指导下反复演习今天要举行的仪式。今天天还没亮，他就被领到宫墙外等候了，就是为了等待这个重要的时刻。他被封为燕王，得到了一枚金印，这枚金印每边长五寸二分，高一寸五分。正面用篆书刻着"燕王之宝"。除了金印之外，朱棣还得到了一本金册，相当于今天的"聘书"，金册上写着：

昔君天下者，必建屏翰，然居位受福，国于一方，并简在帝心。第四子棣，今命尔为燕王，永镇北平，岂易事哉！朕起农民，与群雄并驱，艰苦百端，志在奉天地，享神祇。张皇师旅，伐罪吊民，时刻弗怠，以成大业，今尔有国，当恪敬守礼，祀其宗社山川，谨兵卫，恤下民，必尽其道，体朕训言，尚其慎之。

这段文字的意思朱棣读得明白，父亲要让自己镇守北京一带，这里是北方边境最重要的一座城市，少数民族军队经常来骚扰的地方。把自己安排到这里，就是为皇帝守门，现在是为父亲皇帝，将来是为大哥皇帝……就如父亲在册封之后所说的那样："朕惟帝王天子，居嫡长者则必正储位；其诸子当封以王爵，分茅胙土，以藩屏国家。"

当然，除了朱棣之外，其他的26个兄弟之中，大部分也被封到边疆苦寒之地，西安的秦王、太原的晋王、北平的燕王、大宁的宁王、东北的辽王、宣府的谷王、大同的代王、宁夏的庆王、兰州的肃王，这九王都被称为"塞王"，"莫不敷险隘，控要害"。

册封活动结束之后，诸位被册封的皇子要依次朝谢皇后、太子。对于马皇后，诸位皇子是十分尊敬的。在过去很多年里，皇子们都是由她抚养、教育的，所以感谢皇后理所当然。但是太子，说到底他也不过是自己的兄弟而已，天下是父亲打下来的，他又有什么功劳？凭什么要谢他？但是没有办法，从太子被册封为太子的那一刻，人家就成了国家的半个主人，而自己呢，则是臣子，反对太子就是反对父亲的统治，纵有不满，也只好闷在心里。

谢过皇后、太子，亲王之间又要互相致贺，丞相又率百官给亲王祝贺。宫中上下，一片道贺之声。

在一片的道贺声中，朱元璋也意识到了自己这个"分封制"可能存在的隐患，那就是位高权重的藩王们将来可能会对皇帝本人的权威造成威胁。

为了避免这种情况的出现，朱元璋下令撰写《祖训录》。通过这本书，朱元璋给藩王们制定了严格的行为规范，包括箴戒、持守、严祭祀、谨出入、慎国政、礼仪、法律、内令、内官、职制、兵卫、营缮、供用。朱元璋还亲自为之作序：

朕观自古国家，建立法制，皆在始受命之君。当时法已久定，人已守，是以恩。威加于海内，民用平康。盖其创业之初，备尝艰苦，阅人既多，历事亦熟。比之生长深宫之主，未谙世故；及僻处山林之士，自矜已长者，甚相远矣。

朕幼而孤贫，长值兵乱；年二十四，委身行伍，为人调用者三年。继而收揽英俊，习练兵之方，谋与群雄并驱。劳心焦思，虑患防微，近二十载，乃能翦除强敌，统一海宇。人之情伪，亦颇知之。故以所见所行，与群臣定为国法，革元胡俗，去姑息之政，治旧习染之徒。且群雄之强盛诡诈，至难服也，而朕已服之；民经世乱，欲度兵荒，备习奸猾，至难齐也，朕已齐之。盖自平武昌以来，即议定著律令，损益更改，不计遍数。经今十年，始得成就。颁而行之，民渐知禁。至于开导后人，为《祖训》一编，立为家法。大书揭于西庑，朝夕观览，以求至当。首尾六年，凡七膳稿，至今方定，岂非难哉！

盖俗儒多是古非今，奸吏常舞文弄法。自非博采众长，即与果断，则被其眩惑，莫能有所成也。今令朝林编辑成书，礼部刊印成书，以传永久。凡我子孙，钦承朕命，无作聪明，乱我已成之法，一字不可改易，非但不负朕垂法之意，而天地祖宗亦将孚佑于无穷矣。呜呼，其敬戒之哉。

朱元璋把《祖训录》发给诸王，让他们抄写在王宫正殿和内宫的东壁，随时阅读。随后他又对诸臣说：

朕著《祖训录》，所以垂训子孙，朕更历世故，创业艰难，常虑子孙不知所守，故为此书，日夜以思，具悉周至，编绎六年，始克成编，后世子孙守之则永保天禄。苟作聪明，乱旧章，是违祖训矣。

朱元璋认为自己通过严格限制藩王们的行为，避免了"家族内斗"的可能，他很满意。

明洪武三年

明洪武三年，就是朱元璋打败北元，册封皇子的1370年，还发生了许多大事。

五月，朱元璋颁发科举诏令，定在八月设科取士。诏书中说："尝闻成周之制，取才于贡士，所以贤者在职，而民有士君子之行，风淳俗美，国易为治，教化彰显。汉唐及宋，科举取士，各有定制，但贵词章之学而不求德艺之全。前元依古设科，待士优厚。可是权豪势要之官，每纳奔竞之人，寅缘阿附，辄窃仕禄，所得资品或居贡士之上，致使怀才抱道之贤，耻与并进，甘隐山林而不起。风俗破败，以至于此。我今一统华夏，方与百姓共享升平之治，所担心的是官非其人，有殃吾民，愿得贤人君子而任用。以今年八月，为始，特设科举。"

于是，当年八月，刚刚建立的大明王朝开始了声势浩大的科举，众多学子纷纷响应。接连三场考试，第一场考"经义二道，四书义一道"；第二场考"论一道"；第三场考"策一道"。除了文考之外，那些被选取的考生还会参加

"综合能力测试"，"复试骑、射、书、算，律五事。骑，观其驰驱便捷；射，观其中之多寡；书，通于六艺；算，通于九法；律，观其决断。"从骑射到书法到算数，都要考。

朱元璋的科举是从地方到中央的，一开始在地方上考试，然后到中央由著名学者出题监考，最后是朱元璋自己面试。

史书记载：四年正月二十三日，又令各行省连试三年，且以官多缺员，举人俱免会试，赴京听选。自后三年一举。二月十八日始开会试科，鲍恂、宋濂（均为著名学者）主考，取俞友仁等一百二十人。三月初一日，策试贡士，朱元璋亲制策问，试于奉天殿，赐吴宗伯等进士及第，张挂黄榜，于中书省赐宴。宗伯等授礼部员外郎，及第出身授主事，同出身授县丞。一甲三人不授翰林官。

明洪武六年二月二十三日，朱元璋告谕中书省臣："科举之设，务得经明行修，文实相称之士以资任用。有司所取，多后生少年，观其文辞，亦若可用，及试用之，不能措诸行事。虚文相冒，失去我责实求贤的本意。各地宜暂停科举，别令有司察举贤才，以德行为本，文艺次之。十五年八月，复行科举，三年一行，遂为定制。"

唐太宗恢复科举之后，看到全国的人才都被自己招揽到麾下，曾经说："天下英雄尽入吾彀中。"彀中的意思是弓箭的射程之内，形容自己掌握了天下的英雄豪杰。相信朱元璋此时也是这样的心情。

1370 年，朱元璋下令编撰的《大明集礼》和《大明志书》编成。这两本书的作用是总结历朝历代的兴亡之道，引以为戒。

打败了敌人，恢复了科举，年轻的大明王朝一片欣欣向荣。

兵不血刃

现在我们把目光从刚刚建立的大明王朝转到朱棣个人身上。

12 岁成为亲王，朱棣可谓是少年得志。当然，他此时的成功全要倚仗父亲朱元璋的地位。

作为亲王，朱棣可以享受"岁禄万石"的优厚待遇，而且政治地位也很高。他有自己的王府，有归他管的一套官员体系，"冕服车骑宫室之制仅次于皇帝"，公侯大臣在他面前也是礼让三分。更重要的是，朱棣手中握有军队。

其他亲王也一样，位高权重，手中还有军队，如果这些人造反的话，问题很严重。朱元璋虽然把江山分给了儿子们，但是也不得不防备儿子们的野心，所以他规定：

凡王国有守镇兵，有护卫兵。其守镇兵有常选指挥掌之。其护卫兵从王调遣。如本国是要塞之地，遇有警急，其守镇兵，护卫兵并从王调遣。

也就是说，按照规定，朱棣最多只能有 9000 人的军队。靠这么点儿人，是无法与拥有全国几十万军队的皇帝对抗的，所以他们只能乖乖地为皇帝效命，这是朱元璋的想法。

时间很快到了明洪武十三年（1380 年），这一年，朱棣已经 22 岁了。史书上记载："王貌奇伟，美髭髯。智勇有大略，能推诚任人。"就是说，朱棣长得仪表堂堂，勇武过人而且有谋略，还懂得用人。从很多地方来看，朱棣和朱元璋非常像——朱棣走路时左脚微微内倾，步子一大一小，和朱元璋如出一辙；而一脸忠厚之相底下游动着的缕缕狡黠与豪霸，则完全是得了朱元璋的神韵。"形神毕肖"，望着朱棣的背影，朱元璋的脑子里经常跳出这四个字。

朱元璋对朱棣的表现也很满意，在分封之时，他把朱棣封到分量最重的燕地；到了该娶亲的时候，他又赐命朱棣娶了开国第一功臣徐达的长女。可以说他把最好的资源都给了朱棣，当然，除了太子的位置。这一年，朱元璋正式将朱棣派到了北京，此时他才成了名副其实的燕王。

与物华天宝、锦绣江山的南京相比，当时处于大明边界处的北京，虽然也是繁华异常，但毕竟是北方边塞，少了几分灵秀之气、多了一些豪迈之风。对于生活环境的转变，朱棣倒是觉得这里很不错，比较适合自己的风格，所以倒也自在。

虽然远离了朱元璋的权威，但是父亲还是在远方操纵着自己。朱元璋规定，亲王是"分封而不锡土，列爵而不临民，食禄而不治事"。也就是说，朱棣虽然是燕王，但是对北京及周边地区（就是燕地）没有实际的行政权力。他最为要紧的任务，就是带兵打仗，抗击时不时来骚扰一番的蒙古残部。

当时北元政府虽然没有能力组织起大的攻势，但是小打小闹从来没断过。这也是没办法的事情，蒙古人以游牧为生，不事生产，所以手工制品非常缺乏。但是他们又在中原住了90多年，生活中不能没有一些器皿工具，没办法只好来抢。而朱棣所要面对的，正是这些以劫掠为目的的小股蒙古军队。

1380 年到 1390 年间，朱棣与蒙古军队作战无数次，虽然都是一些小战役，但是也锻炼了他的军事才能，这位从小在军营中长大、与众多名将共事过的王子，已经成了一个非常有能力的军事人才。

明洪武二十三年（1390年）元旦刚过，朱棣就接到了一份来自朱元璋的命令，让他和晋王分别统率兵马合击蒙元平章乃儿不花。朱棣得知这个消息之后，异常兴奋，因为这是他第一次指挥大规模战役。一直就有野心的朱棣知道，这是磨炼自己的大好时机，更是展现自己的一次机会，因此精心准备，志在必得。而另一边，朱棣的三哥晋王朱棡却是另一个状态，他不想打仗，只想当自己的安乐王爷。一想到要大冬天去塞外吹风吃沙，就很是不快。

朱棣先派出几股哨兵四出侦查，明确了乃儿不花的确切位置。当时已经是三月份了，但是北方的三月可不是春暖花开的时候，再加上天公不作美，还下起了大雪，气温也随之下降，更是严寒。所以有些人就请求朱棣停止行军，暂避风雪。

朱棣却认为，这正是出奇制胜的大好时机。敌人一定会因为下大雪而放松警惕，所以我们更要在这个时候行动。拿破仑曾说："一定不要做敌人想让你做的事情，原因就是，敌人想要让你这样做。"很显然，朱棣也是信奉这一理念的。

当朱棣大军出现在面前时，乃儿不花非常惊讶，而且毫无准备。但是，朱棣却没有贸然发起进攻，而是派已降明的乃儿不花旧交观童前去劝降。乃儿不花知道自己根本无法抵抗，只好前往朱棣军中请降。

朱棣在军中摆酒设宴，面对这个让自己在沙漠中冒着风沙和严寒跑了几百里地的敌人，朱棣仍然显得非常热情。乃儿不花很是感动。

朱棣第一次大规模出征就兵不血刃地大获全胜。

与朱棣一起接到命令的晋王，则在路上拖延了几个月，始终没有深入蒙古腹地，结果自然一无所获，只好灰头土脸地班师了。

不怕不识货，就怕货比货。晋王的无能更是衬托出燕王朱棣的智勇双全。朱元璋非常高兴，赏赐宝钞 100 万锭，对他更加信赖。这次胜利，令朱棣声名鹊起，也是他在政治舞台上的完美亮相。

虽然为父亲所器重，又立了大功，但是朱棣却越发地谦虚谨慎。在自己的 20 多个兄弟中，大有举止荒唐之辈，在封国内沉溺酒色，残害百姓，羞辱官员，破坏法度。但朱棣却不一样，史书上记载："燕王在国，抚众安静不扰，得军民心。众咸谓其有人君之度。"

第二章 ／ 叔侄相忌

朱标之死

朱棣招降乃儿不花全部的消息传到南京之后，朱元璋非常高兴。来自北部边疆的少数民族入侵，一直以来都是朱元璋心头的一块心病，他需要一个优秀的将领来镇守北方，朱棣的出色表现，让朱元璋认为自己找到了那个堪当大任的人。

在出征乃儿不花之后，朱元璋又屡次派朱棣出征讨伐北元的残余军队，皆获胜利。朱元璋终于放心地安排朱棣"节制沿边士马"，朱棣也因此成了诸亲王中最为有影响力的一位。

当时，朱棣才30出头，就肩负起了如此重任，除了因为他自己表现优异之外，还有一个更为重要的原因——朱元璋手下的名将几乎都死光了。

在多年的战争中，朱元璋手下云集了一众名将，徐达、常遇春、李文忠、汤和……在战争时期，他们为朱元璋南征北战，立功无数。等到大明朝建立、天下安定之后，这些手握重兵、位高权重的武将，就成了朱元璋的一块心病。

朱元璋知道自己手下这批武将的能力，怕他们有朝一日威胁到朱家的统治地位，便采取了一种简单暴力的手段来对待昔日的兄弟和战友——杀！

从大明王朝建立之后，朱元璋发动了两次针对官场上的大屠杀，屠杀的对象都是他最初起兵时亲如手足的患难朋友。

朱元璋屠戮功臣的数量之大，是历史上绝无仅有的，一共有四万多文臣武将死于他手。其中包括朱标的老师宋濂，这位元末明初文才最为出众的人物，因孙儿牵扯到胡惟庸案中，被打入大牢，直至死去。朱元璋最信任的智囊刘基，这个在历史上与诸葛亮齐名的传奇军师，也死在了胡惟庸案中。平定云南的大将傅友德，父子同时绑赴刑场腰斩。平定广东的大将朱亮祖，也被朱元璋所杀。大臣李仕鲁想要辞职，朱元璋认为是对自己不满，当场杀死。

总而言之，自从朱元璋建国之后，他就不再信任那些当年与自己一起打江山的将领，开始有计划地铲除功臣。而那些功臣们死后留下的权力和职责，则逐渐转移到了自己子孙们的手中。朱棣正是这个计划中的第一批"受益者"。

如果历史是按照朱元璋的预想进行的话，那么将会是这样：他死后，他的大儿子朱标成了皇帝，朱标的兄弟们则手握重兵，为哥哥守卫国门，保证朱家世世代代江山永固。

但是，历史和命运从来都不是某个人能一手安排的。

明洪武二十五年，也就是 1392 年，太子朱标病逝。

一年前（1391 年），御史胡子祺建议朱元璋迁都长安，他对皇帝说："举天下莫关中若也。"朱元璋有些动心，就派朱标去西安巡视。谁料想，朱标去了一趟西安，回来后就开始生病，最终于次年四月撒手尘寰。

朱标是个很不错的人，为人宽容仁和，对兄弟十分友爱，秦王朱樉、周王朱橚（后由吴王改封周王）及晋王朱棡曾经招惹朱元璋生气，是朱标从中调护求情，才使他们免受责罚。朱元璋屠戮功臣之时，朱标对父亲的所作所为颇有异议，曾经劝说父亲不要杀人太多。当时朱元璋把一根长满了刺的棍子丢在地上，命朱标用手拾起来。朱标见上面有刺，不愿意捡。朱元璋就说："我事先为你拔除棍上的毒刺，你难道不明白我的苦心吗？"结果朱标回答说："上有尧舜之君，下有尧舜之民。"可见，太子不仅宽厚，也很有智慧和远见。除此之外，朱标还很有学识，从小跟着宋濂学习经传，博览群书，可以与当时的鸿儒大德们讨论学问。

对于太子，朱元璋非常满意，就等着有朝一日传位给他，继承自己的大好江山了。但人算不如天算，他居然英年早逝。朱元璋内心的伤痛可想而知。

对于大哥朱标的死，朱棣是何反应？史书上并没有记载。他或许会有一点悲伤，因为毕竟是哥哥死了。但同时，朱棣肯定也有一些其他的想法，毕竟，那个位置现在空了。

《明实录·太宗实录》中有这样的记载："上貌奇伟美髭髯举动不凡，有善相者见上，退谓人曰：'龙颜天表凤姿日章重瞳隆准太平天子也。'"意思是，朱棣相貌不凡，有善于相面的人见过他之后，对旁人说："这个人一表人才，以后可以当皇帝。"这件事在朱棣继位之后，被写到了历史书里。

在朱标死之前，想法仅仅是想法，太子是长子，继承父业名正言顺，而且朱标本身也很优秀，深得朱元璋的喜欢，皇位只能是他的。但现在不一样了，太子大哥死了，皇帝肯定要另选一人继承皇位，二哥、三哥都很平庸，而自己刚刚立了大功，深得父亲看重，这皇位很有可能落到自己头上。这或许是朱棣当时的内心所想。

可是不久之后，朱元璋就选定了替代朱标接任太子的人，不是朱棣，也不是他任何一个兄弟，而是朱标的儿子"朱允炆"。皇帝立他为"太孙"。

对于这个消息，朱棣当时心里一定有所不满。算来算去怎么也该轮着自己了，到手的鸭子还是飞了。他此时的心理肯定也发生了变化，朱标在的时候，朱棣可能还可以接受长兄继位、自己继续当王爷这一无法改变的未来。但是现在，侄子成了继承人，他并不甘心，开始谋划着颠覆这一格局。

朱元璋68岁生日那年，各个儿子为庆贺父皇的生日绞尽脑汁，搜罗天下宝物孝敬朱元璋。唯独朱棣的寿礼不一般：送来几株嘉禾。

所谓嘉禾，就是那些长得特别丰满的谷穗，古来以为祥瑞。用这种东西当礼品，看起来寒酸，但考虑到朱元璋一贯讨厌奢华、重农悯民，这个礼物其实是很对朱元璋胃口的。果然，朱元璋收到礼物后"大喜，为诗一章赐之"。

朱允炆

朱允炆是朱标的二儿子，由于大儿子早夭，所以算是长子。和朱标一样，朱允炆也为人宽厚，而且非常孝顺。他父亲生病的时候，朱允炆日夜照料，"昼夜不暂离"。朱标死后，他日夜为父亲守灵，瘦了一大圈，朱元璋拍着他的背说："而诚纯孝，顾不念我乎？"意思是说，这个孩子这么孝顺，将来还能不对我好？此后，朱允炆便被立为太孙。

朱允炆当上太孙之后，朱元璋让分布在各地的亲王们进京来参见未来帝国的统治者。朱元璋的儿子们，虽然贵为亲王又是朱允炆的叔叔辈，但是朱允炆毕竟是未来帝国的皇帝，所以亲王们也只得对自己的侄子行礼。

朱允炆当太孙这段时间，延续了父亲的宽厚，劝朱元璋修改了法律中那些比较严苛的七十三条条款，深得人心。"天下莫不颂德焉"。

朱元璋也很高兴，他说："吾当乱世，刑不得不重。汝为治世，刑不得不轻。所谓世轻世重也。"

朱元璋临死前不久，卧病在床，朱允炆总是在一旁悉心伺候。吃药要亲自尝，如厕则亲扶起，唾壶溺器都亲手提献。夜里所有人都睡了，但朱元璋只要一叫，朱允炆就会出现。

不过，仁厚的人往往柔弱。朱元璋对此也很担心。朱允炆生来颅骨稍偏，朱元璋便叫他"半边月儿"。一天夜晚，朱元璋正在读书，恰巧读到宋太祖咏月的诗——"未离海底千山暗，才到天中万国明"，朱元璋觉得这样的诗才是皇帝气度的体现。恰巧朱标和朱允炆都在身边，朱元璋便让他们以明月为题，各自作诗。

朱标赋道：

昨夜延陵失钓钩，何人移上碧云头？

虽然不得团圆象，也有清光照九州。

朱允炆赋道：

谁将玉指甲，搔破碧天痕，

影落江湖里，鱼龙不敢吞。

虽然他们才思敏捷，但朱元璋认为他们的诗没有帝王气象，特别是"不得团圆"、"影落江湖"更是不太吉利，所以不是很高兴。

相反，朱棣虽然文采不高，但是吟诗作赋上却有非同一般的气度。一次，朱元璋出句，让子孙们属对。朱元璋说出上联"风吹马尾千条线"，朱允炆对道"雨打羊毛一片毡"。对虽工整，但仍是柔弱无力。而朱棣在一旁则对出了"日照龙鳞万点金"这样气概非凡的句子。朱元璋不免为朱允炆暗暗担心。

朱元璋的担心不无道理，作为当时大明朝北方的守卫者，在过去十几年中，朱棣的权势也在急速膨胀。当年朱元璋规定亲王手下只能有 9000 人马，但是这条规定在朱棣身上不起作用，因为他除了是亲王之外，还担负着守卫边界的重任，所以有权力调动更多军队，当时朱棣可以调动的军队人数大约在 10 万左右。

当然，当时大明全国有军队 100 万左右，是中国古代历史上军队最多的朝代之一。所以说，朱棣的势力相对于整个大明朝来说，还是很弱小的。

明洪武三十一年（1398 年）闰五月十日凌晨，朱元璋驾崩，享年 71 岁。朱允炆继位为帝。

作为庞大帝国的统治者，新皇帝朱允炆还是合格的。从外表来看，他风度翩翩；从天赋来看，他聪明伶俐。更为关键的是，朱允炆比朱元璋更仁慈。朱允炆长于深宫，没有经历过铁血沙场的磨炼，更多的是受到了儒家思想的影响。因此他更推崇"以德服人"，不会过多地采取暴力手段。

朱元璋执政的时候曾经说："水弱民狎而玩之，故多死也。盖法严则人知惧，惧则犯者少，故能保全民命。法宽则人慢，慢则犯者众，民命反不能保，故守成者不可轻改祖法。"他还说："群臣有稍议更改，即坐以变乱祖制之罪"。由此可见，朱元璋希望自己制定的制度能够一直流传下去，但是朱允炆没有理会朱元璋的这个愿望。

继位之初，朱允炆就一改朱元璋时期"法律严苛"的局面，他认为大明律"较前代律往往加重。盖刑乱国用重典，非百世通行之法也……律设大法，礼顺人情，齐民以刑不若以礼。其传谕天下有司，务崇礼教，赦疑狱，嘉与万方，共享和平之福"。在他的统治下，"罪至死者，多全活之。于是刑部、都察院论囚，视往岁减三之二，人皆重于犯法"。

由于刑事案件减少，所以原先人数众多的执法机关也变得多余，因此朱允炆精简了这些部门的人员："顷以诉状繁，易御史台号都察院，与刑部治庶狱。今赖宗庙神灵，断狱颇简，其更都察院仍汉制御史府，专以纠贪残，举循良，匡政事，宣教化为职省。"

总之，在朱允炆的统治下，那种大肆屠戮文武大臣的事情不会再出现了，大部分官员们终于可以喘口气了。

推翻了朱元璋时期的峻法之后，朱允炆又开始改革朱元璋时期制定的一些田赋制度。他在即位诏中表示，要"诞布维新之政"，"德惟善政，政在养民"，"期致雍熙之盛"。

继位的第一年，朱允炆就下诏赐明年田租之半。诏书说："朕即位以来，大小之狱，务从宽省，独赋税未平，农民受困。其赐明年天下田租之半。"

朱允炆继位第二年刚开始，又下令减免江浙一带的税负："江浙赋独重，而苏松准私租起税，特惩一时之顽民，岂可定则以重困一方？宜悉与减免，照各处起科，亩不得过一斗。田赋既均，苏松人仍任户部。"

江浙地区的赋税在朱元璋时代非常重，原因就是当年朱元璋的敌人张士诚占据此地，与朱元璋作对多年，朱元璋"愤其城久不下，恶民之附寇（指张士诚），且受困于富室而更为死守。因令取诸豪族租佃簿历付有司，俾如其数为定税。故苏赋特重，惩一时之弊"。朱元璋为了报复，还限制这一带的人在户部做官，他说"户部胥吏，尽浙东巨奸，窟穴其间，那移上下，尽出其手。且精于握算，视长官犹木偶"。意思是说，户部掌握着财政大权，江浙一带的人都很奸猾，让他们掌管户部是个大麻烦。

总而言之，朱元璋时代的政策，致使江浙一带苦不堪言，文化发展也受到了严重的影响。而如今朱允炆推行的政策，对于江浙地区而言是一件德政。

如果说朱允炆对于朱元璋时代的法制和田赋改变可以看作是一种革新的话，那么他对于官制的改变，就可以说是一种"颠覆"了。

朱元璋为了控制中央大权，做出了许多努力。1380年，朱元璋取消了"丞相"这个官职，把大部分权力都集中在了皇帝一人身上，朱元璋曾经对子孙们说："以后子孙做皇帝时，并不许立丞相，臣下敢有奏请立者，文武群臣即时劾奏，将犯人凌迟，全家处死。"但是朱允炆对此置若罔闻，上任之后，便封齐泰为左丞相，黄子澄为右丞相，给了他们很大的权力，"阃外事一以付泰"。

在朱元璋时期，六部尚书是二品官，也就是说，一般的官员最多可以做到二品，其目的是压抑大臣，保证"天子之威福无下移"。他还开创了"廷杖"的先例，在朝堂之上可以当众打官员的屁股。或许在朱元璋眼里，官员们就是家奴，对他们不必客气，所以经常出现"血溅玉阶，肉飞金陛"的血腥情景。

朱允炆与朱元璋不同，他经常给官员们很高的爵位，而且也很少当众责罚官员。

朱允炆种种变革，在维护旧制、视祖训为神物者看来，自然是大逆不道了。所以有很多官员上书请求恢复朱元璋时期的制度，但是都被朱允炆拒绝了。

从当时来看，朱允炆的一系列改革是正确的，是符合当时社会的需要的。但是，有时候正确的事情不见得会带来正面的效应，朱允炆的改革，最终成了敌人打击他的理由。这是后话了。

文治的愿望

在治理国家方面，朱允炆是个好皇帝。他不是那种独断专行的人，善于听取他人的意见。有一次，朱允炆"偶感微寒，视朝稍宴"，于是手下官员便上书说他的行为不对，要改正。朱允炆手下的近臣们要替朱允炆"说情"——"以疾谕之"。朱允炆则说："不可，直谏难闻。"于是下诏："昌隆言中朕过，礼部可颁示天下，朕亦用自警。"

上任之后，朱允炆就重用了齐泰、黄子澄和方孝孺等人。

朱允炆所任命的重要官员，都是儒家子弟。朱允炆本人就是儒家思想的忠实信徒，"所好读书及古典文章"。所以他更重视"文治"，"日与方孝孺辈论周官法度"。

方孝孺等人，都是很好的学者，是儒家的忠实信徒，有时候未免显得太过迂腐，方孝孺甚至要在明朝恢复井田制，实现古代政治家"但使人人有田，田各有公，通力趋事，相救相恤"的政治愿望。这种不切实际的理想，对于一个政治家来讲还是显得太天真。

当然，方孝孺并不是没有可取之处，他具有民本位的思想，曾经说："能均天下之谓君……天之立君所以为民，非使其民奉乎君也"。他还批评那些不重视民生、民权的皇帝，说："知民之职在乎奉上，而不知君之职在乎养民。是以求于民者致其详而尽，于己者卒怠而不修。"进而指出："如使立君而无益于民，则于君也何取哉！"

方孝孺的思想，与朱元璋的制度很难相容，所以当年朱元璋对此人很不喜欢，说："斯人何傲！"也一直没有重用过他。事实上，虽然朱元璋尊重读书人，但是始终不太信任他们，所以，在朱元璋时代，知识分子在朝廷的地位不是很高。

朱允炆继位后，开始着力提高知识分子的地位，给了文臣更多的权力。正因如此，方孝孺等人才能被启用，跟着朱允炆用儒家的思想去治理国家。

客观来讲，朱允炆的种种治国方略和治国思想起到了很好的作用。明朝有人夸赞他"四载宽政解严霜"，意思是朱允炆利用四年的宽容政策，消解了朱元璋时代的种种过失。而且，朱允炆"仁声义闻"甚至远播西域、朝鲜。他刚执政后不久，就在1399年的年底，就有暹罗（今日之泰国）、占城（古代印度境内的一个小国）入贡，向明朝称臣。

继位后第二年，朱允炆立皇长子文奎为皇太子。诏告天下，广纳贤臣，下令由官方承担鳏、寡、孤独、残废之人的赡养。与此同时，还出台了一系列有益于社会生产的制度——"重农桑，兴学校，考察官吏，振罹灾贫民，旌节孝，瘗暴骨，蠲荒田租"。

新皇帝在一年之内能有如此作为，实属不易，值得称颂。

不过，除了治理国家之外，朱允炆还办了另一件事——削藩。他始终觉得那些位高权重的藩王叔叔们，是自己的一个重大威胁，"诸王以叔父之尊多不逊"。而且，他任命的那两位重要大臣——齐泰和黄子澄，也极力劝他削藩。

齐泰，原名德。在明洪武十七年（1384年）举应天乡试第一，第二年成了进士，曾任礼部和兵部的主事。朱元璋曾经向他问询边将姓名，齐泰全部说对。又问各种图籍，齐泰则从袖中拿出一本手册请朱元璋览阅，手册所载简要详密，朱元璋大为惊奇。

黄子澄，名湜。明洪武十八年（1385 年）癸亥贡入太学，明年京闱乡试第二，乙丑会试第一，进士及第第三，先任翰林院编修，升为修撰。后兼春坊官，在东宫伴读。朱允炆即位后，提升他做太常寺卿，让他与齐泰同参军国重事。

这两个人一上任，便提议赶紧削藩，朱允炆也有此意，君臣之间一拍即合。

1399 年八月，周王橚有罪，废为庶人，徙云南。（他儿子举报他图谋不轨，被废。之后，周王开始研究医药，写了《保生余录》、《袖珍方》、《普济方》和《救荒本草》等作品，对我国西南边陲医药事业的发展做出了巨大的贡献。）

1400 年四月，湘王柏自焚死。（有人告发朱柏谋反，朱允炆命令他赴京师说清问题，朱柏说："吾闻前代大臣下吏，多自引决，身高皇帝子，南面为王，岂能辱仆隶手求生活乎?"然后自焚。当时他才 29 岁。）

四月，齐王榑、代王桂有罪，废为庶人。（齐王被人告谋反，代王私生活不检点。）

两年之间，四个位高权重的王爷都遭受到了重大的打击，死的死，废的废。那些暂时还未被波及的藩王们，也是处境艰难。

朱允炆的削藩政策，激化了他与诸位亲王之间的矛盾。而他之前重文轻武的治国方针，则伤害到了许多武将的利益。所以这两部分人开始对建文新政产生不满是必然的。

所以，朱允炆上任之后，虽然在治理国家上有所建树，但是也造成了许多矛盾——革新与守旧的矛盾，文官与武将的矛盾。

有矛盾就会有斗争，那些亲王、武将们怎么肯将自己的利益拱手他人？朱允炆，面对这些人的反扑，准备好了吗？

朱棣的选择

现在我们来看一看削藩之后，朱棣的处境。

由于朱棣手下有兵，所以朱允炆不敢轻易动他。但是朱棣和朱允炆都明白，两个人之间一定有翻脸的那天。他们之间的斗争，其实早就开始了。

刚开始削藩的时候，齐泰就主张先拿朱棣开刀。他认为，朱棣是最强大的藩王，把他除掉，其他藩王就不攻自破了。

户部侍郎卓敬也上奏章说："燕王智虑绝人，雄才大略，酷类先帝。北平形胜地，士马精强，金元所由兴。今宜徙封南昌，万一有变，亦易控制。夫将萌而未动者，几也；量时而可为者，势也。势非至刚莫能断，几非至明莫能察。"

看到这个奏章，朱允炆没敢在朝堂之上声张。第二天，他单独召见卓敬，问他这件事，卓敬说："臣所言天下至计，愿陛下察之。"

当时朱允炆认为，削藩是军国机密，卓敬虽为户部侍郎，但是还没有资格在这件事情上指手画脚。再者，朱棣雄踞北方，势力已成，不是一朝一夕就可以削藩成功的，所以他并未进一步采纳卓敬的意见。

黄子澄不同意这样办，他主张先找软柿子捏，把周、齐、湘、代诸王除掉。他的理由是，这几个王爷在朱元璋时期就有不法劣迹，"削之有名"。现在我们知道，朱允炆听取了黄子澄的意见。

没过多久，"吏部尚书言事"（官职）高巍也提出了主要针对朱棣的削藩方案，他说：

高皇帝分封诸王，比之古制，既皆过当，诸王又率多骄逸不法，逆犯朝制。不削，则朝廷纲纪不立，削之，则伤亲亲之恩。贾谊曰："欲天下治安，莫如众建诸侯而少其力。"今盍师其意，勿行晁错削夺之谋，而效主父偃推恩之策。在北诸王子弟分封于南；在南子弟分封于北。如此则藩王之权，不削而自削矣。臣又愿益隆亲亲之礼。岁时伏腊使人馈问。贤者下诏褒赏之。骄逸不法者，初犯容之，再犯教之，三犯不改，则告大庙废黜之。岂有不顺服者哉！

这段话的核心意思是，藩王们的子弟想要继承父亲的王位，如果他父亲的封地在北方，就让这些子弟去南方。在南方则去北方。如此一来，藩王们就无法在一个地方"生根发芽"，无法形成不可撼动的权力。对于这个建议，朱允炆虽然表示赞扬，但似乎无意施行。

在朱棣方面，他眼看着一个个兄弟被侄子收拾掉，知道这种命运迟早有一天会落到自己头上。如果想要避免这种命运，他似乎只有一个选择——造反。

造反的好处很多，成功了不但可以保住命，还能当上皇帝，这正是朱棣梦寐以求的。坏处只有一个，失败的话就没命，全家没命。

朱棣迟迟不敢下决定。

就在此时，朱允炆安排给了朱棣一个任务：给周王定罪。这是请君入瓮的把戏，如果朱棣给周王定重罪，那么将来这个罪名很可能也会落到自己头上。如果定的罪太轻，朱允炆又有理由直接给朱棣戴上一顶"包庇罪犯"的帽子。最终，朱棣这样回复朱允炆："若周王所为，形迹暧昧，念一宗室亲亲，无以猜嫌，辄加重谴，恐害骨肉之恩，有伤日月之明。如其显著，有迹可验，则祖训俱在。"看其前半，用词极为柔软，几近于哀求，观其末尾，援引《祖训》则柔中带刚，显怀不满。

朱允炆读了朱棣的文书，一时间产生了动摇，其中"恐害骨肉之恩，有伤日月之明"等话语，让他有些动情。而且，此时朝中对削藩也出现了反对的意见。于是朱允炆打算停止削藩。

齐泰与黄子澄听说朱允炆要停止削藩，赶紧前来劝说皇帝，结果并无效果。两人离开皇宫后，齐泰对黄子澄说："今事势如此，安可不断。"所以第二天他们又进宫劝说朱允炆。

黄子澄对朱允炆说："今所虑者，独燕王耳，宜因其称病袭之。"

朱允炆回答说："朕即位未久，连削诸王，若又削燕，何以自解于天下？"

黄子澄说："先人者制人，毋为人制。"

朱允炆又说："燕王智勇善用兵，虽病，恐猝难图。"

齐泰曰："今胡寇来放火，但以防边为名，发军往成开平，护卫精锐悉调出塞，去其羽翼，无能为矣。不乘此时，恐后有噬脐之悔。"

三个人对话的核心意思就是，朱棣是最强大的藩王，不能急于求成，要先削弱他的势力，最后一举成功。

为了削弱朱棣的势力，朝廷安排工部侍郎张昺去做北京布政使，谢贵、张信两人掌握北京都指挥使司。这三个人的真正职责，是监视朱棣的行动。

之后，朝廷又以北部边防存在漏洞为名，派都督宋忠带三万兵马驻扎开平（河北唐山古镇）。宋忠带走的这三万兵马都是燕王府的护卫军。

带走军队还不够，朝廷又下令燕王府护卫胡骑指挥关童等进京，另外又调北平永清左、右卫官军分驻彰德、顺德，命都督徐凯赴临清练兵，以削弱朱棣的力量。

军队已经部署到朱棣的家门口了，朱棣的命运已经到了最危险的时候，但是他不敢轻举妄动，因为他的三个儿子此时还在南京。

在朱元璋死后一周年忌辰之时，朱允炆要求各位亲王到南京参加祭奠仪式。朱棣知道自己如果去了就可能再也回不来了，所以他以生病为名推托掉了皇帝的"邀请"。不过，毕竟是父皇的忌辰，如果朱棣家没人去实在说不过去，又落人口实，于是朱棣就派自己的三个儿子——朱高炽、朱高煦、朱高燧前往南京，代表自己参加祭奠。当时有人劝朱棣，不能让三个儿子都去南京，朱棣则回答说："这样可使朝廷不怀疑我。"

朱棣的三个儿子到了南京，参加完朱元璋的祭奠仪式后，就被朱允炆扣留了，迟迟不能回到北京。朱棣这才着急了，他声称自己病得厉害，请求朝廷准许三个儿子回北京与自己见面。

对于朱棣的这个请求，朝廷中有了不同的意见，齐泰认为不能放他们回去，魏国公徐辉祖也认为朱棣的三个儿子都不是泛泛之辈，如果让他们回到朱棣身边，等于是放虎归山。尤其是朱高煦，徐辉祖认为此人"勇悍无赖，非但不忠，且叛父，他日必为大患"。

徐辉祖是徐达的儿子，朱棣的夫人是徐达的女儿，也就是说，徐辉祖是朱棣三个儿子的亲舅舅。不过这个舅舅颇有些以国事为重的气度，一心要把三个外甥置于险境。

关键时刻，朱允炆手下的另一个重要谋士黄子澄站出来说："不可，恐事觉，彼先发有名，且得为备，莫若遣归，使坦怀无疑也。"

朱允炆想要削藩这件事已经搞得众人皆知了，黄子澄还说什么要出其不意，不要让对方怀疑，实在可笑，简直是竖子之谋。但是朱允炆偏偏就听了黄子澄的话，把朱家三兄弟放走了。

三兄弟回到北京之后，朱棣大喜，说："吾父子复得相聚，天助我也。"现在，他已经没有任何顾忌了，开始准备造反。

姚广孝与袁珙

朱棣想造反很不容易，因为在他身边，到处是朝廷的眼线。除了朝廷安排的张昺等人之外，朱棣身边的"亲信"葛诚，也被朱允炆收买，成了奸细。此时的朱棣，不要说打到南京城，就连北京也出不去。

为了迷惑朝廷，朱棣开始装疯卖傻。于是，北京人就经常可以看到这样的场景，燕王朱棣蓬头垢面地走在大街上，跟人抢东西吃，有时候就在大街上睡着了，一睡一天，跟流浪的疯汉没什么区别。

听说燕王朱棣疯了，谢贵、张昺不太相信，就亲自去燕王府一探究竟。两人刚刚走到燕王的大殿之中，就看见朱棣围着火炉，身上直哆嗦，还连连说冷，要旁边的人给加火。当时正是夏季，单衣尚且嫌热，可朱棣在火边还嫌冷，这不是疯了是什么？于是谢贵、张昺便踏踏实实地回去了。

最大的威胁永远来自内部，当谢贵、张昺相信朱棣确实是疯了的时候，葛诚却跑来告诉他们："燕王本无恙，公等勿懈。"这时燕王朱棣正好派了燕府护卫百户邓庸到京城去奏事，不料被齐泰、黄子澄扣留审问，此人将燕王朱棣将要举兵造反的事情全盘托出。朝廷得知了这个消息，立刻派人去通知谢贵、张昺：逮捕朱棣及其从属之人。谢贵、张昺接到命令之后，又派北京都指挥佥事张信去具体实施逮捕方案。

张信很纠结，他也知道朱棣要造反，自己若是贸然去逮捕朱棣的话，很可能就会变成朱棣的刀下之鬼，但是若不去，又没法和上级交代。张信的母亲见儿子惶惶不安，便问发生了什么事情，张信对母亲说了朝廷要逮捕朱棣的事，老太太闻言大惊，说："不可。吾故闻燕王当有天下。王者不死，非汝所能擒也。"看来当年相面之人的说辞已经传到了老太太耳朵里了。

张信被母亲说动了，决定亲自到朱棣府上走一趟。

朱棣得知张信来访，不知虚实，接着装疯卖傻，也不跟张信说话。张信知道朱棣没疯，只不过是不信任自己，便开门见山地说："殿下如不把实情告我，那么现在皇上让我来捉您，请您束手就擒。如果还不想这样，那就要告我以实情。"

朱棣一听这话，立刻不装疯了，当即拜倒在地，说："生我一家者，子也！"说完，朱棣对手下人说："把道衍和尚请来。"

道衍和尚本名姚广孝，苏之长洲人。这个人是个全才，诸子百家、三教九流无所不通，职业是和尚，却经常跟着道士们讨论老庄。一次，他游嵩山寺，一位叫作袁珙的相面先生看到他的相貌，就对他说："是何异僧？目三角，形如病虎，性必嗜杀。刘秉忠流也！"姚广孝听了很高兴，认为这个袁珙确实了解自己。

袁珙所提到的这个刘秉忠，当年也是个和尚，最后从政，是元世祖忽必烈手下的重要谋臣，官至太保，姚广孝希望自己能和此人一样。

朱元璋时期，皇帝下诏通儒僧人到礼部参加考试。姚广孝认为自己从政的机会到了，便前去赴试。但是这次考试过后，朝廷并没有给僧人们任何官职。之后，朱元璋又选了十名僧人，分别给予秦燕等十王以讲经荐福。

当时姚广孝认定燕王不是凡人，就主动表示愿意跟随燕王。明洪武十五年，他随朱棣一同来到北平，在庆寿寺做了住持。这庆寿寺，正是当年刘秉忠当和尚时挂单的寺庙，姚广孝认为这或许是一种天意。

朱棣非常信任姚广孝，常常把他请到自己的王府之中，共商密谋，就连造反这样的事情，朱棣也毫不隐瞒。

事实上，姚广孝是朱棣阵营中最坚决的造反派，他曾对燕王说："大王骨相非常，英武冠世，今皇图初造，东宫仁柔，愿厚自爱。大王诚能用臣，愿奉大王一白帽子。"给大王一顶白帽子，王上加白那就是"皇"了，朱棣怎能不明白姚广孝的意思，但是他当时并未表态。

又有一次，朱棣出了一个上联，说："天寒地冻，水无一点不成冰。"姚广孝则对："国乱时危，王不出头谁做主。"这时候朱棣已经有了反意，问道："民心向彼，奈何？"姚广孝回答说："臣知天道，何论民心！"

且说张信前来报信，朱棣请姚广孝来大厅内共商造反大事。姚广孝来到大厅里，刚刚坐定，突然狂风四起，刹那间天黑地暗下起雨来，王府大殿上的瓦片在狂风暴雨中跌落了几片。朱棣心头一紧，认为这不是好兆头。姚广孝却哈哈大笑，说这是祥兆。

朱棣闻言，不禁有气，说道："和尚妄，乌得祥!"

姚广孝则道："殿下不闻乎? 飞龙在天，从以风雨。瓦坠，天易黄屋耳。"听姚广孝这么一说，朱棣心情好了很多，开始谋划造反大事。

共商大计

决议造反之后，朱棣开始操练兵马、打造兵器。这种事情总不能明目张胆地做，于是，朱棣便在自己王府之中挖了一间地下室，在此地日夜打造兵器。又在王府中养了许多呱呱乱叫的家禽，为的是掩盖打铁的声音。

对于朱棣的异动，张昺也有所察觉。他也开始着手准备即将到来的"灾难"。

张昺首先把原先驻扎在北京城周边的军队全部调进城里，对朱棣王府形成了包围之势，接着，又派人用木栅截断了端礼门的通道。最后，张昺命令使者火速向朝廷报告这里的情况。

张昺向朝廷报告情况的文书没能第一时间到达京城，而是先到了朱棣的王府中。朱棣把文书给手下的大将张玉、朱能等人看了一遍，最后说："你知道他们这是要干什么吗?"这些人自然知道，但是不敢多说话，只等朱棣示下。朱棣对张玉说："你赶紧带八百兵马，进驻我府中，以备不测。"

张玉的八百人刚到府中，谢贵、张昺两人就带领军队包围了燕王府，要求朱棣交出燕王府属官。

到了这个时候，朱棣不可能任由对方摆布了，但是自己现在如在瓮中，又有什么办法呢？朱棣问张玉、朱能等将领："彼军士满城市，吾兵甚寡，奈何？"

朱能回答说："先擒杀谢贵、张昺，余无能为也。"

朱棣只能这么办，于是他对众人说道："是当以计取之。今奸臣遣使来逮官属，依所坐名收之。即令来使召昺、贵，付所逮者，贵、昺必来，来则擒之，一壮士力耳。"意思是把谢贵、张昺两个人骗进府里，随便找个大力士就解决了他们。

这一天是七月初四，朱棣对外宣布自己的病好了，在东殿接受内外官僚的祝贺，派人去请谢贵、张昺。

疯病说好就好？傻子才信，谢贵、张昺两人果断拒绝了朱棣的邀请。

为了消除两人的疑虑，朱棣摆出了合作的姿态，列出一份协助官军逮捕人员的名单，派人给谢贵和张昺送去，然后"顺便"请两人到府里来一趟。

谢、张两人果然中计，起身前往王府。当然他们还是有些不放心，带了很多士兵一起去。到了燕王府，府上的官员告诉他们：按照大明律法，官阶太低的人没有资格进入到王府中。谢、张二人只好让士兵在外面等，两个人进了王府。

谢贵、张昺进入王府中，只见朱棣已经摆好了酒席，等在那里。落座后，朱棣和蔼可亲地说："适有新进瓜者，与卿等尝之。"然后亲自拿过刀子切瓜。

瓜切到一半，朱棣的脸色突然阴沉下来，说："今编户齐民，兄弟宗族尚相恤，身为天子亲属，且夕莫必其命。县官待我如此，天下何事不可为乎?"意思是，普通人尚且知道一家人相亲相爱，我是天子的亲戚，还得日夜担心，怕被你们拿了命去。如此对我，天下还有什么事是我不能干的?

这番话说完之后，在历史上上演了无数次的经典场景出现了，朱棣摔瓜为号，两旁刀斧手一拥而上，将谢贵、张昺擒获。

与此同时，等在王府外的军官卢振、葛诚也被逮了起来。

控制了局面之后，朱棣把手里的拐杖扔到地下，站起来说："我何病，为若辈奸臣所迫耳。"张昺、谢贵等皆不屈被杀。

跟着张昺、谢贵两人一起到王府来的那些士兵，不知道府里到底发生了什么事，不敢私自行动。最后见谢贵、张昺迟迟不出来，也就各自散去了。

不久，谢贵、张昺被抓的消息传了出来，北平都指挥彭二，连忙披甲上马，跑上大街高呼："燕王反，从我杀贼者赏。"

重赏之下必有勇夫，很快就有一千多人跟着彭二一起来攻打燕王府。朱棣赶忙派庞兴、丁胜等迎战。一番激战下来，彭二被杀，他的队伍也散了。

此时，朱棣已经控制了北京城内的局势，但是张昺的部将仍然坚守着九门，关闭瓮城。朱棣还是出不去。迫不得已，朱棣决定乘夜攻夺九门，张玉等带兵进攻，守门将士力战不支，到黎明时，八门都已陷落，只有西直门一处还在坚守。

朱棣见拿不下西直门，便派唐云卸掉铠甲，一个人去劝降。单枪匹马的唐云来到城下对守城者说："汝毋自苦，今朝廷已听王自制一方矣。汝等亟下，后者诛。"

唐云这个人年纪比较大，而且一直非常诚信，所以西直门的守军认为唐云的话一定不假。于是便各自散去了。

攻克九门，意味着整个北京城尽在掌握之中。朱棣开始下令安抚北京军民。明洪武十三年开始，朱棣就来到了北京，至今已经近二十年了，北京军民谁不惮于燕王的威名，他们是一直把燕王当作本地的"土皇帝"，亲王的话谁敢不从？三天之内，北京城内便安定下来。

第三章 ／ 造反的藩王

清君侧

在朱棣决定造反之后，他的内部并非铁板一块，甚至还有人公然提出反对意见。一个是余逢辰，一个是杜奇。

余逢辰是燕王府的伴读，字彦章，宣化人，因为品德学问而被燕王信任，也算是朱棣的近臣。但是当他了解燕王的阴谋之后，极力反对，曾经劝说朱棣不要造反，朱棣自然不听。

余逢辰眼看朱棣造反已经是势在必行，便写了一封信给他的儿子，信中说，自己要不惜性命，与朱棣力争到底。

朱棣起兵之时，余逢辰泣谏军前，高呼君父两不可负，终于被朱棣杀害。

另一个反对者叫作杜奇，也是一个读书人，因有才学，朱棣在起兵后把他召入府中。但他也不同意造反，苦苦劝说朱棣当守臣节，激怒了燕王也遭到杀害。

虽然有人反对，不过从总体来看，最起码北京城内还是支持者比较多。十几年来，北京城内的军民早已习惯于听从朱棣的号令了。在百姓看来，起兵打朝廷和打别人似乎并无多少区别。

从起兵之日起，北京就成了朱棣的地盘，与朝廷无关了。所属州县的官员纷纷弃官而逃。朱棣便重新任命了北平的各级官员，以取代朝廷的命官。张玉、朱能、丘福做了都指挥金事，库史李友直被提拔做布政司参议，擅长占卜的金忠做了燕府的记善，随侍帷幄。原来北平的文武官员如布政司参议郭资、按察司副使墨麟、金事吕震、都指挥同知李濬、陈恭，等等，则纷纷向朱棣投降。

夺得北京城的控制权之后，朱棣算是正式开始造反了。但是，做的虽然是造反的事，嘴里却不能说造反的话。起兵和朝廷对抗，总得有个说辞，要不然不能争取全国上下的支持。于是，朱棣给皇帝朱允炆发去了这样一份通告：

皇考太祖高皇帝，当元之末世生民涂炭，群雄角逐，披冒霜露栉风沐雨。东往西代亲赴矢石，身被疮痍，艰难百战，万死一生……陛下嗣承大宝，而奸臣齐泰、黄子澄辈不能秉道德以辅圣治，包蓄祸心恣谗贼之口奋豺虎之毒，假陛下之威权剪皇家之枝叶……祖训有云：如朝无正臣，内有奸恶，则亲王训兵待命，天子密诏诸王统领镇兵讨平之，臣谨俯伏俟命，惟陛下念之念之既发书讫。

这份通告的意思是，当年我父亲你祖父朱元璋南征北战好不容易才打下了江山，到了你这儿，奸臣当道，他们假借着你的名号，杀咱们家里的人。当年太祖定下规矩，如果朝中有奸臣，亲王在得到皇帝的密诏之后，就要起兵帮助皇帝清君侧，如今我就打算起兵了，帮你把黄子澄和齐泰给清除了。

在这段话中，朱棣把自己的造反行动定义为一次"清君侧"的行动，还说这是祖上留下的规矩，把话说得冠冕堂皇。不过，这段话中断章取义的成分也很明显，祖训中规定，朝中有奸臣，皇帝可以给亲王下密诏，然后亲王才能起兵。可朱棣现在未得到密诏就擅自起兵了，这本身就有违祖训。所以说，朱棣需要的只是一个借口而已，至于这个借口是不是正当，并不重要。

在北京周围驻扎的各部官兵，很快就得知了朱棣造反的消息，他们的反应各不相同。通州卫指挥房胜、遵化卫指挥蒋玉密等人，马上就带着人马投降，加入到了造反的队伍中。而蓟州卫马宣则坚决反对朱棣造反，朱棣派大将朱能与之作战，生擒马宣。

马宣被擒后，坚决不投降，被朱棣所杀，至死大骂不止，算得上是一条好汉。可惜的是，《明史》中对于这个忠臣的记载很模糊，其中有一句话说："马宣，不知何许人。"

马宣死后，守城的指挥毛遂投降。

在朱元璋控制了北京之后，北京指挥使余瑱就带着一部分军队退出了北京，控制了居庸关，并计划随时反攻北京。

居庸关是北京周边最重要的关卡，号称北门锁钥。朱棣对部下说："居庸关山路险峻，北平之襟喉，百人守之，万夫莫窥，据此可无北顾之忧。今余瑱得之，利为彼有，势在必取。譬之人家后户，岂容弃与寇盗。今乘其初至，又兼剽掠，民心未服，取之甚易。若纵之不取，彼增兵守之，后难取也。"于是，他命令手下将领徐安、钟祥等人率兵前往攻打居庸关。

余瑱与朱棣的军队在居庸关大战数日，都没能等到朝廷的援兵，逐渐支持不住，便放弃了居庸关，往河北怀来一带撤退。朱棣得知攻占了居庸关，非常高兴，说："使贼知团结人心，谨守是关，虽欲取之，岂能即破？今天以授予，不可失也。"

此时，北京附近的最高将领宋忠带领部伍向北平进发，原打算通过居庸关进北京。但是走到一半听说居庸关失守了，于是便也去了怀来，与余瑱的部队会合。

余瑱与宋忠的部队会合之后，第一件事情就是去夺回居庸关的控制权。朱棣也料到了这一点，他对诸将说："宋忠拥兵怀来，居庸关有必争之势，因其未至，可先击之。"要在敌人攻打居庸关之前，先一步攻打怀来。当时宋忠手下有三万军队，余瑱手下有几千人，要比朱棣的实力更强，所以他手下有些将领就说："贼众我寡，难与争锋，击之未便，宜固守以待其至。"

此时，朱棣体现出了一个优秀将领的过人之处，他力排众议，对手下说："非公等所知。当以智胜，难以力论。论力则不足，智胜则有余。贼众新集，其心不一，宋忠轻躁寡谋，刚愎自用，乘其未定，击之必破。"

朱棣的话就是最后的决定，众将只得听令。

七月十五日，朱棣率八千军队，从北京出发，急速前进，向怀来进军，与宋忠决战。

出征的那一天，端礼门前军容整肃，旗甲鲜明，将士们在迎接一场大战，就如同当年一次又一次从这里出发北征塞外一样。多年来跟随朱棣作战，即使不获大胜，也从来都是全师而还。将士们对朱棣有着充分的信任。这次誓师，他们同样充满了信心，誓师将毕，忽然风云四起，天空阴晦，咫尺不辨人，北风震吼，旌旗摇动，三军益发肃穆，犹如大变即将来临。不一会儿，东方云开，露出青天尺许，有光烛地，洞彻上下。将士们的心也为之豁然开朗，他们觉得这是个吉兆，在激战之后，他们都会有如天清地彻般的光明前途。

反观宋忠一方，他所率领的将士，多年以来一直跟随朱棣南征北战，可算是朱棣的旧部。宋忠怕他们不愿死战，便撒谎说："你们的家属都被燕王杀了，死尸填满了沟壑。"一时间，这些将士个个义愤填膺，要与朱棣决一死战。

这个消息被朱棣知道，他赶紧命令部下中怀来官军的亲属去做前锋，两军相遇之后，并不交战，而是忙着呼兄喊弟，各自认亲。宋忠振奋士气的小伎俩就这样被朱棣瓦解了。他手下的士兵们觉得自己被主帅欺骗了，更是斗志全无。

此时，朱棣率领主力部队向宋忠的军队展开冲锋，宋忠手下人数虽众，但全无斗志，很快大败。此战中，宋忠、余瑱被俘，皆不屈而死。他手下的士兵大部分都投降了朱棣。

宋忠是朝廷放在北方防范朱棣的主要力量，但是在朱棣的面前，这支军队却似乎不堪一击，被迅速解决。这件事情在北方引起了极大的震动，许多北方将领因此丧失了斗志，开平、龙门、占谷、云中等地的守将纷纷归附到了燕军阵营中。

朱允炆的对策

朱棣起兵的消息很快就传到了朱允炆的耳朵里，他开始与黄子澄、齐泰等人商量对策。

其实这时候已经没什么好商量的了，朱棣反了，只能出兵镇压。问题是，谁来领兵。当年跟朱元璋一起打江山的那些武将，已经剩得不多了。其他人，则缺乏战争经验，靠不住。找来找去，最终决定让长兴侯耿炳文带兵北伐。

耿炳文是从朱元璋时代"存活"下来的武将，《明史》中关于耿炳文的赞词是："耿炳文守长兴，而吴人不得肆其志。缔造之基，其力为多。"朱元璋屠戮功臣的时候，之所以放了他一马，也正是因为此人擅长防守而不擅进攻，所以威胁不大。

可是如今，耿炳文的任务是进攻。他虽然不擅此道，但是皇帝有命，也只能领兵硬着头皮上了。

大军出发前，朱允炆祭告天地宗庙社稷，并向全国发布了诏书：

邦家不造，骨肉周亲屡谋僭逆。去年，周庶人僭谋不轨，辞连燕、齐、湘三王。朕以亲亲故，止正其罪。今年，齐王榑谋逆，又与棣、柏同谋，柏伏罪自焚死，榑已废为庶人。朕以棣于其最亲近，未忍穷治其事。今乃称兵构乱，图危宗社，获罪天地祖宗，义不容赦。用是简发大兵，往致厥罚。咨尔中外臣民军士，各怀忠守义，与国同心，扫兹逆氛，永安至治。

诏书发布之后，大军出动，直奔北方。

与此同时，朱允炆还派安陆侯吴杰，江阴侯吴高，都指挥盛庸、潘忠、杨松、顾成、徐凯、李友、陈晖、平安等人各率军队，协助作战。

临行前，朱允炆对众将士说了这样一句话："昔萧绎举兵入京，而令其下曰：'一门之内，自极兵威，不祥之极。'今尔诸士与燕王对垒，务体此意，毋使朕有杀叔父名。"核心意思就是，你们在战争中不要伤害到朱棣，不要让我背上杀叔父的恶名。

事情都到了这个地步，朱允炆还如此仁义，只能说是妇人之仁了。

大明朝绝大部分军马都在朝廷的掌控之中，所以朱允炆可以集结起优势兵力对付朱棣，在这次讨伐战争中，他一共派出了大约 50 万人，声势浩大。

朱棣知道早晚有这么一天，所以他听说官军北上之后非常平静，马上率领部队前去迎战。留下长子朱高炽镇守北京城。

两军交战之前，朱棣手下的将领张玉，带一小股部队先到耿炳文营中去侦察了一番，回来报告说："炳文军无纪律，其上有败气，无所为。潘忠、杨松，扼吾南路，宜先擒之。"朱棣同意了张玉的建议，亲自带兵去攻打潘忠和杨松。

朱棣的军队接近自己的第一个目标——雄县时，正是中秋节。他命令士兵们秣马蓐食，争取赶在中秋节这一天发动进攻，打对方一个措手不及。朱棣对部下说："今夕中秋，彼不虞我至，必饮酒自若，乘其不备可以破之。"

朱棣到了雄县时，已经半夜，当夜月光明亮，朱棣无法趁夜色偷袭，只得强攻。

黎明时分，战争打响。燕军猛烈冲击，官军奋力抵抗。由于朱棣手下的军队作战经验更为丰富，官军渐渐不支，但他们仍不投降，且骂且战。燕军被骂得非常生气，所以在破城之后，将城内所有官兵尽数杀死。

朱棣对部下的滥杀行为很不满，说："尝谕若等毋嗜杀人，若等欲乖我所为，是非求生而欲速死也。夫多杀适以坚人心，使皆畏死尽力以斗。一夫拼命，百人莫当，终非所以取安全之道。昔曹彬下江南，未尝妄杀，其后子孙昌盛，往往好杀者多绝灭，今虽拔一城，所得甚少，而所失甚多。"

攻心为上、攻城为下，朱棣深得兵法之妙。

拿下雄县，朱棣料定潘忠会来夺城，便命令部下在城外的小河里埋伏。士兵们头上蒙着水草，躲在河里，只等潘忠走过河上的小桥，便发起攻击。

没过多久，潘忠便带着军队来了。等他的军队走过小桥之后，忽然听到一声炮响，伏兵四起。潘忠知道中了埋伏，连忙撤退。但是此时伏兵已经占领了小桥，朱棣则率领主力部队从城中杀出来，潘忠仓促应战，最终兵败被俘。

战胜潘忠后，朱棣立刻亲自带精锐骑兵百余人为先锋，向鄚州发动攻击。那里是潘忠军的营地，还有一些留守的士兵。朱棣毫不费力地拿下了鄚州，人马辎重全数落到了他手里。

第二天，朱棣率师回驻白沟河。数天之内三次胜利，燕军士气高涨，而朱棣则眉头紧锁，因为接下来将要面对的敌人是耿炳文。他知道这个人虽然不能和当年的徐达、常遇春相比，但终究是老将，经验丰富，很不容易对付。

朱棣的战略思想仍是乘胜夺袭，速战速决。他对部下说："今潘忠等被擒，众皆败没，耿炳文在真定，必不虞我至，不为设备。我由间道，出其不意，破之必矣。"

正在此时，耿炳文部下的一个叫张保的小军官前来投降，通过此人，朱棣搞明白了耿炳文军中的虚实。

张保对朱棣说："耿炳文一共有兵马三十万，但不在一处，分为三处成品字形驻扎，互为掎角之势。"

朱棣闻言，心生一计，他厚赏了张保，又给张保一匹马，让他回到耿炳文军中，假装身败被俘，乘守者不注意盗马逃回，并且让他假称燕军就要到来。

对于朱棣的这种安排，其他将领根本没法理解，不是要突袭吗？现在怎么主动把自己要进攻的消息告诉了敌人？有人问朱棣："今由间道，一不令彼知，掩其不备，奈何遣使，使其为备？"

朱棣回答说："不然，如不知彼虚实，故欲掩其不备。今知其众半营河南，半营河北，是以令其知我军且至，则南岸之众，必移于北，并力拒我，一举可尽败之。兼欲贼知雄县、鄚州之败，以夺其气。兵法所谓先声后实，即此是矣。若不令知，径薄城下，虽能胜其北岸之军，南岸之众乘我战疲，鼓行渡河，是我以劳师当彼逸力，胜负难必。且人委身归我，当推诚任使，用何怀疑。借彼有反侧，去一张保，于我何损！由是事成，亦一人之间耳。"

意思是，你们说的不对，当初我们是不知道敌人的虚实，所以才要攻其不备。现在我们已经知道了他们的战略部署，我们完全可以趁着我军气势正盛来打败他。放回去一个张保，对我们又有什么损失呢？

善守者藏于九地之下，善攻者动于九天之上，朱棣是那个善攻者。那么耿炳文呢？他是不是那个藏于九地之下的善守者？

耿炳文的失败

朱棣带着军队向耿炳文的大营进发了，二十四日，他到达了无极县。这里离敌人的驻地真定，只有几十里的路。

大战在即，朱棣召集手下军官，问他们军队应该向哪里进发，有人建议先不要直接进攻真定，应该开赴新乐，在那里伺机而动。对于这种看法，张玉不以为然，说道："今当径趋真定，彼虽众，然新集未齐，我军乘胜一鼓可破之。"

朱棣认为张玉的话很有道理，便对众将说："新乐僻于一隅，吾逗留于彼，锐气已馁，贼引众来战，势力不均，若等且度能胜否？直抵真定，贼众新集，纪律未定，人心不一，乘我士气有锐，一鼓而破之。玉言合吾意，吾倚玉一人足办。"

计划已定，大军继续向前，走到离真定只有二十里的时候，朱棣抓了一个耿炳文军中的军士。从他口中，朱棣得知耿炳文在西北方向备有重兵，而东南方向则守备不严。于是，朱棣带着三个骑兵来到东门外，径直冲到敌军的运粮队伍中，捉了两个人。

朱棣之所以能如此轻易地得手，还是要感谢朱允炆的那道"不得伤我叔叔"的命令，这道命令就如同给朱棣穿上了防弹衣，谁也无法伤到他一丝一毫。

朱棣从这两俘虏口中得知，官军正将部队调往北岸，立足未稳。他马上带领部队，去攻打刚刚调动的官军。这一战中，朱棣差点儿活捉耿炳文，最后让他逃到了城内，关上城门。

官军进城后，并不出战，只是站在城墙上叫骂。朱棣引弓射箭，射中了城墙上的一个官兵，全军震动。

耿炳文逃回城内之后，稍作休整，便引兵出战。朱棣派张玉、谭渊、朱能、马云等带兵迎战，自己则带一支人马绕到敌人身后，前后夹击耿炳文军。耿炳文的军队大乱，连连退败，朱能带着30余名骑兵紧追不舍，直接冲到了上万人的敌军阵中，左右冲杀，如入无人之境。

朱棣手下将领趁官兵在城外作战之时，攻入城中，官军左副将军驸马都尉李坚领众接战，被一个燕军兵士刺于马下，燕军兵士正要挥刀砍去，李坚大喊："我李驸马，勿杀我！"那兵士闻言停止砍杀，上前将其生擒。

此战中，官军中右副将军都督甯忠、左都督顾成、都指挥刘遂等人被俘。耿炳文急忙回城相救，虽然夺回城池，但是损失惨重。

此一战中，朱棣擒获敌军连兵带将三千余人。被俘的驸马李坚被送到了朱棣面前，朱棣责备李坚说："我们本来是亲戚，有什么深仇大恨？你为什么要和我作对？如今你犯下大错，还想活吗？"不过，朱棣并没有真的杀死驸马，而是派人将其送回北京，结果驸马身体不支，在回北京的路上病死了。

随后，顾成也被绑缚来了。此人曾经是朱元璋的帐下亲兵，以后转战南北，颇有战功。朱棣见到顾成后说道："此天以尔援我也！"说着亲自上前为顾成松绑，并为其穿衣。接着，朱棣又问顾成："你是我父皇手下的旧人，怎么也和他们一样糊涂？"顾成哭着说："今日老臣为奸臣逼迫，冒犯大逆，罪无所逃！我见到你就像见到当年的老皇帝一样，倘容老臣不死，当竭犬马之诚以为报。"这句话明显说到了朱棣的心坎里,朱棣放了顾成一马,还将他送到北京,协助世子朱高炽镇守北京城。

朱棣正在审问俘虏,突然听到军中传来嘈杂之声,原来是那些被俘的军士在大声吵闹。朱棣问手下人:"他们为什么吵闹?"手下人回答说:"这些人想要走。"朱棣说:"我自己去和他们说。"他让人将投降的军士带到面前。朱棣对这些军士们说:"凡是肯投降我的人,想走就走,想留就留,如果你们思念家人,想要回家,就跟我说,给你们干粮盘缠,援送出境。如果私自逃跑,肯定被抓。到时候就是我想放你们生路,可你们自己却往死路上走了。"这些人听了朱棣的话,都很感动,不少人表示愿留下报效朱棣,一共有两千多人愿意为朱棣效命,不愿留在燕军中的人,则被朱棣尽数遣散。

此战过后,耿炳文损失惨重,但是他依然拥有十万军队,实力尚存。耿炳文认识到了朱棣的强大,于是便放弃了主动进攻的念头,开始一心防守,这正是他所擅长的战争模式。在此期间,朝廷还派将军吴杰带军前来援助,被朱棣迎头痛击,无法与耿炳文会合,只得退却。

随后,朱棣开始攻城,耿炳文死守。连攻三日,城池一直没有攻下,朱棣知道耿炳文善于此道,便对诸将说:"攻城下策,徒旷时日,钝我士气。"遂解围而去。

这一战中,朱棣与朝廷官兵围绕真定城大战数日,重挫官兵。耿炳文虽然是一员老将,但也不是朱棣的对手,只能龟缩防守,而无进取之力。朱允炆知道了这一情况之后,非常意外,说:"老将也,而摧锋,奈何?"

黄子澄安慰他说:"胜败常事,毋足虑。聚天下之兵,得五十万,四面攻北平，众寡不敌，必成擒矣。"

朱允炆又问："孰堪将者？"

黄子澄答道："李景隆可。比用景隆，定破矣。"

黄子澄推荐的这个李景隆，是李文忠的儿子。此人生于将门，自幼熟读兵书，而且身形健硕，相貌堂堂，朱元璋很喜欢他。明洪武十九年，李文忠死后，李景隆世袭曹国公的爵位。他曾屡次赴湖广、陕西河南练兵，又曾被派往西番买马。后来掌左军都督府事，加太子太傅衔。

由他的简历我们可以看出来，此人位高权重，但是主要是仗着祖上的功劳，自己并没有带兵打仗的经验，派这样一个人掌控数十万军队，是有一定风险的。当时朝廷里的另一位重臣齐泰也认为让他带兵不妥，坚决反对，但黄子澄不听，终于任命李景隆做了大将军。

李景隆出征

1399 年，李景隆带兵北伐朱棣。九月，李景隆来到了德州，收集耿炳文所部并调多处军马共五十万进营于河间，并派吴高、杨文两人进攻永平。

这个消息传到朱棣耳中之后，朱棣哈哈大笑，手下人不知所以，问燕王为何发笑。朱棣回答说："李九江豢养之子，智疏而谋寡，色厉而中馁，骄矜而少成，忌刻而自用。未尝习兵，不见大战，以五十万付之，是自坑之也。汉高祖宽宏大度，知人善任，使英雄为用，不过能将十万，惟韩信则多多益善。九江何等才？而能将五十万，诚可笑！昔赵括徒能读其父书，不知合变，赵用为将，与秦战，遂坑卒四十万。矧九江之才，远不如括，其败必矣！"

这段的核心意思是，李景隆是个纸上谈兵的蠢材，人再多也没用，一定可以打败他。之后，朱棣又分析了李景隆的五个缺陷："九江为将，政令不修，纪律不整，上下异心，死生离志，败一也。今此地蚤寒，南卒衣褐者少，披触霜雪，手足皲裂，甚有堕指之患，况马无宿藁，士无赢粮，败二也。不量险易，深入趋利，败三也。贪而不止，智信不足，气盈而愎，仁勇俱无，威令不行，三军易挠，败四也。部曲喧哗，金鼓无节，好谀喜佞，专任小人，败五也。有五败之道，而无一胜之策，其来实送死尔。"

尚未交战，便被对手判了死刑，李景隆也真够失败的。不过，朱棣这番话并非是信口开河，要知道，朱棣与李景隆的父亲李文忠是表兄弟，也就是李景隆的表叔。更为关键的是，两个人的年龄差得不多，当年朱元璋打江山的时候，两个人都在军中，一定有过交往。所以朱棣对李景隆也算十分了解。

凭着对对手的了解，朱棣断定，李景隆不会贸然来攻北京城。于是他策划了一个诱敌之计："今往援永平，彼探知我出，必来攻城。回师击之，坚城在前，大军在后，竖子必成擒矣。"

朱棣手下的将领有些人不同意出兵援救永平，他们担心大军离开北平后会给敌人留下空隙，说："永平城完粮足，可以无忧，今宜保守根本，恐出非利。"

朱棣则对他们说："守城的军马，没有能力出战，只能放手。如此一来敌人就能心无旁骛地进攻，对咱们不利。如果我们能够出兵永平，内外夹攻，便可以破敌。我们出兵其实不是专门为了救援永平，而是为了击败李景隆。"

诸将这才没了异议。

朱棣带大军去救援永平，留朱高炽在北平留守，他怕朱高炽不足担此大任，便让姚广孝以及在真定受降的老将顾成辅佐他。

有人向朱棣建议：在卢沟桥设防以阻挡李景隆军队。朱棣否决了这个建议，说："天寒水涸，随处可渡。守一桥何能拒贼？舍此不守，以骄贼心，使其深入，受困于坚城之下。此兵法所谓利而诱之者也。"

即使对吴高这样的小股部队，朱棣也没有打算强攻。他对众将说："高虽怯，差密；文勇，而无谋。去高则文无能为也。"意思是，吴高有谋略，杨文骁勇，如果吴高走了，那么杨文就是有勇无谋，不足虑了。

为了离间吴高和杨文，朱棣分别给两个人写信，信中赞美吴高、诋毁杨文，他又故意将二人的信相互装错。

吴高、杨文接到信后都很吃惊，吴高的第一反应就是赶紧把这封信上报朝廷，以防日后说不清楚。而被诋毁的杨文，则怀疑吴高与燕军有所串通，也将这封信上报给了朝廷，两人之间因此有了猜忌之心，也失去了斗志。所以等待朱棣的大军来到永平之时，他们根本无心再战，各自领兵退却了。

　　不费一兵一卒，就解了围城，朱棣可能是觉得自己不能白出来一趟，就提议去攻打大宁（山西省吕梁山南）。但是他手下的人说："大宁必道松亭关，今刘真、陈亨守之，破之，然后可入。关门险塞，猝亦难下，迟留日久，李景隆必来攻北平，恐城中惊疑不安，莫若回师破贼，徐取大宁，万全之计也。"意思就是大宁不好打，不如咱们回北京打李景隆（此时李景隆已经兵临北京城下），过些日子再去打大宁。

　　对于手下将领的保守建议，朱棣向来是不以为然，因为造反本来就不是一件保守的事情，在以弱对强的情况下，必须出其不意，才能获取胜利。

　　所以这一次朱棣决定冒险进攻大宁。为了避开通往大宁道路上的要塞松亭关，他决定从刘家口出关。朱棣对众将说："今取刘家口，径趋大宁，不数日可达。大宁军士聚松亭关，其家属在城，老弱者居守，师至不日可拔。破城之日，抚绥将士家属，则松亭关之众不降则溃。北平深沟高垒、守备完固，纵有百万之众，未易以窥，正欲使其顿兵坚城之下，归而击之，势如拉朽。尔等第从予行，毋忧也。"

　　朱棣的话，意在安抚人心，因为此时李景隆的大军已经到了北京城下，燕军将领的家人产业都在那里，不免担心北京失陷，自己"无家可归"。而事实证明，这种担心是多余的，正如朱棣所说，李景隆是个蠢材，虽然人多，但是他拿北京也没有什么好办法。

蠢材

李景隆带着十万军队兵临北京城下，他知道，朱棣的大军并不在城中，所以认为可以轻松拿下北京城。路过卢沟桥时，李景隆见无人守备，便狂妄地说："不守卢沟桥，吾知其无能为也！"

负责守卫北京城的朱高炽见敌人势大，便关闭城门，坚守不出。李景隆包围了北京城，而后又派兵去攻打通州。通州是从东进京的必经之道，占领了这里，就可以切断朱棣回救北京的路。

拿下通州之后，李景隆开始攻打北京。当时朱高炽手下的兵马不足一万，势单力薄。但即便如此，李景隆也无法顺利夺取北京。战争中，李景隆手下大将瞿能与他的两个儿子带领一千多骑兵进攻张掖门，就在快要攻破的时候，李景隆却断了他们的后援，致使其功败垂成。原来，李景隆是怕瞿能夺走这破城之功，所以故意为之。如此心胸狭窄、毫无远见之人，居然当上了大将军，可见黄子澄糊涂。

李景隆数日之中，未能攻下北京，当时北方天气寒冷，他日夕围城戒严，却不知爱抚士兵，士兵们手执武器站立雪中，往往有冻死者。

李景隆在北京遭到了挫折，朱棣则在大宁获得了胜利。

大宁是北方的军事重镇，负责镇守这里的是朱棣的弟弟朱权，此人被封为"宁王"。在所有的藩王中，宁王是除朱棣之外最有能力的一个。当时人们说："燕王善断，宁王善谋。"朱权手下也是兵多将广，"带甲八万，革车六千"，特别是他手下的"朵颜三卫"更是骁勇善战，是难得的精锐部队。所谓的朵颜三卫，其实主要是由蒙古人组成的军队，战斗力非常强。燕王多次出塞巡边，早就看中了这支队伍，他说："曩余巡塞上，见大宁诸军剽悍。若得大宁，断辽东，取边骑助战，大事济矣。"

朱允炆即位之后，怕宁王和燕王勾结，便下诏要宁王朱权回京。宁王对朝廷的旨意不理不睬，仍旧驻守在大宁。朱棣听说了这个消息，非常高兴，认为宁王是可以争取的力量。所以他此次前来大宁，与其说是打仗，不如说是来拉人的。

朱棣带兵来到大宁城下之后，派人进城去对宁王说："我现在走投无路了，前来投奔你。"对于来"做客"的燕王哥哥，宁王自然不能拒绝，同意朱棣进城，但是有一个条件就是——你可以进来，你手下的军队不能进来。朱棣答应了这个要求。

朱棣进城之后，每日和宁王把酒言欢，但是他手下的人却在暗中运作，用大笔金银买通了许多宁王身边的人。

终于有一天，朱棣主动说，自己住的时间太长了，要走了。宁王便到郊外为他饯行，突然伏兵四起，将宁王劫持。而负责宁王守卫工作的朵颜三卫和其他卫兵，则都被朱棣的手下人收买，成了朱棣的人。

之后，朱棣开始进攻大宁。此时大宁城内群龙无首，朱棣很快就得手了。宁王见自己的老巢也落入到了朱棣手中，便表示愿意和朱棣一起造反。朱棣非常高兴，说"吾攻大宁，取边骑助战，大事蔑不济矣！"

当然，宁王参加朱棣的造反队伍也是有条件的，他与朱棣约好事成之后中分天下，划江而治，各为天子。

得到了宁王的军队之后，朱棣实力大增，开始向北京进发，准备与李景隆展开决战。

李景隆得知这一消息后，马上派陈晖带领骑兵一万去袭击朱棣。中途两军相遇，朱棣大败陈晖，直奔李景隆而去。

两军在通州附近的郑村坝展开大战，朱棣率军连破李景隆七营。战争从晌午打到傍晚，李景隆军伤亡惨重，还有不少人投降。

天黑了，残酷的战争终于告一段落。当时天气很冷，朱棣在自己的大营内燃起了一堆火，几个士兵见到火光，想要走过去烤火，朱棣身边的卫士大声责骂他们，让他们离得远一些。朱棣见状，说道："这些人都是我的勇士，你们不要阻拦他们。天气这么冷，着实难以忍受。我身上穿着这么厚的皮衣，还是不能御寒，将士们就更不要说了，你们怎么能这样做？"听了朱棣的话，士兵都感慨地说："仁人之言也。"

第二天一早，朱棣准备继续与李景隆作战，这时探子来报，说李景隆连夜逃走了。连朱棣也想不到对手居然怯弱成这个样子。面对这样的对手，朱棣哭笑不得，只得派人去清点李景隆来不及带走的辎重、马匹。

部下有人请求追击，朱棣则认为应该趁此机会去攻打围攻北京的那些官兵。

朱棣的决策是对的，因为李景隆这个胆小鬼走的时候居然没有告诉北京城外的友军自己要撤了，所以包围北平的军队并不知李景隆逃走，仍然坚持不退。朱棣带兵前去厮杀，城中守军见朱棣回来了，也打开城门从城里杀出来，官军大溃。这时候他们听说李景隆已经跑了，更是全无斗志，也丢弃兵甲粮草，连夜向南退却了。

朱棣力排众议，带领军队大获全胜，手下众将更是拜服。但是朱棣却说："这没有什么好称赞的。你们之前的建议，都是稳妥的万全之策。我之所以没有听取意见，是觉得有可乘之机。但是这种冒险的事情，终究不能经常做，你们以后还是要多给我提建议。"

听了这番话，朱棣手下的人更是佩服他，胜而不骄，确实难能可贵。

却说败军之将李景隆带着军队跑到了山东德州，向朝廷说打算集合多处军马，明年春天再发动一次攻势。朱允炆并没有因为他的暂时失败而责罚他，反而给李景隆加太子太师衔，并赐给玺书金币、珍酝、貂裘。几个月后，又派使者赐予李景隆黄钺弓矢，给了他阵前决断的大权。

第四章 ／ 李景隆的失败

口舌之争

获得"北京保卫战"的胜利之后，朱棣在北方的根基进一步稳固，实力也更强了。他再次给朝廷上书，说明自己起兵的合理性：

礼曰："君父之仇，不共戴天，兄弟之仇不反兵。"今我太祖高皇子也，君亲之仇，可不报乎？恒念父皇存日，因春秋高，故每岁召诸王或一度或两度入朝，父皇谓众王曰："我之所以每岁唤尔诸子或一度或两度来见者何也？我年老，虑病有不测，弗能见尔辈也，岂不知尔等往来蜀蔺之劳勒！"父皇康健之日尚如此，矧既病久，焉得不来召我诸子见也！不知父皇果何病也，亦不知服何药而不瘳以至于大故也。礼曰："君有疾饮药，臣先尝之，亲有疾饮药，子先尝之。"今忝为父皇亲子，分封于燕，去京三千里之远，每岁朝觐，马行不过七日，父皇既病久，如何不令人来报？俾得一见父皇，知何病，用何药，尽人子之礼也。焉有父病而不令子知者？焉有为子而不知父病者？天下岂有无父子之国也邪？无父子之礼者则非人之类也！况父皇闰五月初十日未时崩，寅时即殓，不知何为如此之速也。礼曰："三日而殓，候其复生。"今不一日而殓，礼乎？古今天下，自天子至于庶人，焉有父死而不报子知者？焉有父死而子不得奔丧者也？及踰一月，方诏亲王及天下知之，如此则我亲子与庶民同也。又不知父皇梓宫何以七日而葬，不知何为如此之速也？礼曰："天子七月而葬。"今七日即葬，礼乎？今见诏内言"燕庶人父子，岂葬父皇以庶人之礼邪"可为哀痛！

这段是在指责朱允炆当年在处理朱元璋后事的时候"不合规矩"，让朱棣及其他兄弟无法在朱元璋生病之后去照看父亲。朱元璋死后，朱允炆又很快就把皇帝下葬了，不符合天子七月而葬的礼仪。朱棣质问朱允炆"为什么父亲死了一个月之后才通知天下人知道，为什么才死了七天就匆匆下葬了？"这种质疑，其实是在向天下人暗示：朱允炆继位前后行为异常，其中一定有猫腻。

数落完朱允炆之后，朱棣话锋一转，开始针对朱允炆手下的主要大臣：

其奸臣齐泰等不遵祖法，恣行奸究，操威福予夺之权，天下之人，但知有彼，不复知有朝廷也。七月以来，诈令恶少宋忠、谢贵等来见屠戮，为保性命，不得已而动兵。宋忠、谢贵俱已就擒，已具本奏闻，恭候裁决，到今不蒙示谕。齐泰等又矫诏令长兴侯耿炳文等领军驻雄县、真定，来攻北平。重为保性命之故，不得已而又动兵，败炳文所领军马，生擒驸马李坚、都督潘忠、宁忠、顾成，都指挥刘遂、指挥杨松等。奸臣齐泰揭榜毁骂，并指斥太祖高皇帝。如此大逆不道，其罪当何如哉！十月十六日，又矫诏令曹国公李景隆军总领天下军马来攻北平。躬率精锐，尽杀败之。李景隆夜遁而去。若此所为，奸臣齐泰等必欲杀我父皇子孙，坏我父皇基业，意在荡灭无余，将以图天下也。

朱棣接着拿朱元璋做文章，说齐泰等人的做法有违祖法，而且咄咄逼人，自己是为了保全性命以及其他朱家子孙的周全，迫不得已才动兵的。

最后，朱棣还给朱允炆下了一个最后通牒：

此等逆贼，义不与之共戴天，不报此仇，纵死不已。今昧死上奏，伏望悯念父皇太祖高皇帝起布衣，奋万死，不顾一生，艰难创业，分封诸子，未及期年，诛灭殆尽。俯赐仁慈，留我父皇一二亲子，以奉祖宗香火，至幸至幸。不然，必欲见杀，则我数十万之众，皆必死之人。谚云："一人拼命，千夫莫当。"纵有数百万之众，亦无如之何矣。愿体上帝好生之心，勿驱无罪之人，死于白刃之下，恩莫大也。倘听愚言，速去左右奸邪之人，下宽容之诏，以全宗亲，则社稷永安，生民永赖。若必不去，是不与共戴天之仇，终必报也。不报此仇，是不为孝子，是忘大本大恩也。伏请裁决。

这段话中，朱棣表达了这样的意思：我手底下的十万人，都是不要命的勇士，你就是有百万军队，我也不怕。你最好是驱逐身边的那些奸臣，然后停止削藩，否则我和你就是不共戴天，一定会找你报仇。雄毅恣肆跃然纸上。

朱棣上书之后，朱允炆做出了一个愚蠢的决定：宣布罢免尚书齐泰、太常寺卿黄子澄的职务。

朱允炆此举可能是想破坏朱棣起兵的理由——你说朝廷中有奸臣才起兵的，现在我已经把你所说的奸臣都罢免了，你还有什么理由？事实上，朱允炆也并未让齐泰、黄子澄离开左右，仍然让他们参与密议。但不管怎么说，这都是个愚蠢的决定。因为撤掉齐黄二人，就等于承认了朱棣关于奸臣乱政误国的指责，反而坐实了自己"用人不利，不尊祖训"的罪名，助长了朱棣一方的气焰而打击了自己的士气。

情况已经到了这个地步，成王败寇迫在眼前，而且道理是站在自己一方的，朝廷根本没有必要跟"乱臣贼子"在道德上多费口舌，只要积极备战打败他就好了。而朱允炆和他的一帮文臣们还在口舌之争的问题上纠结，真是书生之见。

在按照朱棣的"要求"罢免了黄齐二人之后，朝廷又派一个叫高巍的大臣出使北京，意在劝说朱棣罢兵。

高巍来到北京之后，先写了一封信给朱棣，信中说：

太祖上宾，天子嗣位，布维新之政，天下爱戴，皆曰："内有圣明，外有藩翰，成、康之治再现于今矣。"不谓大王显与朝廷绝，张三军，抗六师，臣不知大王何意也。夫以顺讨逆，胜败之机，明于指掌，今大王藉口诛左班文臣，实则吴王濞之故智，其心路人所共知。巍窃恐奸雄无赖乘间而起，万一有失，大王得罪先帝矣。

今大王据永平、取密云、下永平、袭雄县、掩真定，虽易若建瓴，然自兴兵以来，业经数月，尚不能出蕞尔一隅之地。况所统将士，计不过三十万，以一国有限之众，应天下之师，亦易罢矣。大王与天子，义则君臣，亲则骨肉，尚在离间，况三十万异姓之士，能保其同心协力，效死殿下乎？巍每念至此，未始不为大王下泣流涕也。

愿大王信巍言，上表谢罪，再修亲好。朝廷鉴大王无他，必蒙宽宥，太祖在天之灵亦安矣。倘执迷不悟，舍千乘之尊，捐一国之富，恃小胜，忘大义，以寡抗众，为侥幸不可成之悖事，巍不知大王所税驾也。

况大丧未终，毒兴师旅，其与泰伯、夷、齐求仁让国之义，不大径庭乎？虽大王有肃清朝廷之心，天下能无篡夺嫡统之议？即幸而不败，谓大王何如人？

巍白发书生，蜉蝣微命，性不畏死。洪武十七年，蒙太祖高皇帝旌臣孝行，巍窃自负，既为孝子，当为忠臣。死忠死孝，巍至愿也。如蒙赐死，获见太祖在天之灵，巍亦可无愧矣。

这封信意思很简单：朱棣你造反是不对的，理由也不充分，万一有人借你造反的时机，兴风作浪，毁了大明江山，你就是罪人了。你虽然取得了一些胜利，占据了北方的一些地方，但你的地盘终究还是太小，不足以与朝廷斗争。我抱着不怕死的决心来和你谈一谈，希望能够说服你投降。文中什么"其与泰伯、夷、齐求仁让国之义，不大径庭乎""虽大王有肃清朝廷之心，天下能无篡夺嫡统之议？"等一些话，无不透露出浓浓的书生气，由此可见，这个高巍虽然不怕死，但也还是一个穷酸腐儒，太过理想主义。

上书之后，高巍并没有得到任何回音。因为朱棣正忙着呢，没工夫搭理他这个前来说和的说客。

当时朱棣正在对上一场战争中立下功劳的将士论功行赏。不少将领都升了官。在论功行赏的问题上，朱棣恪守的原则是"不徇私情，不亏公议，有功无功，不令倒置"，其实就是六个字：公正、公平、公开。

除了论功行赏之外，朱棣还在积极备战。与朝廷那帮理想主义的书生相比，朱棣是典型的"实用主义者"，虽然他在给朝廷的上书中说自己不怕你的百万雄兵，而且确实已经取得了辉煌的战果，但是朱棣认为自己还不能丝毫放松，他对手下人说："常胜之家，难以虑敌。夫常胜则气盈，气盈则志骄，志骄则慢生，败机乘之矣。古语云'惧在于畏小'，予不患众不能胜，但患不能惧尔。彼以天下之力敌我一隅，屡遭挫衄，将必益兵以求一决，战兢惕励以惩前失。我之常胜，必生慢忽。以慢忽而对兢惕，鲜有不败。须持谨以待之。"本着"不敢放松"的原则，朱棣积极地整肃兵马，准备下一次决战，哪里有工夫和说客逞口舌之利？

不久之后，李景隆也给朱棣上书，请朱棣罢兵。李景隆的这封书信中是怎么说的？由于缺乏史料，已经不得而知。但是史书上记载"李景隆遣人赍书来请息兵而书词骄蹇不逊，上以示诸将，诸将皆怒"，意思是说，李景隆的书信中出言不逊，朱棣给众将看，众将都很生气，于是朱棣就给李景隆答复了一封信，这封信很长，在此就不全部引用了，只引最后一段话：

> 因汝来书，不得不答，再不宜调弄笔舌。但恐兵衅不解，寇盗窃发，朝廷安危，未可保也。所欲言者甚多，难以枚举，忽遽简略，汝宜详之。

简单而言是这么个意思：你给我写信，我才不得不回复。不过，以后不要再废话了，疆场上见！

由此可见，此时的朱棣已经下定了决心，非要把朱允炆拉下宝座、取而代之不可。

卷土重来

言和已经不可能了，只能打。双方都在准备下一轮的战争。

朱棣知道，李景隆准备在春天到来的时候，就发动进攻，因此他对诸将说："李九江集众德州，将谋来春大举我，今宜往征大同。"

诸将则问道："彼既将来，则我当为备，何得委而去之？"这也是所有人想问的一个问题，敌人既然就要来了，咱们等着就行了，为什么还要主动去找他呢？

朱棣说："他来也是等明年春暖花开的时候来，如果我们现在攻打大同，那么他现在就得来救。南方的士兵，不耐寒冷。如果逼他们现在出兵大同的话，那么寒冷的天气就会让对方的士兵吃不消，还怎么作战？"

诸将听了朱棣的分析，恍然大悟，都很佩服他的高瞻远瞩。

随后，朱棣便派大军出师大同。中途路过广昌的时候，这里的守将汤胜举城投降。

第二年的正月，朱棣带兵来到蔚州，这里的守将开始还不愿意投降，率兵抵挡了一阵，结果被燕军活捉，便投降朱棣，将城献了出来。

朱棣带兵一路打到大同城下，李景隆果然"不负众望"派兵来救援大同。朱棣等他来了，也没和他打，直接带兵走了。结果"景隆军冻馁死者甚众，堕指者什二三，弃铠伏于道不可胜计"。冻死不少，冻掉指头的十有二三，朱棣利用天气就消灭了大量敌军，真是老谋深算。

朱棣在向大同进发的时候，间谍传来消息，说蒙古人要攻打北方边界，朱棣给蒙古可汗坤帖木儿写了一封信，说明了利害关系，蒙古人便打消了进犯的念头。

回到北京之后，朱棣派朱高煦和朱高燧去祭奠那些在战争中死去的将士，并且给阵亡将士家属带去了"抚恤金"，还命令手下到昔日的战场上去搜寻死者的遗骸安葬。

朱棣亲自写了一篇祭文，刻在了石碑之上：

呜呼昔我，太祖高皇帝起布衣提三尺剑，扫除祸乱平定天下，尔诸将士俱从南征北伐，略地攻城栉风沐雨，宣力效劳共成我国家大业，勋绩茂矣。奸臣浊乱朝纲，同谋不轨，欲领鸿业而先灭诸王，以翦其藩屏故，调发将士被坚执锐，列阵成行加害于我，不得已为自救之，计率兵敌之而我将士思……念尔骸骨弃于草野，日炙雨淋，我岂忍也，拾而聚之窆窆于斯，魄其安矣魂其妥，而惟石鉴鉴勒铭山河维千万世其永不磨。

这座石碑一立，朱棣手下的将士们更是死心塌地，要跟着燕王打江山了。

1400 年四月，李景隆率兵前来进攻朱棣，已经到了白沟河，试图进攻北京。而郭英等人，也带着军队经由保定来到白沟河与李景隆会合。

此时朱棣的军队正驻扎在固安。得知了李景隆前来进犯的消息之后，朱棣对手下说："李九江志大而无谋，喜专而违众，郭英老迈退缩，平安愎而自用，胡观骄纵不治，吴杰懦而无断，数子皆匹夫，徒恃其众耳，众岂可恃？众而无纪律则易乱，且击前后或不知击左而右不相应，徒多何益？今彼将率不专、政令不壹、纪律不肃、分数不明拜者，郑村埧之败如风行草偃，其士卒非不多也，大抵将为三军司命将志衰则三军之勇，不奋其甲兵虽多粮饷虽富适，足为吾之资耳，尔等但秣马厉兵听吾指麾，兵法曰识众寡之用者胜，吾策之审矣。"

朱棣先是说地方将领李景隆、郭英、盛庸等人各有缺点，而后又说敌人的军队纪律性不强，最后得出结论：咱们能打赢。有理有据地鼓舞了士气。

随后，朱棣带兵来到了苏家桥，在这里驻扎。当天夜里，下起了大雨，平地水深二尺，朱棣睡卧在船上，听到军营外金铁铮铮作声，弓弦皆鸣，那是将士们在磨枪擦剑，为来日的战争做准备，士气之盛，可见一斑。

在战争开始之前，朱棣举行了一次祭告天地的仪式，史书上记载"有神爵五色飞驻旗杆之首，祭毕，由西北而去"。所谓神爵就是神鸟，一个神鸟飞到了朱棣的旗杆上，祭祀完毕之后飞走了。朱棣借题发挥，对众人说："这是神灵在告诉我，一定会取得胜利。"众将士自然是气势高涨。

朱棣率领大军向白沟河挺进，暗中命令数百骑兵先到白沟河东面去，用炮声去迷惑对手。中午时分，朱棣正在率大军渡河，遇到了朝廷将领平安在河边埋伏，朱棣对手下说："平安竖子，往从我出师塞北，频见吾用兵，故敢为前锋，用兵机变，神妙难测，吾今日破之，要使其心胆俱丧，不知所生。"

正如朱棣所说，这个平安曾经跟着朱棣一起去塞北打过仗，对朱棣的用兵方法很了解。朱棣虽然说"我今日破之，使其心胆俱丧"，但是实际上，他对此人还是有些忌惮的。

战斗开始了，朱棣先派了一百多骑兵去佯攻平安的军队，等快要短兵相接的时候，骑兵便调转马头向后撤。平安的军队忍不住前去追击，如此一来，阵形便乱了。此时，朱棣让主力大举进攻，自己则带着一股骑兵绕到了敌人身后，前后夹击。平安猝不及防惨遭失败。

此战中，燕军斩杀平安军五千多人，并且生擒了都指挥何清，缴获战马三千多匹。

击败平安后，朱棣率军继续向前。当时李景隆、胡观、郭英、吴杰等人已经集结了六十多万军队，号称百万，列阵以待了。

朱棣故技重施，派小股军队前去试探进攻，目的就是打乱敌人的阵形。但是这次朝廷军队没有上当，阵形只是稍微地变动了一下。

朱棣见计策不成，亲自带领数十骑兵杀入敌军阵中，其他人一看主将都冲上去了，哪敢落后，全军士气大振，一拥而上。双方一直厮杀到天黑，都无法辨认出哪是敌人哪是自己人了，一阵混乱。

此时，朝廷的军队中有人施放火器，火光一闪一闪的，双方这才找到了对手，再度厮杀到了一起。

当时，朝廷的军队用上了一种先进武器——地雷，史书上记载"贼藏火器于地，俗所谓之一窠蜂、揣马丹者，发无不中，射人马皆穿，但耳边有声，如蜂鸣欻而过。"朱棣的军队被地雷杀伤不少，只得退兵。

退兵时，为了防止敌人追击，朱棣只带了三个随从亲自断后，由于朱允炆曾经下令不得伤害朱棣，所以朝廷军队只能眼睁睁地看着自己的敌人从容撤退。

当天晚上，朱棣驻扎在白沟河北岸，他命令军队秣马蓐食，第二天一大早就渡河发起攻击。此时，有三百朝廷官兵前来投降，朱棣让他们就在自己的军营中休息。

朱棣手下的军官省吉怕这三百人是诈降，便在他们睡着之后，将其全部杀死。第二天黎明时分，朱棣去巡视大营，没有看到那三百人，就问省吉人都到哪里去了，省吉回答说："我怕他们半夜的时候变乱，所以就没有请示您，直接给杀了。"

朱棣听了这话，非常生气，说道："他们既然来投降，就该诚心地接纳他们，怎么能够轻易就杀人呢？你怀疑他们有二心就杀了他们，这难道是理由吗？当年名将李广喜欢杀投降的人，所以功劳那么大，也没能封侯，你和李广一样，以后别想当大官了。"

处理过这件事情之后，朱棣开始率领大军向战场前进。到了战场中后，朱棣发现敌人已经在那里列阵以待了。朝廷军队人数众多，阵势很大，一字排开数十里之遥。

朱棣也赶紧命令手下士兵列阵，由于朱棣的阵法很奇特，李景隆搞不明白，所以不敢贸然进攻。朱棣对手下的将领说："昨天的战斗中，我看敌人就好像儿戏一样，今天他们人虽然多，不过还是很容易就可以打败。"手下官兵士气大增。

战争开始之后，朱棣手下将领房宽先与朝廷军队展开激战，但是未能获得胜利，朱棣再次亲自率领精锐骑兵去援助房宽，所到之处，所向披靡，并斩杀了朝廷军中的勇将翟能父子，杀其精锐万余人。

在另一个战场上，张玉、朱能两位将军先是率领骑兵冲乱了敌人的阵形，然后步兵开始推进。另一大将丘福则率领着一万多骑兵去攻打朝廷军的中军，但是朝廷军这次表现很好，岿然不动。

眼看着战争要陷入僵局，朱棣率领骑兵去攻击敌人的左翼，对朝廷军队造成了不小的杀伤。燕军见朱棣如此勇猛，也个个勇气百倍，不断冲杀。

正在此时，朱棣看见自己军队后方扬起尘土，赶紧对手下说："这是敌人来进攻我们的后方了。"说罢，带着手下少量骑兵前去迎敌。

朱棣所料不错，李景隆果然派了两万军队袭击燕军后部，两军相遇后，朱棣一马当先，冲入敌阵，斩杀数人。但是由于当时手下军队太少，朱棣只能暂时退却，且退且战。在来来回回的拉锯战中，朱棣带领少量部队给敌人造成了巨大的杀伤。

朱棣手下对朱棣说："贼众我寡，这样打下去始终不是办法，您为什么不调遣大部队来呢？"朱棣说："这是敌人的奇兵，也是他们的精锐部队，所以我用少量部队拖住他们，可以打击敌人的气焰，而且我们的大部队可以专心应对正面战场上的敌人。如果我从前线把正面战场上的军队调过来，那么敌人就会乘势总攻，形成前后夹击的态势，到时候我们的局势会更加艰难！"说完这句话，朱棣再次冲锋向前。

朝廷军队开始向朱棣射箭，他们不敢伤到朱棣，只射战马，朱棣的战马接连负伤，这一战中，朱棣一共换了三匹马。

等到敌人的箭射光之后，朱棣开始了又一轮的冲击。他手持长剑，在敌军阵营中左右冲突，到最后连剑锋都杀得卷了，只好插剑入鞘，暂时撤退，而敌军则紧追不舍。

眼看敌人越追越近，朱棣情急之间，心生一计，他纵马跑上了一处小山坡，假装招呼友军发动总攻，其实当时山那边根本就没人，但是敌人不知，以为是朱棣在此设下伏兵，因此不敢再追，朱棣这才逃过一劫。

不屈的铁铉

话说燕王吓退敌军之后，他的儿子朱高煦恰好带领数千骑兵赶到了。朱棣问他："诸将正在鏖战，你为什么到这里来了？"

朱高煦回答说："我听说您带少量军队与敌人交战，所以赶来了。"

朱棣说："我打累了，你去消灭这股敌人吧。"朱高煦便率军与敌人作战，但是双方相持不下，战争进入到了焦灼状态。

眼看着儿子无力取胜，朱棣说："我要是不上，就无法击败敌人。"随后率领手下绕到敌人身后，突然发起攻击，敌军猝不及防，迅速溃败，丢盔卸甲地逃走了。

几乎与此同时，燕军在正面战场也获得了胜利。原来，两军正交战之时，忽然不知道从哪刮来一阵邪风，把李景隆的中军大旗给吹折了。在古代，这是"凶兆"，李景隆手下的士兵瞬间士气大跌，燕军则一鼓作气杀上前去，将敌人打得落花流水。还有个别比较"缺德"的燕军士兵，趁着大风放起火来，把朝廷军的大营烧得烟焰涨天，李景隆更是惊慌失措、毫无对策，只得向南逃去。

主帅一跑，整支军队立作鸟兽散，辎重器械、马牛牲畜都也不管了，就连皇帝赏赐给李景隆的斧钺旗旄也扔在了道路上，统统成了燕军的战利品。

朝廷军在跑，燕军在追。面对已无抵抗之力的敌人，燕军毫不手软，斩首十余万级，史书上记载："横尸百余里，降者十余万，悉放遣之。"

战败之后，李景隆跑到了德州。在那里，他听说朱棣的军队还在追自己，又连夜逃到了济南。朱棣不费吹灰之力，就占领了德州。

朱棣来到德州之后，山东军民送来酒肉，慰劳大军，朱棣没有接受礼物，好言说退了众人，还命令士兵不要侵扰百姓。

占领德州之后，朱棣对部下说："李景隆在济南，正在收拢他的那些残兵败将，我们乘胜追袭，一定可以打败他。"

朱棣留都指挥陈旭守卫德州，率领大军又往济南打去。

等朱棣打到济南时，李景隆又聚集起了十万人马，但是由于时间仓促，还没来得及摆开阵势，燕军就杀了过来。

这一仗中，朱棣想要再次冲锋，他手下的侍从们出于安全的考虑，拦着不让他上马，朱棣对手下人说："迅雷之下，不及掩耳，击杀贼，不得不急，如果不赶紧进攻，他们就有时间排兵布阵了，我们人少，到时候恐怕就难以攻克对手了。"说完这话，朱棣翻身上马，带领军队向李景隆军冲去。

李景隆军立足未稳，朱棣率军一阵冲杀，便已溃败。此战中，燕军斩敌一万有余，获马一万七千多匹。而战败的李景隆，则再次利用自己丰富的逃跑经验，独自一个人逃到了南京。他手下的军队，全部投降朱棣。

李景隆虽然跑了，但是济南城还在朝廷官兵的手中，朱棣下令将济南城死死围住。

此时，济南城的最高长官名叫铁铉，此人是一届书生，之前并无带兵打仗的经验。当朱棣的大军围困济南之时，他必须要做出一个艰难的选择：是战是降？

铁铉若是选择投降，在当时这种情况下，也没有什么好指责的。你朝廷的大将军都打不过朱棣跑了，我一个文官怎么守得住？但是铁铉没有这么做，这个书生虽然表面上文弱，但是却有忠勇之气。更为关键的是，他虽然没有带过兵，却是个非常有军事天才的人。

除了铁铉之外，济南城中还有另外一人——盛庸。此人是李景隆手下的一员大将，但是跟着李景隆却从未打过什么胜仗，一直在逃跑，好不狼狈。他身为一个军人的尊严，在接连的失败中饱受打击，现在他决定不跑了，要和朱棣好好打一仗。

对于朱棣而言，济南的地理位置实在太重要了，若是占据此地，就相当于敲开了南京的门户，可以直接威胁朱允炆的政权了，所以他对济南也是势在必得。而且，接连打败朝廷大军的他，此时也是意气风发，认为济南很容易就可以拿下。

事情远没有朱棣想象的那么简单，攻打济南的战争从五月打到八月，朱棣都未能前进一步。

济南城池高大，再加上铁铉、盛庸等人拼死抵抗，所以之前百战百胜的朱棣，在这里遭受到巨大的挫折。

朱棣见强攻不行，就射书入城劝降，希望铁铉像其他投降的守将一样，放弃抵抗。但铁铉不为所动，反倒把一篇《周公辅成王论》射回给朱棣，劝他效法周公，忠心辅佐皇帝。

朱棣无可奈何，只得继续强攻。这场攻守战已打了将近3个月，而济南城依旧是固若金汤，朱棣万分着急，决定用水淹城，逼迫铁铉投降。城中的军民听到这个消息很害怕，铁铉安抚众人说："不用担心，我有妙计可破，用不了三天燕王就得退兵。"

第二天，铁铉派人告诉朱棣，说自己愿意打开城门投降。朱棣听了非常高兴，便准备入城。铁铉又派军民千人出城迎请朱棣入城，这些人对朱棣说："奸臣不忠，让大王风霜露宿，忧心社稷。谁不是高皇帝的子孙，谁不是高皇帝的臣民？我们愿意归附。只是我们东海之民不习兵戈，见大军压境，以为是来攻杀我们的，没有体会到大王安定天下的本意。恳请大王命令军队后撤十里，您先单独入城，我们一定夹道欢迎。"朱棣听了这话，更是没有防备，骑着马向城中走去。

等到朱棣骑马走到济南城门口的时候，突然间一块铁板从天而降，照着朱棣砸了下来。幸好铁铉安排的那位放铁板的士兵准头有点儿差劲，朱棣才躲过一劫，但是他的马却被砸死了。朱棣惊魂未定，赶紧换马逃跑，这才捡回一条性命。

死里逃生的朱棣彻底愤怒了，他命令手下士兵抬出火炮，对着济南城猛轰。眼看城池危在旦夕，铁铉让守城将士将明太祖朱元璋的神牌挂在城上，朱棣一看父亲的牌位上了城墙，再轰会影响自己的声誉，便不敢再用炮轰击城池。铁铉则乘机将城墙修补牢固，中间还不断地派小股部队出城骚扰朱棣的部队。

连着打了几个月，也未能攻破一个济南，朱棣及他手下的将士们也身心俱疲。而且，朝廷的援军马上就要到了，无奈之下，朱棣只好放弃进攻济南，率领部队回到了北方。铁铉与盛庸见燕军后撤，便从后面一路掩杀并收复了德州。

在铁铉坚守济南的时候，有位宋参军曾被任命为参赞军务。凡守城之计，铁铉都与之商议而定。如今燕军撤退，他再为铁铉指说天下大势。他说："济南，天下之中。北兵南来，其留守者类老弱。且永平、保定虽叛，诸郡坚守者实多。郭布政（指郭贤）辈书生，公能出奇兵，陆行抵真定，南朝诸将溃逸者稍稍收合，不数日可至北平。其间豪杰有闻义而起者，公便宜部署，号召招徕之，北京可破也。北兵回顾家室，必散归。徐沛间素称骁勇，公檄诸守臣，倡义集勇，候北兵归，合南兵征进者昼夜蹑之。公馆毅北平，休养士马，迎其至，击之。彼腹背受敌，大难旦夕平耳。"

宋参军的计策，是想趁着燕军师劳兵疲的机会乘胜进军，并且联络北方忠于朝廷的豪杰义士，一起围攻朱棣。这一招说不定真可以将朱棣置于死地。但是，铁铉并未能接纳宋参军的建议。他选择了一条更为稳妥的办法。当然，他也有他的理由。他认为"军饷尽于德州，城守五月，士卒固甚。而南将皆孱材，无足恃，莫若固守济南，帝率北兵，使江、淮有备。北兵不能越淮，归必道济，吾邀而击之，以逸待劳，全胜计也"。

虽然未能一战成功，但是铁铉守住了济南，也可以算作是功勋卓著了，

朱棣自起兵以来，战无不胜，攻无不克，所向披靡，还从来没有遇到过这样的失败。济南保卫战的胜利，也打破了朱棣不可战胜的神话，朝廷军队士气大振。

燕军撤退，使在五个月的固守中疲惫不堪的济南军民，摆脱了体力与精神上的重负。他们的坚韧不拔得到了报偿，强敌在城下败北。建文帝听说济南战役胜利、德州收复的消息，非常高兴，马上"遣官慰劳，赐金币，封其（铁铉）三世"。又"擢（铁铉）山东布政使，特进兵部尚书。还以盛庸代景隆为平燕将军，命炫参其军务"。

铁铉在受赏升迁之后，也没忘了和他一起舍生忘死抵抗朱棣大军的战士们，他"设宴天心水面亭，犒问辛苦，激发忠义"，准备再次大败燕军。

我们不妨在此将这位一代名臣的故事讲完，在济南大捷之后，铁铉又接

连与燕军作战多次，收复了很多地方。但是他个人的努力终究无法阻止朝廷的溃败。

朱棣夺取南京、面南称帝以后，铁铉仍带残兵驻淮南以图复兴，但是最终寡不敌众，兵败被擒。朱棣亲自在朝廷上审问这个"老对头"，忠诚倔强的铁铉不但不跪"当今皇上"，而且连看也不看，"反背坐廷中嫚骂"，甚至在被割掉耳鼻之后，仍不肯回顾。朱棣大怒，将其处死。铁铉至死犹喃喃骂不绝口。此时，他才 37 岁，正当壮年，令人痛惜。

声东击西

朱允炆一边，虽然铁铉在济南挫败朱棣，算是挽回了一点点局面。但是李景隆的大败却是无法掩盖的事实，数十万军队土崩瓦解，朝廷一时间难以再次发动大规模的进攻。

为了拖住朱棣，朱允炆牌尚宝司李得成来和朱棣讲和。

李得成来到北京之后，朱棣对他非常冷淡，没过多时就打发他回去了。临行时，朱棣对李德成说："自古听谗，离间骨肉，鲜不覆败。我为王，下天子一等，富贵已极，尚何求哉？谗人交构，积毁销骨，加我大罪，以兵见屠，有死无生，所以御难者，诚欲假息须臾，冀有回旋之日，今尔来，实副所望。夫明主之治天下，不忘于所尊，不弛其所亲，勤于远略而忘于小故，是以九族睦而天下平也。今移祸福，在反掌耳，诛奸谗以谢祖宗，去新政以复成宪，释诸王以归旧封，罢天下之兵，毋得窘逼，我得仍守旧封，屏翰北土，则天下孰不乐朝廷之能保全宗亲慕德而向义也，何苦必于见害耶？"

朱棣这番话，把所有的罪过都推到了朱允炆的头上。他说：我已经是亲王了，难道还会因为贪图富贵而动兵吗？就是因为朝廷不给我活路，我是迫不得已才起兵的。

打发了前来劝降的使者，朱棣开始酝酿新一轮的攻势。这一次，他的目标是辽东。

朱棣手下的将士们听到要去东北打仗，都有些不太愿意，张玉、朱能对朱棣说："如今出师远征，东北太过寒冷，士卒难堪，这次去恐怕难以获胜。"

朱棣回答说："今吴杰、平安守定州，盛庸守德州，徐凯、陶铭守沧州，欲为掎角之势。德州城壁坚牢，贼众所聚。定州修筑已定，城守龊备，沧州土城，颓圮日久，天寒地冻，雨雪泥淖，修之未易便葺。我乘其未备，出其不意，倍道以攻之，贼有土崩之势。今佯言往征辽东，不为南伐之意，以怠其心。因其懈怠，偃旗卷甲，由间道直捣城下，破之必矣。失今不取，他日城守完备，难于为力。且机事贵密，故难与议，惟尔知之。"

这段话是说，朝廷的几个将领各自守城，相互呼应，很难攻下来，只有沧州城比较容易攻破，我们先去打东北，沧州守将徐凯一定以为咱们想要往北发展，就会松懈下来，到时候咱们再出其不意回头向南，打他个措手不及。这件事情很机密，所以我只能对你们说。

张玉和朱能都说这是个好办法。

果然，朱棣在假意往辽东进军的途中，突然下令，掉头向南走。手下的将士们问："不是要去打辽东吗？怎么朝南走？"朱棣回答说："夜有白气二道，自东北指西南，占书云执本者胜，今惟利南伐，而不利于东征，天象显示，不可违也。"这个解释虽然有浓烈的迷信色彩，但是在那个时代却非常有说服力，朱棣手下的士兵毫不怀疑地跟着"老板"又从北边兜了个圈子跑到了南边，并很快就到了沧州城。

朝廷军方面，离北京最近的沧州守将徐凯果然以为朱棣去打辽东了，便放松下来。谁知道朱棣的大军已经在悄悄地靠近他了。

朱棣的大军突然出现在沧州城下之时，徐凯正带着一帮人修城墙，连盔甲也没穿。见朱棣来了，众人吓得双腿发抖。

朱棣不等对方穿上铠甲，就发动了攻势。这一仗打得干净利索，朝廷军很快溃败，徐凯、程暹、俞琪、赵浒、胡荣、李英、张杰等大将成了朱棣的俘虏，俘获的士兵更是多达一万人。

对于降军，朱棣历来的政策都是愿意留的留，愿意走的走。所以大部分降军都被他遣散了，只有三千多人还没有来得及遣散，朱棣打算留到第二天再做这个工作。谁知道到了第二天早上，有人告诉朱棣，那三千人都被谭渊杀死了，朱棣马上把谭渊叫来，责备他说："你虽然善战，立下了很多功劳，但是喜欢杀降，功不抵过，你一个人的性命，如何抵得过三千人命？每次打仗，我都强调不要杀降，别人都能做到，可是你屡教不改，这次我不会轻饶了你。"

谭渊说："这些人都是朝廷的精锐部队，今天放了他们，明天又来和我们作战，与其把他们放回去，还不如杀了算了。"

朱棣说："如果像你这样，把所有和我作对的人都杀死，那叫不仁。"谭渊很惭愧地退下了。

稍后，朱棣摆了酒席，请徐凯等人赴宴，说是如果你们要是想走，就喝了酒再走。徐凯说："我们都受过太祖皇帝的恩德，有了今天的位置，如今是奸臣逼我们来与您作战，本来就是犯下了打错。多亏您宅心仁厚，饶了我们，我们现在愿意为您效劳。"

朱棣要的就是这句话，说道："那好吧，就如你所愿。"将徐凯等人送回了北京，去辅佐朱高炽了。

第五章 ／ 平定北方

张玉之死

朱棣在沧州取得胜利，缴获了大批的辎重器械，派人将这些物资全部运回了北京。

此时，朱棣最担心的是驻守在德州的盛庸，此人手下有大量军队，可能要来攻打沧州。朱棣认为，与其被动挨打，不如主动出击，所以他率领大军来到了德州边上，并派人去招降盛庸。

盛庸是既不投降，也不敢出来打，在德州城内坚壁不出。朱棣并没有进攻德州，而是率兵从德州边上掠过。为了防止盛庸出城追击，朱棣亲自带来一小股部队殿后。

盛庸见朱棣大军离开了德州疆界，果然派兵来袭。朱棣率兵迎敌，杀死百余人，生擒千户苏璲，剩下的朝廷士兵全部都投降了。

朱棣带着士兵一路走到了临清，他对手下的将领说："盛庸带着大部队驻守在德州，通过河运来输送粮草，如果我们断了他的粮道，盛庸的军队补给不足，就会被迫出战。到时候，他们一定会假装来攻打我们，但实际上的真实意图是向南行军，去寻找补给。如果我们能够主动迎上去与之决战，他们缺乏粮草，一定会失败的。"

朱棣策划已定，便派军队去袭击朝廷的运粮部队。大军则在德州附近迂回，引诱盛庸出战。

数日之后，朱棣果然得到了盛庸率军队离开德州的消息，他马上派兵去与盛庸交战，盛庸大败，只好又龟缩到了东昌。

朱棣率领大军兵临东昌，盛庸则摆出一副决战的架势，在城外摆开阵势。朱棣对手下的将领们说："盛庸缺乏粮草，而东昌的粮食也不够他们消耗的，他们肯定会破釜沉舟，希望速战速决。他们越是着急，我们就越不和他们打，如果他们想跑，我们就在后方追击，让他们进不能进、退不能退。我会率领骑兵绕到他的身后，等到机会成熟的时候，再主动发起攻击。你们要注意我的动向，等我发动总攻之时，你们就一拥而上，盛庸腹背受敌，必然自己乱了阵脚，就可以击败他了。如果我找不到机会，我就去劫营，你们不要妄动。千万不要因为获得了几次胜利，就轻易冒进。"诸将都点头称是。

朱棣率领小股骑兵绕到敌人身后，仔细观察了盛庸的阵形之后说："我已经知道了击败敌人的方法，可以去袭击他们了。"说完，朱棣带领骑兵去攻击盛庸的左翼，并吸引了大量的敌军前来围攻自己。在战斗中，朱棣手下一位士兵的战马受伤，被敌人团团包围，朱棣杀入敌阵中将这位士兵营救出来。当时朱棣见手下士兵不太踊跃，便说道："看见敌人不去厮杀，还等什么？"说罢一马当先冲了上去，敌人赶紧发射火器抵挡朱棣。

此时，正面战场上的张玉等人也发动了攻击，他们杀入敌人阵营中，与盛庸大战。在战斗中，张玉不幸被杀。作为朱棣手下的重要将领，张玉跟随朱棣多年，南征北战，颇有战功。他的死，对于朱棣而言是一个重大损失。

张玉死后，其他将领没有带领手下军士继续作战，而是选择了撤兵。

朱棣完全不知道张玉被杀的消息，仍然与敌奋战不已，并击溃敌军。等到傍晚时，朱棣才从一个俘虏口中得知张玉已死、正面战场的步兵已经退却的消息。朱棣赶忙率领骑兵收军回营。

折损一员大将，朱棣无心再战，决定撤兵。他命令步军辎重先走，自己则率领数百骑兵断后。盛庸派五千兵马前来追击，朱棣见敌人追来，也不惊慌，骑着马缓缓前行。等敌军的先锋官一露头，朱棣突施冷箭，那人应弦而倒。紧接着，他又射倒了几个敌军，敌军不敢再追。

此战中，燕军有很多人被朝廷军俘虏，这些人被朝廷军挖了眼睛、剖开肚子，折磨而死。燕军军士知道了这个消息，对朝廷军恨之入骨。

朱棣带领军队撤到威县时，遇到了真定守将，带领着二万军队前来邀战。朱棣派了数千骑兵埋伏在路旁，自己则率领十余骑兵去引诱敌人。敌人不知是计，被引诱到包围圈中，大败而归。

真定守将虽然败了一阵，但仍然不死心，他又召集了三万人马，前来堵截朱棣。朱棣再次亲自上阵，率领部下击溃了这支军队，并生擒多名敌军将领，斩首万余级，获马三千余匹，剩下的士兵全部投降。

朱棣的大军走到蠡县的时候，发现这里的百姓不堪战乱之苦，有很多人都背井离乡逃到了别的地方。于是便派人去召唤乡民重归故里，百姓知道朱棣要在此驻军，都很高兴，又都回到了故乡。

数月之后，朱棣回到了北京。他手下的将领都说："攻打东昌没能取得胜利，请您治罪。"朱棣说："这次失败，不是你们的责任。我知道你们都是勇士，骁勇善战，所以，平时你们有些小错，我大多既往不咎。这就如同父母宠爱孩子，纵其所为，时间长了孩子便不听父母的话了，这不是孩子的过错，而是父母的过错。胜负乃兵家常事，这一仗我们虽然没赢，但也和盛庸打了个平手，没有太大的损失。你们以后一定要加倍努力，若复蹈前辙，即便是我能容你们，天地神明也不容你们。"将领们痛哭流涕，深感不安。

1401 年 2 月，朱棣招来许多僧人，为死去的将士超度。超度仪式之后，朱棣痛哭着说："奸恶集兵，横加戕害，图危宗社。予不得已，起兵救祸，尔等皆摅忠秉义，誓同死生，以报我皇考之恩。今尔等奋力战斗，为我而死，吾恨不与偕，然岂爱此生？所以犹存视息者，以奸恶未除，大雠未报故也。不忍使宗社陵夷，令尔等愤悒于地下，兴言痛悼，迫切予心。"

说完这番话，朱棣脱下身上的袍子当场焚烧，手下将领上前阻拦，朱棣说："将士们对我情义深厚，我岂能忘？我烧袍子，就是要告诉众人，我会与你们同生共死。"官兵闻言，皆悲哭不止，旁观的将士军属无不感动。那些阵亡将士的家属们则对朱棣说："人生百年，终必有死，而得主人哭祭如此，夫复何憾？我等当努力，上报国家，下为死者雪冤。"又有很多人加入到了朱棣的队伍中。

大破盛庸军

祭拜过将士之后，朱棣决定再次南征。他对将领们说："贼势鸱张，渐来见逼，今因其未出，先进师御之，不可坐受其制。"

出征之前，朱棣召开了一次动员大会，他对众将士说："尔等怀忠奋勇，协力同心，临阵斩敌，百战百胜。比者东昌，才战即退，弃前累胜之功，可为深惜。夫惧死者必死，捐生者必生，若白沟河之战，南军怯懦，见战即走，故得而杀之，所谓惧死者必死也。尔等刀锯在前而不惧，鼎镬在后而不慑，临阵舍死，奋不顾身，故能出百死全一生，所谓捐生者必生也。举此近事为喻，不必远鉴于古，此实尔等所知也。有惧死退后者，是自求死。尔等毋恃累胜之功，漫不加警。有违纪律者，必杀无赦。恪遵予言，始终无怠，则事可以建功，可以成矣，其懋之哉！"

这段话的意思很简单，就是狭路相逢勇者胜，以后如果军中有人胆敢违抗命令，私自逃跑，一定会严惩。

誓师大会之后，朱棣率领全军开赴保定。在作战会议上，朱棣手下一个将领说："定州军民未集，城池未固，攻之可拔。"建议朱棣去攻打定州。

朱棣说："野战容易成功，攻城则很难有效果，更何况盛庸率领大军驻守德州，吴杰、平安驻守真定，他们互为掎角，如果我去攻打定州，那么他们势必会相互呼应，两面夹击。真定距离德州有二百余里，我军如果去攻打这里，敌人必定会迎战，西来则先击其西，东来则先击其东。只要打败敌人的一股部队，其他敌人就会害怕了。"

诸将说："二百里也不是很远，如果敌人两边夹击我们，我们就很难对付了。"

朱棣说："百里之外，势不相及，两阵相对，胜负就在呼吸之间，百步之内都不能相救，更何况二百里呢？你们不要怕，看我怎么打败他们。"

第二天，朱棣带领部队前去攻打真定。据说，在行军路上，朱棣所穿的素红绒袍上突然显现出一条美如刺绣的团龙。他手下人见了都很诧异，纷纷对朱棣说："龙是天子的象征，上天有这样的吉兆，证明我们一定可以打胜仗。"

朱棣则说："我和你们都是为了生存而战，是迫不得已的事情。更何况成就霸业靠的是一点一滴的积累，哪有一定成功的道理？"

三月，朱棣的部队来到了滹沱河一带（石家庄与真定之间），并在这里驻扎下来，当时这里有好几股朝廷的军队相互呼应，朱棣派出少量骑兵在这一带游弋，作为疑兵。

白沟河之战以后，朱允炆遭遇了前所未有的失败。不过，此时他依然是中国之主，掌握着大部分领土和军队，所以仍然不急。他恢复了齐泰、黄子澄的官位，派盛庸继续与燕军作战。

朱棣得知盛庸率领着军队到达了滹沱河对岸，便率领部队渡过河与之交战，但是却没有找到盛庸的部队。朱棣怀疑盛庸与真定的守军已经合兵一处了，就赶快带领军队再次渡河，回到原来的驻地。

再次渡河时，朱棣的下属遇到一只老虎，便将其射杀，朱棣知道这件事后说："虎猛兽，格死之者，有胜贼之兆。"

朱棣渡河之后，派出探子去查探盛庸的位置。几日后，探子回报说："盛庸的军队在夹河（山东烟台一带）。"朱棣立刻带着军队前去征战。

朱棣的军队来到夹河之后，在离盛庸军营四十里之处驻扎下来。朱棣对将领们说："盛庸每次列阵，都把精锐放到前面，弱旅放到后面，明天与他战斗，我们要把精锐部队放到正面，去打敌人的主力部队。等我们列阵之后，我率领骑兵先正面佯攻，然后绕到他的后面去攻打他，他们的部队必定会跟着我走，等到敌人被调动开之后，你们从正面发起总攻，敌人一定会被打败。不过你们千万不要追得太紧，如果那样，敌人知道没有活路，一定会置之死地而后生，反而对我们不利。"

说完这番话后，朱棣怕将领们没有理解自己的战术意图，便用一支箭在地上给众人画了一幅军阵图，再指图详说。诸将围在朱棣周围，仔细聆听。为了更形象明白，朱棣又命军中的军官单独组成一队，逐一教授，反复申令约束，至为详备。

次日，朱棣带领部队列阵前进，中午时分到达夹河。盛庸的军队早就在夹河附近排开了阵势，朱棣先派出三个骑兵去敌方侦察。

三个骑兵发现，敌人在阵前已经摆好了火炮、战车，严阵以待。而此时，朝廷军也发现这三人，立刻派兵来追杀。

朱棣一直关注着敌人的动向，他见敌人来追杀自己的侦察兵，便引弓射箭，射中了一个追兵，其他敌人都愣了一下，继而再追。朱棣又是一箭，射倒一人，连中三人之后，追兵便不敢再追了。

此时，朱棣命令军队发起攻击，向敌阵推进，但是由于官兵拿着大盾牌组成了一面盾墙，所以燕军攻击无果。这时，朱棣拿出了一件"新式武器"。这种武器看起来很简单，就是一根三米多长的木棒，上面布满钉子、钩子。

它是朱棣专门安排用来对付盾墙的。

朱棣让人把这种武器扔到敌人的盾墙上面，由于它上面又是钉子、又是钩子，所以牢牢地钩住了盾墙，将好几面盾牌都粘到了一起，敌人那些持盾的士兵，相互之间牵牵扯扯，盾墙的动作也就不灵便了，失去防卫作用。趁此机会，朱棣命令军队发动攻击，敌人见盾墙没用了，便纷纷弃盾而走。一时间阵脚大乱。燕军骑兵乘势冲入敌阵，直捣中军。

在燕军的强大攻势下，朝廷军开始退败。此时，朱棣手下大将谭渊见敌阵尘烟四起，知是敌军想跑，便带军追击，但是在乱军之中被朝廷军击杀。

当时已经是傍晚，朱能、张武等率领大军步步为营、稳扎稳打。朱棣则趁天色较暗，率领骑兵去攻击敌人的后方，双方展开一场激烈的混战，互有死伤，遂各自回营。

第二天，朱棣与众将军总结战争失利的原因。他说："昨日谭渊见贼走，追击太早，不能成功。兵法所谓'穷寇无遏'。我先止渊，令其整兵以待，俟贼奔过，顺其势而击之，为是故也。然贼虽少挫，其锋尚锐，必致死来斗。大抵临敌，贵于审机变，识进退，须以计破之。今日贼来，尔等与战，我以精骑往来阵间。贼有可乘之处，即突入击之。两阵相当，将勇者胜，此光武所以破王寻也。"

总结完后，朱棣整顿军队，准备再战。两军再次摆开阵势，燕军在东北，官军在西南。两军很快就展开了厮杀，朱棣则率领一小股军队在阵前左右冲突，燕军看到朱棣奋勇战斗，无不欢欣鼓舞，努力向前，但是由于敌人也很强大，所以一直不能击破敌阵。战争持续了几个时辰，双方都已经是强弩之末，胜败只在一线之间。忽然，东北风大起，刮起了漫天的尘埃，朝廷军正好处在逆风的位置，被刮得连眼都睁不开了。燕军则乘着风势再度发起猛攻，朝廷军这次抵挡不住了，纷纷逃走。盛庸见败局已定，只好带领部队逃回到德州。

这一战过后，朱棣回到营中，由于他一脸灰土，所以将士们都没认出是他。等到听见朱棣说话，大家才知道是燕王，诸将相视大笑。

再次获胜

在夹河之战以前，盛庸自认为一定可以击败朱棣，出战之时，他还携带了许多金银器皿及锦绣衣服，准备打败朱棣后直取北京，届时在北京开庆功宴。但是最终这些东西没派上用场，反而被朱棣抢走不少。

事实上，盛庸的自信是有道理的，在夹河之战中，朝廷军与燕军始终是僵持不下，而且，当时吴杰和平安两个将领已经带着十万援兵马上就赶来了。一场莫名其妙的大风改变了战场的局势，盛庸大败。而此时吴杰和平安的军队仅在离盛庸八十里的地方，他们得到了盛庸已败的消息之后，便退回了真定。

如果盛庸要是能坚持到援兵到来，胜负还很不好说，朱棣此次的成功，是非常侥幸的。但不管怎么说，运气也是实力的一部分，胜了就是胜了。

得胜之后，朱棣想要第一时间把胜利的消息传回北京。但是由于当时有数万朝廷军驻扎在滹沱河南岸的单家桥，封锁了道路，所以信使根本无法将信送出去。

朱棣决定把这群讨厌的拦路虎消灭掉，第二天，他率兵北上，去攻打这支朝廷部队，一战成功。

朱棣对手下说："吴杰等若婴城固守，则为上策。若军出即归，避我不战，则为中策，若来求战，则为下策。今其必出，破之必矣。"

手下说："彼闻盛庸已败，必不敢出。"

朱棣说："不然。吴杰、平安拥众十万，不得与盛庸合者，以我军居中，隔离其势。今逗而不出，有旷期失律，老师费财之责。"

在手下人都认为吴杰和平安不敢出战之时，朱棣认定对方一定会主动进攻，而且，他认为只有对方主动来战，自己才有机会轻易击败对方。

为了诱使朝廷军出战，朱棣派了一些手下假扮成老百姓，假装到真定避难。这些人进入真定城之后，四处宣扬：朱棣已经没有粮食了，正在派军队四处抢粮。

吴杰和平安一听到这个消息，喜出望外，赶紧率兵出城，想要与朱棣决战。

朱棣得知了这个消息后，对手下说："贼不自量力，妄欲求战，就好像小狗挑战老虎，小鸟挑战大猩猩一样，一定会死。盛庸刚被打败，他们如今再来，是上天给我们取胜的机会。"

虽然朱棣认为一定能打败对手，但是他的手下却忧心忡忡，有人对朱棣说："如今我们已经是疲惫之师，再出战的话，对我们不利。"

朱棣则说："吾千里求战，忧贼不出，百计诱之。今其在外，是贼送死之秋。夫时不再得，机惟易失。今时机如此，岂可缓也！借使缓之，贼退真定，城坚粮足，攻之不克，欲战不应，欲退不能，是坐受其蔽。若拘小忌，终误大谋。"

说完这句话，朱棣带领军队，第一个策马渡河。

朱棣策马渡河时，他手下的一个叫刘才的随从紧随其后。刘才发现河水的深度，骑兵可以渡过，但是步兵和辎重物资渡河比较难。朱棣马上命令骑兵从上游渡河，其他人则到水流较浅的下游渡河。

且说朱棣率先渡河，带领三千骑兵循河西进，刚刚走了20多里，就与朝廷军相遇。于是朱棣便在藁城扎营。由于当时天色已晚，所以双方并没有大规模的交战。

晚上的时候，朱棣害怕这股敌人会逃到真定城里去，便亲率数十骑兵逼近敌营而宿，为的是牵制敌人。

朱棣之所以如此急于野战，是因为他手下的燕军骁勇，善于野战。如果陷入攻城战的泥潭里，对自己不利。

在朱棣的牵制下，朝廷军果然没有撤退。数日之后，大军到齐，朱棣开始对敌人发动了进攻。

当时，吴杰摆出了一个阵势，朱棣看到他的列阵之后，哈哈大笑，对部下说："方阵四面受敌，岂能取胜？我以精骑攻其一隅，一隅败，则其余自溃。"于是，朱棣派兵牵制敌阵三面，而倾尽全部精锐攻其东北角。双方展开了一场激烈的混战。

此战中，朱棣再次发扬了自己"身先士卒"的精神，带领军队突入敌阵，大呼奋击。

平安见燕军骁勇，便登上箭楼，用弓箭射杀燕军。当时万箭齐飞，朱棣身处险境，他的战旗被射得好像刺猬一样。燕军死伤甚众。突然又刮起了大风，飞屋拔树，声震如雷，平安无法再在箭楼上指挥作战。朱棣则没了危险，继续冲杀。朝廷军眼看不支，吴杰、平安只好带领军队退入真定城中。

这一仗，朝廷军损失六万多人，军资器械被燕军抢走不少。

第二天，朱棣派人把那面好像刺猬一样的战旗送回了北京，并写信告诉朱高炽：要谨慎收藏，留给后世子孙看，让他们知道创业不易。

当时朱元璋手下故将顾成也在朱高炽身边，他感慨地对朱高炽说："臣自幼从军，多历战，今老矣，未尝见此战也。"

击败吴杰、平安之后，燕军继续向南挺进，攻占了黄河以北大部分地区，战争的天平已经逐渐开始向朱棣一方倾斜。

朱允炆听说前方大败，赶紧派黄子澄、齐泰等人去募兵。朱棣则上书朝廷，再次为自己的战争行为争取舆论上的支持，书曰：

窃惟二帝三王之治天下，无他术也，用建皇极而已。皇极者，大中至正之道也。以大中至正之道治天下，天下岂有不治者乎？大中至正之道非人为之，盖天理之所固有，为人君者特守而行之，则佞人必远，贤人不近而自近，九族不睦而自睦，百姓不均而自均，无所往而不当矣。《洪范》曰："无偏无党，王道平平，岂非大中至正之道也欤？"

若其为君者蔽其聪明，不亲政事，近佞臣，远贤人，离九族，扰百姓。彰过失于天下；为臣者逞奸邪，图不轨，以危社稷，孰能举二帝三王治天下之大经大法以陈于前哉！

尝观汉唐以来大有为之君，亦不出于二帝三王之道，故能长久者也。今昧帝王大中至正之道，日以诛灭亲王为心，父皇太祖高皇帝宾天，未及一月，听流言而罪周王，破其家，灭其国，不旋踵而罪代王，湘王无罪，令其阖宫自焚，齐王亦无罪，降为庶人，拘囚京师，岷王削爵，流于漳州，至于二十五弟病不与药，死即焚之，弃骸于江。呜呼，彼奸臣者，其毒甚于狼虎。我父皇子孙几何，能消几日而尽害之至此，痛切于心。

......

夫大厦之倾，岂一木所能独支？鹍鹏扶摇，非一翼所能独运。自古帝王建万世之基者，莫不以敦睦九族，崇重藩屏之所致也。且弃履道旁，尚或收之，而至亲衰穷，宁无怜恻之者乎？故犹不敢自绝，披露腹心，献书阙下，恭望下哀痛之诏，布旷荡之恩，使得老死藩屏，报效朝廷，则基业有万年之安，子孙亦享万年之福矣。二帝三王大中至正之道，岂有加于此哉！冒渎威严，幸惟垂察。

朱棣屡次上书，表示自己发动战争就是为了保全家族的血脉和祖先的"遗产"，其实他自己和朱允炆都知道，这不过是借口，想当皇帝才是朱棣发动战争的真实原因。但无论如何，朱棣都不能明说自己"想当皇帝"，他需要更好的说辞，为自己起兵的合法性去辩解。

天真的方孝孺

却说朝廷一方，齐、黄二人出外募兵，方孝孺成了朝中的主要谋臣。

方孝孺是一代大儒，做学问很有一套，为人也很正直，但是缺少机变，不善权谋，根本不是朱棣的对手。

接到朱棣的上书之后，方孝孺向朱允炆提议："可以回书一封，拖延朱棣的进兵节奏。"朱允炆觉得这个主意还不错，就派遣大理少卿薛岩去给朱棣送一封信，信中说："赦免燕王父子及诸将士之罪，使归本国，勿预兵政，仍复王爵，永为藩辅。"

四月十六日，薛岩来到了朱棣的驻地，除了皇帝的书信之外，他还随身还携带了一些传单，四处发放，好让燕军知道朝廷不会追究朱棣造反的责任，瓦解燕军的斗志。

见到朱棣之后，薛岩把诏书呈给朱棣。

朱棣看罢，冷笑一声，说："帝王之道，自有弘度，发号施令，昭大信于天下，岂可挟诈，以祖宗基业为戏耶！"

薛岩听朱棣语气不善，跪在地上一动不敢动。朱棣问他："诏书是这么说的，皇帝又是怎么对你说的？"

薛岩回答说："皇帝希望你可以停止战争，然后到先皇的陵墓上谢罪。"

朱棣说："先皇的陵墓我是一定要去的，但是要等到我把朝廷里的奸臣抓到之后，再带着他们到先皇墓前祭奠先皇。"说完，朱棣手指着身边身着盔甲的卫士说："他们是真正的猛士！"卫士们闻言，拔出刀剑，喧哗不已，要求杀死薛岩。

朱棣则说："奸臣不过数人，(薛)岩天子命使，毋妄言！"

虽然保住一命，但是薛岩已经被吓得流了一身汗，发抖不止。等到朱棣让他退下的时候，他赶紧走了。

薛岩走后，朱棣对手下人说："吾见薛岩等言媚而视远，此来觇我虚实，非求和也。宜耀武以示之。"于是，朱棣传令下去，让全军集合，请薛岩"检阅"。

薛岩也很想知道：燕军到底是不是三头六臂，朝廷军怎么就始终不能打败这些人呢？所以他接到朱棣的通知后，就整肃衣冠，来到了演武场。

薛岩随着朱棣登高阅视，只见燕军营寨相连，一望无边。军营里满是盔甲鲜明的军士，军士们驰射操练，钲鼓宣呼，震天动地。这番场景让薛岩倍感压力，满头大汗。

数日之后，薛岩要回南京了。临行前，朱棣对薛岩说："归，为老臣谢天子。天子于臣至亲，臣父，天子大父。天子父，臣同产兄。臣为藩王，富贵已极，复何望，天子素厚爱臣，一旦为权奸谗构，以至于死。臣不得已，为救死耳。幸蒙诏罢兵，臣一家不胜感戴。但奸臣尚在，大军未还，臣将士心存狐疑，未肯遽散。望皇上诛权奸，散天下兵，臣父子单骑归阙下，惟陛下命之。"

朱棣话虽如此，但是所有人都知道，他是不会轻易罢兵的，双方只能继续准备下一次战争。

薛岩回到南京，向朱允炆报告此次燕军之行，他对朱允炆说："燕军军容整肃，上下一心，战场上既不好对付，用计谋也难于使其上当。"这个消息让朱允炆非常郁闷。

双方表面上停战的这段时间，其实私底下暗潮涌动。盛庸便令驿马传书吴杰、平安，领兵会合于德州以图北进。数日之后，德州的兵马便袭击了燕军的运粮兵，杀死数百人，活捉了指挥张彬。诸如此类的小动作还有不少，难以说全。

官兵的挑衅行为，让朱棣落下了"朝廷没有和平诚意"的口实，他再次上书朝廷，说：

张设机阱，以相掩陷，令人岂能自安？且欲令释兵，可乎，不可乎？德州、真定之兵朝散，我夕即敛师归国，今兵势四集，纲罗四方，不能无畏，是兵绝不可离，离则为人所祸。此不待明者而后知也。

思维父皇创业艰难，子孙不保，如此之际宁不寒心。今兵连祸结，天下频年旱蝗，民不聊生。强凌弱，众暴寡，饥民逢聚，号萧山林，相扇为盗，官府不能禁制。其势滋蔓，势有可畏。祖宗基业将见危殆，所谓寒心者此也。柳未知虑至此否乎？

夫天下，神器也，得之甚难，而失之甚易。伏望戒谨於所易失，而持守於所难得，体上帝好生之德，全骨肉亲亲之义。我弟周王久羁绝缴瘴疠之地，恐一旦忧郁成疾。脱有不讳，则上拂父皇母后钟爱之心，下负残杀叔父之名，贻笑于万载矣。昔汉文帝称为贤君。"尺布斗粟"之谣，有损盛德，至今人得议焉。诚愿采择所言，矜其恳切，早得息兵安民，以保宗祧，恩莫大焉。

对于朱棣的这封上书，朝廷并未给出回应，还把朱棣派去的使者抓入大牢之中。朱棣知道了这个消息后，非常愤怒，说："今武胜既执，则志不可转。自古敌国往来，理无执使，但执使，即为挑衅。其所以若此是必欲见灭我矣。岂能匏系于此，为人所制乎？"

战争到了不可调和的地步。

为了削弱朝廷军的力量，朱棣派出数千骑兵，去烧毁敌人的运粮船，试图通过控制补给来削弱敌人的战斗意志。负责指挥这支骑兵的人叫李远。

为了能够深入敌后，烧毁敌人的粮食，李远命令手下人全部穿上朝廷军的衣服，掩人耳目。他害怕如此一来敌我不分，便又让每个战士身后插上一把柳枝。他率领部队一路来到济宁谷亭、沛县，敌人竟然没有识破。

一路上，李远的军队烧毁朝廷军粮船数万艘、军资器械不计其数。史书记载："河水尽热，鱼鳖皆浮死，漕运军士惊骇而散。"

李远这么一折腾，搞得德州驻军粮草不济，震动朝野。盛庸听说军官被烧，非常愤怒，派将领袁宇领步军三万，去截杀李远的军队。

李远知朝廷军要来，便在村中设伏兵，而以少数骑兵将敌兵诱入埋伏。官军大败，战死万余人，损失战马三千匹。

隐患

朱棣虽然占据了战场上的主动权，但是他也有一个隐患，那就是越往南，离北京就越远，后方空虚成了他的软肋。驻守在真定的平安，敏锐地捕捉到了这个机会，便率兵北上进攻北京。

平安来到北京之后，在平村驻扎，这里离北京城只有五十里路。负责守卫北京城的燕世子朱高炽知道有敌来犯，急忙派人去通知朱棣。

朱棣担心的事情发生了，他连忙带领军队来到了真定城外，试图围魏救赵，但平安不为所动。于是，朱棣派手下将领刘江挥师北上，去解北京之围。跟着朱棣出征的另一个儿子朱高煦，此时也请求与刘江一同先行北上。

由于刘江手下并无多少兵马，所以决定采取疑兵之计，他对朱棣说："臣至北平，以炮响为号。二次炮响则决围，三次炮响则进城。若不闻第三炮则臣战死矣。臣若入城中，既闻外间救至，则守城军士勇气自倍。宜令军士人带十炮，为殿者放炮常不绝声。则远近皆谓大军既来，平保儿必骇散矣。"

朱棣觉得刘江的计策不错，便答应了。他还嘱咐刘江说："汝引兵渡滹沱河，由间道而行，张军声，多设间谍。若遇贼少，可击则击之。若贼众我寡，便昼为疑兵，多引旌旗，相屑不绝；夜多张火炬，使钲鼓相应。贼必谓大军回，惧而不进。汝急趋入北平。若贼来侵境，会守城军兵共击之。"

依照计策，刘江虚张声势、大张旗鼓地回到了北京城中。虽然平安并未被迷惑，但是北京城内的守军却以为是大军来援了，瞬间斗志昂扬。刘江则趁此机会，会合北平守军出击朝廷军，平安败走，还师真定。

战争打到这个地步，逐渐陷入僵局——朱棣无法再向南进攻，朝廷的军队也拿朱棣没有办法。交战双方都想要摆脱这种局面，都在寻找新的机会。

当时朝廷中的陕西布政使司佥事叫作林嘉猷，是方孝孺的学生，与方孝孺同为宁海人。此人曾经在北京当官，对朱棣的情况很了解。于是，他给方孝孺出了一个主意：从朱棣的儿子入手，挑拨他们的关系，从内部瓦解朱棣的军队。

朱棣一共有四个儿子，长子朱高炽，此时正坚守北平。朱棣其实并不太喜欢朱高炽，原因是，此人长得太胖。用今天人的观点来看的话，朱高炽可能患有肥胖症，胖得走路都不是很方便，必须要两个人扶着才行。朱棣本人，征战终身，是个非常英武的人物，可是这个儿子和他一点儿也不像。外形不像就罢了，连性格也不像，朱高炽为人比较和善，像个书生，与朱棣的"霸王"形象相去甚远。

虽然朱棣不喜欢，但是他必须立朱高炽为世子（朱棣当了皇帝之后就是太子了）。原因有两个，一，朱高炽是他的长子；二，朱高炽娶了个好媳妇，生了个好儿子。朱高炽的夫人姓张，见识远大而乖巧伶俐，是个不折不扣的贤内助，用古代命书的说法，叫作有"旺夫命"。

而且，他的儿子朱瞻基聪明伶俐，深得朱棣喜爱。史载，永乐帝朱棣数次出征，都带着皇太孙瞻基。明永乐十二年（1414年），"庚寅，车驾发北京，皇太孙从"，"上语诸侍臣曰：'皇长孙聪明英睿，智勇过人，宜历行阵，俾知兵法，且可悉将士劳苦，知征伐不易。然文事武备，不可偏废，每日营中闲暇，卿等仍与之讲论经史，以资典学。'"朱棣对孙子的培养远比对儿子用心。正是因为这两个原因，朱棣才不情不愿地将朱高炽立为世子。

事实上，朱棣曾经有过换"世子"的念头，他曾经对跟着自己南征北战的二儿子朱高煦说过这样的话："你大哥身体不好，你好好干，江山迟早是你的。"

这个朱高煦，在很多方面和朱棣很像，相貌堂堂、野心勃勃，在战斗中，朱高煦勇武善战，多次立有战功，而且曾救朱棣于危难，所以朱棣很喜欢他。

朱高煦本人也认为自己应该继承朱棣的大位，有同样想法的还有他的弟弟朱高燧，两个人在"搞倒"朱高炽这个问题上一拍即合。

对于朱家兄弟之间的矛盾，林嘉猷是一清二楚，他建议方孝孺利用这种矛盾，离间朱棣、朱高炽父子，迫使朱棣回到北京，镇守后防。于是，方孝孺就给朱高炽写信，派锦衣卫千户张安暗中带往北平，送给朱高炽。

收到信之后，朱高炽坐不住了。他知道敌人送这封信是想干什么，只要打开这封信，"与朝廷私相往来"的罪名就逃不掉了，但是如果不接此信，又无法向朱棣解释为何朝廷来人与自己联系。

朱高炽收到朝廷书信的事情，很快就传到了朱高燧耳朵里，他立刻派人去向朱棣报告此事。

得知此事，朱棣也是吃了一惊。他最担心的就是后方不稳，如果朱高炽真的和朝廷之间有什么来往，到时候事情就不好办了。

此时，朱高煦正在朱棣身旁，他自然不会给朱高炽说什么好话，对朱棣说："世子从来便与皇太孙朱允炆相友善，高燧所报绝不会错。"

朱棣心中此时已经被愤怒所占据，开始盘算如何除去此心腹之患。紧要关头，朱高炽的书信到了。

在接到朝廷的信之后，朱高炽就和谋臣商议，最终决定不看这封信，并且将信和朝廷的送信人一起送到了朱棣军中。朱棣见朱高炽有此举动，才知道儿子并无反意，如释重负的他不禁说道："嗟乎！几杀吾子！"

第六章 ／ 冒险计划

大破房昭军

背后的阴谋伎俩很难对战局造成决定性影响，战争的成败还要在战场上见分晓。

朝廷方面，依然在积极地备战。盛庸命令大同守将房昭引兵南下，对朱棣发动攻击。房昭得令，率领军队在保定一带骚扰朱棣的军队。他还动员当地民众上山结寨，并且给"寨主"授以官职。而他本人，则带兵驻守易州西水寨。

西水寨地处深山，易守难攻，房昭打算凭险久据于此，然后找时机进攻北京。朱棣得知这一消息后，对手下说："保定肱股郡，保定失，即北平危矣，岂可不援。"下令班师去救援保定。

1401 年八月，燕军渡过了滹沱河，来到了河北境内。中途击溃了不少

"寨主"。来到保定之后，朱棣命令手下将领孟善守卫保定，然后自己则率领军队去攻打房昭的军队。

朱棣得知，吴杰正在派手下将领韦谅为房昭运输粮草，他决定打败这支运粮部队，让房昭得不到供给，自行溃败。朱棣对手下说："昭据西水寨，寨所乏粮耳。使真定粮饷入，昭得固守，未易拔也。"

朱棣亲自带领骑兵三万，完成了劫粮草的任务。之后，他又派人包围了房昭的军队。

围而不打，这是朱棣对房昭军的策略，他想通过围困房昭军，逼迫吴杰前来解围，到时候就可以围点打援，击破朝廷军的主力。

但是，吴杰此时已经被燕军打怕，并不敢轻易出城。朱棣见对方胆怯，便故意带领一支军队去打定州，让吴杰误以为"燕军主力不在，可以去救援房昭"。

当时房昭的军队已经被围了很久，天气渐渐寒冷，但是寨内官兵却无补给，只是单衣单裤。这些官兵都是南方人，在北方本来就很不适应，天气又这么冷，更是思念家乡。

朱棣命令会唱南方民歌的军士，去房昭军的营地附近唱歌。从那以后，万山丛中夜夜吴歌四起，官军闻之往往泪下，斗志尽懈，有不少人偷偷跑到山下，投降了燕军。

"房昭军情况紧张，朱棣可能不在"，在这种情况下，吴杰终于决定去救援房昭。1401 年十月，朝廷军将领华英率领的援兵来到易县西南百里之处。此时，朱棣早已经悄然回到了围攻房昭的军队中，就等着敌人来了。

华英迫切地发动了攻击，朱棣派兵迎敌。等到华英打到一半的时候，发现自己身后满是燕军的旗帜。原来，朱棣再次派人绕到了朝廷军的身后，劫其后路。

回路被断，朝廷军无不惊骇，斗志全无，纷纷溃败。此战中，燕军杀敌过万。华英、郑琦、王恭、詹忠等军官被俘，反倒是房昭趁着战乱突围跑掉了。

攻破房昭之后，朱棣率师返回北京。此时，驻守在东北的朝廷军也开始向西推进，守将杨文带兵包围了永平，并派出军队在蓟州、遵化一带袭击燕军。

朱棣命令刘江带兵去救援永平。刘江临走前，朱棣对他说："东北的朝廷军知道你去了，一定不会和你打，他们会退回山海关。你可以这样，等朝廷军走了之后，你也假装撤兵，敌人一定会再回来。到时候你就可以出其不意，一举击败敌人。"

刘江到永平之后，杨文果然如朱棣所说，退回了东北。按朱棣的策划，刘江在永平驻守一段时间之后，大张旗鼓地带领军队撤出了永平，对外宣称要回北京去。事实上，他们撤出永平后没有多久，就又悄悄地回去了。

朝廷军不知道刘江的"阴谋"，以为他真的回到了北京，便卷土重来，袭击永平。而刘江则出其不意，率领大军从城中杀了出来，大败官军，斩杀数千人。

此战后，刘江才带着军马真正回到了北京。而东北的朝廷军再也没有了进攻燕军的勇气和实力。

在北京，朱棣手下的将领们联名上表，请朱棣自立为帝，他们说：

臣闻天生非常之君，必赋以非常之德，必受以非常之任，所以能平祸乱，定天下于一，而安生民，纳之于仁寿之域也。昔者夏商之季，桀滔淫而成汤放之，纣沉缅而武王代之。故《易》曰："汤武革命，顺乎天而应乎人。"夫征伐岂汤武能得已哉！所遇之时然耳。然汤武俱不失为圣人者，以其拨乱兴治，措天下于衽席之安也。

比者，幼主昏弱，狎匿小人，荒迷酒色。即位未几，悉更太祖高皇帝成宪，拆坏后宫。烧毁太祖高皇帝孝慈高皇后圣容，丧服未逾一月，即遣阉官四出选美女。其所为不道，遂致奸恶擅权，扇殃逞祸，戕害宗亲，图危社稷，汩乱天下。殿下谨守藩封，小心寅畏，而幼主听谗，兴难构兵，四起围逼。殿下不得已起兵救须史之祸，祗奉祖训，诛讨奸宄，清君侧之恶，保全亲亲，奠安宗社，冀其改悔，救骨肉之义。

岂期幼冲心志蛊惑，牢不可回，必欲加害与殿下然后已。殿下应之以仁义之师，不嗜杀人，堂堂之阵，正正之旗，节制明而号令肃，故百战百胜，此虽殿下神谋睿算之所致，实以天命人心之所归也。况殿下为太祖高皇帝孝慈高皇后嫡子，太祖高皇帝常欲建立为储贰，以承宗社之重。又况生而神明，灵应图谶，文武仁孝，德冠百王，天之所生以为社稷生灵主，正在于今日。

臣闻之，圣人动惟厥时，不违天命，使汤武有其时而不为，则桀纣之暴益甚，而苍生之祸曷已，是终违乎天命也。汤武岂忍斯民之涂炭而不解其倒悬哉？臣等伏望殿下遵太祖之心，循汤武之义，履登宸极之尊，慰悦万方之望，则社稷幸甚，天下幸甚。

就当时的情况来看，朱棣占据北方，如果自立为帝、画疆自守的话，朝廷拿他也没什么办法，而且，他一直以来的梦想不就是当皇帝吗？但是朱棣拒绝了属下的建议，他说："我之举兵，所以诛奸恶，保社稷，救患难，全骨肉，岂有他哉！夫天位惟艰，焉可必得？此事焉敢以闻？待奸恶伏辜，吾行周公之事，以辅孺子，此吾之志，尔等自今甚勿复言。"

朱棣说自己想要"行周公之事，以辅孺子"，这肯定不是他的真实想法，他想要当皇帝，早已经是众人皆知的事情了。但是，朱棣不甘心当一个偏居一隅的土皇帝，他的目标是南京的宝座，是整个中国的统治权。在没有实现那个目标之前，自立为帝毫无意义，只会落人口实，完全失去动兵的合法性。

群臣并不知道朱棣的真实想法，他们以为朱棣此言和历史上的众多皇帝一样，只是假意的推辞。从周公开始，帝王即位，都要有臣民三次劝进，历来如此。所以，群臣继续进言，劝朱棣当皇帝，朱棣仍不允。接着，宁王朱权又来劝，朱棣仍然坚辞。这下，群臣才知道，朱棣是真的不打算当皇帝，最起码现在不打算。

虽然自己不当皇帝，但是不能委屈了和自己一起打天下的将士们，他给有功之臣加官晋爵：都指挥丘福、张信、刘才、郑亨、李远、张武、火真、陈圭升为中军都督府都督佥事；李彬、王忠、陈贤为右军都督府都督佥事；徐忠、陈文为前军都督府都督佥事；房宽为后军都督府都督佥事。后军都督府陈亨之子陈恭袭其父职，纪善、金忠升为右长史。

大赏群臣之后，朱棣再次策划南征。

直取南京

朱棣迫不得已回到北京，让朝廷上下松了一口气。他们也因此认为朱棣已是强弩之末，不足为惧。这种盲目的自信，多半来自心理上的自我安慰，但是却实实在在地麻木了理智。

很早以前，朱棣就买通了许多朱允炆身边的太监。这些太监们经常给朱棣通报消息，这一次，他们带给朱棣的消息是——朝廷麻痹，南京空虚。

一直以来，朱棣都试图通过攻城拔寨，打通通往南京的道路。但是从北京到南京，中途诸多军事重镇，若要一个个征服，这场战争不知道要打到什么时候。时间是站在朱允炆一方的，因为他占据了中国最富饶的地方，不怕消耗。而朱棣呢，仅有北方的一小块土地，长期消耗战会逐渐削弱他的实力与锐气，到最后只能失败。

于是，朱棣做出了一个重要决定，别的城市都不管了，直接打南京，只要拿下南京，朱允炆的政权就崩塌了，镇守在各地的朝廷军队也就失去抵抗的动力。他对众将说："频年用兵，何时已乎？要当临江一决，不复返顾矣！"

在正式出兵之前，朱棣再次撰写祭文，祭奠天下阵亡将士，不仅祭奠燕军中战死沙场的部下，也祭奠死在战场上的朝廷军。与此同时，朱棣还将在永平擒获的辽东指挥王雄等七十一人释放，令其返乡。

王雄等临走前，朱棣对他说："每战擒获将士，思其皆我皇考旧人，为奸臣驱迫战斗，盖出于不得已，实非本心，念其皆有父母妻子朝夕盼望，悉放遣之。故今亦释尔等。"最后，朱棣还强烈地谴责了杨文在东北滥杀无辜的罪行，他说："归语杨文，所敌者在予一人，百姓男女，老弱婴儿何罪？淫刑惨酷，使人痛心，不忍闻也。夫善恶报应，捷于影响，杨文不有人祸，将必有天殃。"

放王雄而骂杨文，这是朱棣的离间之计。若是王雄等回到辽东能对杨文有所掣肘，那么他的南征便可大大放心了。这条计策起了作用，王雄对朱棣说："杨文诚得罪于天，无所逃其责。臣等愚昧，为其所诱，罪宜万死。今蒙陛下再生之恩，当陨首为报。"

十二月十二日，朱棣誓师南征。临行前，他再度强调不得侵扰乡民，说："靖祸难者，必在于安生民。诛乱贼者，必先在于行仁义。生民有弗安，仁义有弗举，恶在其能靖祸难哉！今予众之出，为诛奸恶，扶社稷，安生民而已。予每观贼军初至，辄肆杀掠，噍类无遗，心甚悯之。思天下之人皆我皇考赤子，奸恶驱迫，使之夫不得耕，妇不得织，日夜不息，而又恣其凶暴，非为致毒于予，且复招怨于天下。今我有众，明听予言，当念百姓无罪，慎毋扰之。苟有弗遵，一毫侵害于良民者，杀无敌，其慎之。"

半个月后，除夕降至，而朱棣则行军在外，到达了蠡县汊河。

朱棣选择了一条从未走过的南征路线，为的就是避开真定和德州的守军，从两座城市中间的缝隙直插山东而后去进攻南京。

考虑到路上可能遇到朝廷军的巡逻部队，朱棣派李远率领八百骑兵侦察官军扫清道路。

新年到来，可朝廷军也不敢高枕。大年初一，李远来到藁城，遭遇了德州的都指挥葛进的军队。李远手下兵少，不敢强攻，他乘着朝廷军渡河未毕，半渡而击。朝廷军见燕兵冲来，赶紧退到了河边的树林里，摆开阵势。而李远也没有上前进攻，而是命令部下假意退兵。

朝廷军见李远兵少，并不放在心上。李远一退，官军便追，这正中了李远的诱敌之计。燕军趁朝廷军忙于追击、阵形大乱之际，回身作战。朝廷军军心大乱，大败而归。这一仗，李远斩敌四千余人。

得知李远获胜的消息之后，朱棣非常高兴，他派人给李远送去玺书以示奖赏，并称赞他用八百骑兵破敌万人的壮举与古代名将相比也不为过分。

大年初一，朱棣就获得了这样的好消息，对于他而言，这可能是一个很好的兆头。

燕军南下，朝廷军则正在北上。平安带领数万兵马从真定出发，打算再次进攻北京。朱棣知道后，命令手下名将朱能前去堵截。

朱能与平安相遇之后，发动了突然袭击，击败了敌人。平安只得再度退回到真定。

朱棣挫败了东西两翼之敌，便放心大胆地向南京进发，很快就到达了孔圣人的故乡——曲阜。在这里，朱棣对诸将说：

孔子之道，如天之高，如地之厚，如日月之明，参赞化育，师表万世。天下非孔子之道无以致治，生民非孔子之道无以得安。今曲阜阙里在焉，毋入境，有犯及一草一木之微者，杀无宥。邹县孟子之乡，犯者罪如之。

事实上，在很多地方，朱棣颇有些孔孟之风，燕军经过馆陶时，朱棣见一士兵因病卧倒在道旁。他立即牵过自己的战马，让这个生病的士兵骑上，身边人都说："大王的战马，不宜让士卒乘坐。"朱棣则回答说："人命至重，马岂贵于人乎？今病卒不能行，不以马载之，则遂弃之耳。战用其力，病而弗顾，是爱人不如爱马也，宁辍马以乘之。卒既获济，马复何损！"这岂不正符合孔孟"以民为贵"的思想？

朱棣行孔孟之道，他的对手也是如此。

燕军攻破东平之时，一名叫作郑华的小官，眼见即将城破地失，觉得自己有愧君恩，便对妻子说："吾义可死，奈亲老汝少何？"意思是，我可以以死报国，就是不忍心丢下一家老小。

妻子则回答："君能为国，妾独不能为君乎？"意思是，你能以死报国，我难道不能为你而死？

最终，郑华率吏民凭城固守，力不支，不食五日而死。

朱棣军攻沛县之时。本城知县名颜瑰，是大书法家颜真卿的后人。颜伯玮知道自己不可能抵挡住朱棣的进攻，便命其弟颜珏、其子颜有为还家侍父，他给父亲带回去两句话："子职弗克尽矣！"家人走后，颜伯玮题诗壁上曰：

太守诸公鉴此情，只因国难未能平。

丹心不改人臣节，青史谁书县令名！

一木岂能支大厦，三军空拟筑长城。

吾徒虽死终无憾，望采民艰达圣明。

"吾徒虽死终无憾，望采民艰达圣明。"这是儒家学子的最后遗言。

数日之后，燕军攻破城池，颜伯玮登上公堂，向南礼拜，痛哭大呼："臣无能报国矣！"自刎而死，时年五十。

燕军进城后，主簿廖子清、典史黄谦被俘。燕将想释放廖子清，廖子清说："愿随颜公地下。"慷慨就义。燕将又派黄谦到徐州去劝说当地守将投降，黄谦坚决不从，也从容赴难。

朱棣行孔孟，他的对手也行孔孟。到底谁是对的？谁是错的？或许很难有答案。在历史的长河中，对与错的争执有时候很难有结果。但是那些关于信念、关于理想的动人故事，却能永远存在。

拿下宿州

朱棣想要直接进攻南京，但是有些城市是通往南京的必经之路，比如徐州。

为了攻破这个军事重镇，朱棣派兵埋伏在九里山下，然后命令几个骑兵来到徐州城下，挑逗城中守军出城。

朝廷军已经想到了城外可能有埋伏，便坚决不出城。那几个骑兵见敌人不上当，便在城外烧毁民房，高声大骂，有一个骑士还向城上射了一箭。

傍晚时分，见敌人还不出城，这些人才撤回。到了第二天，他们又来到城下挑战。城中守军彻底被激怒了，便打开城门，派兵来追。

结果不言自明，这股追兵中了埋伏，几乎全军覆没。

守军吃一堑长一智，紧闭城门，再也不敢出战了。哪怕是燕军一个人往来城下，也绝对不出城作战。

朱棣一方呢，也不急着与敌人交战了，他们在徐州城外整顿军马，准备粮草，整整持续了一个月时间，都没人来打扰。

朱棣断定，徐州就算是在敌人手中，也没有多大威胁了，于是他率兵来到了宿州。

宿州是朱棣母亲马皇后的家乡，朱棣告诫众将士说此处是母亲故乡，不得骚扰，违者必罚。

在宿州，朱棣派都指挥金铭带领一支骑兵部队到景山一带活动，为的是防止后面的敌人追来。

朝廷军得知金铭孤军在后，便来追赶。金铭按照朱棣事先告诉他的战略：列队徐行、乍进乍退。朝廷军再次认为金铭是朱棣设下的一个诱饵，因此不敢上前。金铭故意拖延时间，估计大军已经走远，便引军渡河南下。金铭来到河边，官军也已赶到。这时只听炮声大作。官军以为是中了埋伏，慌忙退却准备迎战。

官兵乱作一团之时，金铭已经过河。原来，朱棣事先在河对岸只布置了都指挥冀英等少数几名骑兵，约定金铭等来到河边时鸣炮，造成设伏的假象，以掩护其过河。

官军列好阵，发现并无敌兵，而金铭已经走远。

朱棣一门心思打向南京，朝廷方面则乱成了一团。他们直到此时，方才明白了朱棣的战略意图。平安赶紧率兵追击朱棣。

对于平安军的动向，朱棣一清二楚，他命朱高煦把守大营，自己率骑兵两万到离大营一百多里之外设下埋伏。

朱棣在埋伏圈里待了好几天，粮食都快要吃完了，也没等到平安军。他手下的将领有些沉不住气，纷纷要求撤兵。但是朱棣却料定平安两天之内一定会到达埋伏的地方。

等了一天，还是没到。诸将更是心浮气躁，再次要求撤兵，朱棣说再等一天。

第二天，平安还是迟迟未到，而朱棣军的粮食已经吃光了。将领们认为当下的情况是"未遇敌而先自困"，要求撤兵。朱棣对手下人说："贼引众远来，锐竭求战。彼深知大军南行，必袭我后，若败其前锋，则众夺气。"诸将见朱棣执意要等，只得从命。

朱棣派出侦察部队去前方探视，也久久没有回音。终于，在第二天的晚上，侦察部队回报：敌军已经来到了离淝河四十里的地方，他们都听到了敌人的更鼓。

得到这个消息后，朱棣才放下心来，他志得意满地对手下将领们说："贼入吾彀中矣！"

次日，天蒙蒙亮，朱棣命令白义、王真、刘江三人，各领百骑出兵迎敌。就像之前几次一样，这几人的任务就是把敌人引到埋伏圈里。

中午时分，白义与平安的主力军队遭遇，平安见到燕军不过几名散漫的骑兵，下令追杀。燕军假装狼狈逃窜，朝廷军更是急于追赶，一直追到了20里之外，进了朱棣的埋伏圈。

等到敌人进了埋伏圈，朱棣一声令下，燕军呼啸而出，王真也回身冲向了朝廷军。

王真是燕军中著名的猛将，他率领少数人冲进了朝廷军的队伍中间，与敌厮杀，但是却因为敌众我寡，被朝廷军团团包围。战斗中，王真身负重伤，但丝毫不退，毙敌数十人。不久后，王真气力用尽，对手下人说："我死也不能死在敌手。"遂自刎而死。

朱棣见王真战死，心痛不已，王真是他手下的一员爱将，朱棣曾经对人说："诸将奋勇如王真，何事不成！"此时爱将殒命，朱棣自是气愤，立刻命令全军压上，与敌人决一死战。

此时，平安正在一个高坡上观察战局，见朱棣率兵奋勇冲杀，平安连忙派手下的一位蒙古族将军火耳灰者前去迎战。

火耳灰者是平安军中少有的猛将，他手持兵刃，径直向朱棣杀去。一直杀到离朱棣只有十步距离的地方，眼看朱棣处境危险，突然间乱军之中射出一箭，正中火耳灰者的战马。战马受伤倒地，火耳灰者被掀翻在马下，燕军一拥而上，将其擒获。

火耳灰者部下有一个哈三帖木儿也是个骁勇过人的骑士，他看到长官被擒，赶紧上前相救，但是却也被射中了战马，成为燕军俘虏。

平安见部下无法与燕军正面抗衡，赶紧率兵撤退。此战中，燕军斩杀敌军数千，获战马八十余匹。

仗刚打完，诸将便向朱棣叩头祝贺。现在，他们才知道朱棣说的是对的，纷纷夸赞朱棣料事如神，朱棣则说："卿等谋非不善，而事或有相乖。无苦自贬抑。但有所欲言则言之。勿惩偶不中而遂默。安危与卿等同之。"

至于那个火耳灰者，被朱棣擒获之后，甘心投降燕军，并成了朱棣的带刀侍卫。朱棣身边的人担心火耳灰者这个人对朱棣不够忠诚，所以建议朱棣不要让他当贴身侍卫，以免遭遇不测。朱棣则说："彼皆壮士，况有旧恩！今复生之，必知所报，毋庸怀疑。"

第二天，朱棣派将领薛脱欢领军前往宿州查探，此地驻扎着朝廷军的主力。朱棣若想进攻南京，就必须从这里经过。此时的朱棣，已经是身入虎穴之中，四面八方都是朝廷军队，离自己的大本营北京又远隔万里，粮草不济，只能求速战速决。

而朝廷军方面，则做好了和朱棣打持久战的准备。他们广积军粮，积极防守，消极进攻，目的就是用时间拖垮朱棣。

面对不利的局势，朱棣决定故技重施——劫粮草。

朱棣让刘江领军三千负责去攻打敌人的运粮部队。一贯骁勇的刘江，此次竟一反常态，拖拖拉拉地不愿意去执行任务。朱棣非常生气，要将刘江斩首，诸将苦苦哀求，朱棣才收回成命。

朱棣又派都指挥谭清带兵去骚扰敌人的运粮部队，谭清在徐州屡次骚扰朝廷的运粮部队，获得了一些战果。

谭清的"破坏行为"，引起了朝廷军的重视，便派宿州的兵马去征缴他的军队。由于谭清兵少，所以很快被大量朝廷军包围。他只能且战且行。正当走投无路时，朱棣率军前来接应，与宿州军马战至一处。朱棣兵精将猛，朝廷军猝不及防，最终朱棣大胜，而朝廷军大败。朱棣乘胜追击，拿下宿州。

齐眉山大战

宿州到南京只有六百里地，如果全速行军的话，朱棣的军队几天之后就可以到达南京城下。所以当朝廷得知这个消息之后，非常惊慌，连忙派何福带兵前来迎战。

何福是朱元璋手下的宿将，明史记载："何福，凤阳人。洪武初，累功为金吾后卫指挥同知。从傅友德征云南，擢都督佥事。又从蓝玉出塞，至捕鱼儿海。二十一年，江阴侯吴高帅迤北降人南征。抵沅江，众叛，由思州出荆、樊，道渭河，欲遁归沙漠。明年正月，福与都督聂纬追击，及诸郿、延，尽歼之。移兵讨平都匀蛮，俘斩万计。"

由此可见，此人虽然不是朱元璋时代的一流名将，但当时也是跟着傅友德、蓝玉等一流名将南征北战的将军，深通用兵之道。自从接到与朱棣作战的任务后，何福日夜追赶燕军，试图在朱棣到达南京之前将其击溃。

朱棣看出了何福的意图，对部下说："贼势窘迫，必求一战，我据险以待之，不日可擒矣。"

第二天，何福就率领朝廷军打了过来，他摆开阵势，徐徐向燕军的阵地推进过来。朱棣率领骑兵部队出击，专门找敌人的骑兵交战，并很快击破了敌人的机动部队。

眼看着骑兵部队被朱棣打败，何福赶紧命步军蜂拥而上，但是又被陈文击退。稍作休整之后，何福率领全军发动攻击，两军开始混战。混乱中，何福斩杀了陈文，官军一时间占据了战场上的主动权。

平安当时也跟着何福一起出战，战场上，他专门找朱棣的麻烦，策马挺枪，杀向朱棣，眼看就要得手，平安的战马突然失蹄，燕军将领王骐赶紧趁机把朱棣救出。此时，朱高煦率都督张武，内官狗儿等人从树林中杀出，刚刚脱险的朱棣则回身再战，燕军声势大振，官军抵挡不住，只得溃败。

此战中，燕军斩杀敌人两万余人，朝廷军将领丁良、朱彬也成了俘虏。但是朝廷军的主力尚在，燕军一时难以完全击溃敌人。两军陷入到了相持阶段。此后数日，双方再无战事。

朱棣春天从北京出发，到此时已经是夏日。天气越来越热，朝廷军的粮食也吃完了，大部分士兵只能靠野菜充饥。

朱棣对诸将说："贼众饥甚，今与之相持，彼居南岸，便其馈饷。更一二日，运粮稍集，贼众得济，难以破之。"

为了尽快击破敌军，朱棣留下了少部分兵马在正面虚张声势，自己暗中率领大军绕到朝廷军的身后。对于燕军的这一动向，朝廷军竟然不知不觉。直到第二天早上，他们才发现朱棣已经来到了自己身后，赶紧手忙脚乱地调整阵形，准备战斗。

当时，双方所在的地点叫作"齐眉山"，所以朱棣与何福这一战被称为齐眉山大战。

两军交战之后，战局再度陷入僵持，从中午打到下午，也未能分出胜负。最后战场上扬起大雾，难辨敌我，双方只好各自收军还营。

何福知道，自己不是朱棣的对手，所以便想趁着大雾的掩护赶紧撤退，却不承想在大雾中迷了路。在齐眉山下转悠了半天，又回到了原点。不久后，雾气散尽，朝廷军猛然发现自己还在原来的地方，非常惊讶，而朱棣此时又杀了过来。想跑没跑成的朝廷军只好仓促应战。由于当时朝廷军已经行军多时，所以非常疲惫，这一仗再次被朱棣所打败，何福只好带着兵马与平安的军队汇合去了。

朱棣虽然再次获胜，但当时的情况对他也很不利。由于他手下的军士都是北方人，所以根本无法适应南方夏天湿热的天气，很多人都染上了疾病，厌战情绪也在军中弥漫。一些将领对朱棣说："今我军深入，与敌相持。盛夏行师，兵法所忌。况淮土燕湿，暴雨连作。我军畏热，倘生疾疫，则非我之利。小河东平野多牛羊，且二麦将熟，粮食充足。若渡河西择地驻营，休息士马，伺机而动，万全之道也。"

朱棣当时也很心烦，他急着想要进攻南京，可是却一拖再拖，心情很不好，厉声说道："兵事有进无退！"说完这句话，他意识到自己可能有些急躁了，便对将领们解释说："卿等所见，拘于常算，非知通变者也。夫两敌相持，贵进忌退，今贼众屡败，心胆俱丧。粮道匮乏，士有菜色，众志荡离，亡在旦夕。我所以引其南来者，贼军多南士，久劳于外，孰不思家，若大败之后，各归故里，岂复能合？"

朱棣的话并未让手下将领完全信服，他们依旧七嘴八舌地提出反对。此时，朱棣手下的重要将领朱能站出来力挺朱棣，说道："用兵未必常胜，岂可因小挫系自阻？项羽百战百胜，竟亡；汉高屡败而终兴。自殿下举兵以来，克捷多矣，此小挫何足置意，但当以宗社为重，整兵前进耳。"

朱棣听了朱能的话，很高兴，说："尔言深合吾心。"

诸将听了朱能的话，都不作声了。朱棣知道这些人还是想退兵，便说：

"有欲渡河者从左，不欲者右。"这话一出，大部分识相的将领都站到了左边，只有少数几个人站到了右边，而王忠则立于中间，不做可否。朱棣没有获得百分之百的支持，非常生气，说道："欲渡河者，任其所之!"意思是不想跟着我的，你们就自己看着办吧。那些反对朱棣的人听了这句话，纷纷改变了主意，表示要与朱棣共进退。

朱棣用强权压服手下之后，继续寻找击破朝廷军的机会。而他的对手——何福和平安，此时正龟缩在灵璧，忙着加固城防，等待着朱棣的到来。

朝廷给何福的军队调拨了五万石军粮。为了防止朱棣劫粮，平安率领六万人的队伍押送这批粮草。

朱棣知道，决不能让朝廷的粮食送到，于是便带着朱高煦埋伏在运粮路上，准备劫粮。等到平安的运粮军队到了朱棣的埋伏地点之后，朱棣突然杀出，平安军大乱。何福听说朱棣再次劫粮，赶紧带着驻扎在灵璧的所有兵马前来援救，但是却被朱棣击溃，只好扔下粮食，跑到了城里。

军粮没有运到，何福军失去了长期坚守的资本。这天晚上，何福与手下将领策划突围，他决定第二天天一亮就赶紧跑，信号是三声炮响。

而朱棣此时也在策划进攻计划，他决定第二天天一亮就发动攻击，事有凑巧，朱棣的进攻信号也是三声炮响。

次日清早，朱棣发动了进攻，三声炮响过后，全军向敌人的军营杀了过去。何福的军队也听到了炮声，他们还以为是撤退的信号，便赶紧收拾行装，跑出了军营，结果恰好遇到了前来进攻的燕军。

朝廷的军队完全没有想到事情会变成这个样子，猝不及防，被燕军迎头痛击，死伤无数。而何福单骑逃去，平安被俘。十万多朝廷军队成了燕军的俘虏。

平安落到了朱棣手中，他是燕军的敌人，与朱棣交锋数次，并斩杀了朱棣手下好几员大将。抓住平安后，燕军欢声动地，说："平安，平安，吾属自此获安矣！"几乎所有人都想把平安处死。

但朱棣却知道平安是个人才，并没有杀他，而是派人将其送往北平。平安感朱棣不杀之恩，最终投降了燕军。至于俘获的那些文官，朱棣下令把他们全都放了。

文官中有个人叫陈性善，虽然逃得一死，但是自感监军兵败，有辱诏命，在出了朱棣的军营之后便跳河自杀了。他的朋友黄壿、陈子方也同他一起投河自杀而死。

第七章 ／ 入主南京

泗州之战

朱棣在南方战场上锐不可当，朱允炆很是着急。此时，齐泰、黄子澄建议召辽东兵入关，从北面夹击朱棣。朱允炆同意了这个建议，派杨文率领辽东兵十万前往济南，与铁铉合兵，然后对朱棣发起攻击。但是杨文的军队连山海关也没到，就被朱棣手下的将领宋贵等人击败，没能到达济南。

朱棣一方，则继续向南进发。1401 年五月，他率兵来到了泗州。

泗州在凤阳府地界内，是朱棣的老家。自从到北京当上藩王之后，朱棣就再也没有来过凤阳。此刻他以"反叛者"的身份重归故里，不知心中作何感想？

朱棣来到泗州城下之时，只见城门大开，守城将领指挥周景初等人已经等候在城外了。这些人不是来作战，而是来投降。

朱棣问周景初："未攻城而先降，何也？"

周景初回答说："此处寺中有一僧伽神最为灵验，水旱疫疫必祷于神，有疑必卜问，吉凶悉响应。殿下兵未至，臣等斋诘祷于神，问：'降与守孰吉？'是夜梦僧伽神告曰：'兵临城，速降则吉，不降则凶。'是以即降。"

朱棣听了这番话很高兴，说道："人心之灵，妙于万物，尔先觉，故神亦告。"

朱棣的祖陵离泗州不远，这里埋葬着他的爷爷。为了表示对先人的敬重，朱棣带领部下去拜谒祖陵。在祖陵前，朱棣泪流满面，说："横罹残祸，几不免矣。幸赖祖宗神灵庇佑，今日得拜陵下。霜露久违，益增感怆。尚祈终相庇祐，以清奸慝。"

拜完祖陵后，朱棣带着军队来到了淮河岸边。

淮河是进入南京的重要屏障，听说朱棣已经到了淮河边上，朝野震动，朱允炆赶紧派盛庸带领马军、步军数万人、战船千艘，在淮河阻击朱棣。

从淮河到南京，有三条路可以走：一是走凤阳，二是走淮安，三是直趋扬州。朱棣召集手下将领，商议进军路线。有人主张先取凤阳，如此一来可以切断朝廷军的援军道路，然后可以夺取滁州、和州、安庆等地，完全控制长江天险。还有人建议应先取淮安，然后攻打高邮、通、泰，直逼南京。

这两种方案，各有所长各有所短。当时，朝廷为了堵截朱棣，已经在凤阳、淮安等地布置了重兵，负责凤阳守卫的将领叫作孙岳。此人早就备战多时，准备与朱棣决一死战了。而淮安方面，守将是驸马梅殷，此人天性恭谨，有谋略，尤长于弓马。他是朱元璋二公主的丈夫。在十六个女婿中，朱元璋最喜爱梅殷，曾经夸赞他精通经史，堪为儒宗，当世无不以为荣耀。

朱元璋晚年，也感受到了来自藩王对中央政权的压力，他曾把梅殷秘密召到身边，嘱咐他将来辅佐皇太孙。朱棣刚开始造反的时候，梅殷就开始招募、训练淮南民兵，三年过后，他手下有了40万人，可谓是兵多将广。

早在朱棣攻破何福之后，就想拉拢梅殷。他派人给梅殷送信，说是要到南京进香，请求梅殷借路。梅殷回答说："进香，皇考有禁，不遵者为不孝。"朱棣听了大舅哥的这句话，非常生气，又写了一封信给他，说："今兴兵除君侧之恶，天命有归，非人所能阻。"

梅殷接到信之后，把送信的使者割掉鼻子，然后对使者说："留汝口为殿下言君臣大义。"意思是留下你的嘴给朱棣讲讲什么是君臣之义。朱棣更是生气，但是也毫无办法。

如此一来，朱棣就只能经由扬州去进攻南京了，他对部下说："凤阳楼橹坚完，所守坚固，非攻不下，恐震惊皇陵。淮安高城深池，积粟既富，人马尚多，若攻之不下，旷日持久，力屈威挫，援兵四集，非我之利。若取扬州，则淮安、凤阳人心自懈，我耀兵江上，聚舟渡江，夺取镇江，连攻常州，遂举苏松及江浙，西下太平，抚定池州、安庆。彼时，江上孤城，岂能独守。"

制定好方案之后，朱棣命令手下将士，在长江岸边编造竹筏，扬旗鼓噪，虚张声势，造成一种要顺江之下，攻打凤阳的假象。而与此同时，朱棣又命令丘福、朱能、狗儿等人，去偷渡淮河。

驻守在淮河一带的官兵没有想到朱棣会来进攻自己，所以等燕军出现在眼前时，他们毫无准备，一时间营中大乱，被燕军击溃。指挥官盛庸见败局已定，便在部下的搭救下坐船离开。此战中，燕军缴获了大批战船，大军得以顺利渡过淮河。

五月十七日，朱棣派遣吴玉去扬州招降。当时朝廷在扬州设有重兵，但扬州城内的守将分成了两派，一派主战、一派主降。负责驻守扬州的监察御史王彬是个主战派，当他发觉部下有人主张投降之后，便把这些人都抓进了大牢。

朱棣得知此事后，派人把一封信绑在弓箭上射入城中。信中说："有能缚王御史降者，给予三品官。"

王彬身边有一个力士，力大无比，勇猛非常，因为有这个力士的存在，所以人们不敢靠近王彬，更不要说把他抓起来了。

当时城里有一个人叫作王礼，此人的哥哥是主降派，被王彬抓了去。为了救出哥哥，他想出了一条计策，先给力士的母亲送去大批礼物，通过她将力士支开，然后乘着王彬洗澡的时候，将其制服，而后打开城门投降。扬州就此落入朱棣之手。

扬州投降之后，高邮、通州、泰州等地也纷纷投降，朱棣几乎不费吹灰之力，就打通了通往南京的道路。

眼看着朱棣一天天逼近，朝廷上下更是着急。20日，朱允炆下罪己诏，并派御史大夫练子宁、右侍中黄观、翰林修撰王叔英、刑部侍郎金有声、国子祭酒张显宗等四处征兵，号召天下勤王。朱允炆在征兵的诏书中写道：

奉天承运皇帝诏曰：朕奉皇祖宝命，嗣奉上下神祇，燕人不道，擅动干戈，虐害百姓，屡兴大兵致讨，近者诸将失律，寇兵侵淮，意在渡江犯阙，已敕大将军率师控遏，务在扫除，尔四方都司布政司按察使及诸卫文武之臣，闻国有急，各思奋其忠勇，率慕义之士，壮勇之人，赴阙勤王，以平寇难，以成大功，以扶持宗社。呜呼，朕不德而致寇，固不足言，然我臣子岂肯弃朕而不顾乎？各尽乃心，以平其难，则封赏之典，论功而行，朕无所吝。故

兹诏谕，其体至怀。

至此为止，朱棣与朝廷之间的战争已经打了两年有余，朝廷屡战屡败，损失惨重，想要征兵更是难上加难。

方孝孺见征兵不利，向朱允炆献策说："事急矣，宜以计缓之，可遣人许以割地，稽延数日，东南募兵当至，北兵不习舟楫，我借长江天堑，与之决战于江上，胜负未可知也？"朱允炆只能答应，派朱棣的表姐庆城郡主去与朱棣议和。

五月二十五日，庆城郡主来到了朱棣的大营中，与表弟相见。自从朱棣去了北京以后，他们就再也没见过。朱棣见到庆城郡主之后，大哭着说："我父陵土未干，我兄弟频见残灭，害人之忍心，有如此乎？且一入谗臣之言，即如胶漆不可解，至亲之言，纵倾吐肝心，如水洒石。今我之来，岂得已哉！"

庆城郡主也是泪流满面，竟然说不出话来，全然忘了自己是带着任务来的。朱棣又问道："周、齐二王安在？"

庆城郡主回答说："周王召还，未复爵，齐王仍被拘之。"朱棣听后继续大哭。

直到此时，庆城郡主才想起了自己的任务，请朱棣允许割地讲和。

当年朱棣偏居一隅，尚且不同意割地讲和，如今马上就要打到南京城了，他又怎么能答应？朱棣对庆城郡主说："吾受皇考封土且不能保，割地何用，且吾来，欲得奸臣耳，在清朝廷、奠安宗社，不在土地，吾分地自有皇考所命者，富贵足矣。但得奸臣之后，竭孝陵，朝天子，求复典章之旧，免诸王之罪，即还北平，祗奉藩辅，岂有他望。此奸臣欲姑缓我，以俟远方之兵耳。我岂为所欺哉！"

在朱棣滔滔不绝的雄辩声中，庆城郡主无以对答，只能默然而归。

朱棣送庆城郡主离开军营时，又说："为我谢皇上，我与皇上互亲相爱，无他意也。幸不终为奸臣所惑耳！为我语诸弟妹，吾几不免矣，赖宗庙之灵垂佑，相见有日也。"

天险不险

朱允炆和他的手下群臣，盼望着郡主可以说服朱棣，让他罢兵。但是最终事与愿违。事到如今，只能打了。方孝孺对朱允炆说："长江可当十万兵，江北船只遣人尽烧之矣，北兵岂能飞渡？况天气蒸热，易以染疾，不十日，彼自退。若遽渡江，只送死耳。何足以当吾师！"

在方孝孺看来，朱棣一时间过不了长江，只要能拖朱棣一段时间，等到援军到来之后，南京城就可以保住了。

方孝孺想得太天真了，长江并没有他想象中那么"靠谱"。

一开始，朱棣确实遇到了一些困难——他没有船。有人给朱棣出主意：挑选了一些善于游泳的士兵，用猪皮囊充气环系在腰间，去抢朝廷军的船。朱棣也只能这么办，接下来的几天中，燕军夺了不少船。但是远远不足以与朝廷水军相抗衡。

燕军中有一个士兵叫作钮阿卜，老家在江苏，长期在北方当兵，有些厌倦，此番回到江南，思乡之情难以克制，便决定逃跑。

此人悄悄离开军营，想凭借自己的游泳技术渡过长江，逃回老家。却不承想，刚刚游到南岸，就遇上了官军的运粮船。

负责运粮的都是些老弱残兵，看见燕军来了，惊恐万分。而一方面，钮阿卜也很害怕。他只好虚张声势地说："燕兵即将大举过江，你们要想不死，就赶快随我投降，否则杀你个片甲不留！"他只是想吓跑对方，却没想到这些运粮老弱军士真的跟着他投奔了燕军。钮阿卜虽然没跑成，但是立了大功，得了奖赏并被提拔。

数日之后，朱棣来到了浦子口。此地与南京隔江相望，朝廷军在河对岸布有重兵。朱棣进行了试探性的进攻，结果被江对岸的盛庸打败，只得退兵。

就在朱棣进退两难之际，朱高煦带领蒙古骑兵来了。强援的加入，让他倍感兴奋，正是这个时候，他对朱高煦说出了那句话："勉之！世子多疾。"言下之意就是我的位置，迟早是你的。

听了父亲的这句话，朱高煦欢欣鼓舞，带领军队与盛庸拼死战斗，很快就带兵撤退到了高资港。

朝廷方面知道长江决不能丢，便派都督金事陈瑄率领水军前来支援。但是这个陈瑄却没有去与盛庸军会合，而是去投降了朱棣。朱棣顿时实力大增，他决定马上渡江，拿下南京城。

这一天是六月初二，朱棣在长江边上摆好香案，祭拜长江之神，全军将士列队而立，旌旗猎猎。多年的战争，让朱棣的军队几乎横扫了大半个中国，如今，他们终于要朝着最终的目标前进了。

朱棣带头向长江之神行礼，礼毕后，朱棣说道："予为奸臣所迫，不得已起兵御祸，誓欲清君侧之恶，以安宗社，予有厌于神者，使不得渡此江。神鉴孔迩，昭格予言。"

次日，朱棣又集合部众召开誓师大会，他对众将士说：

群奸构乱，祸乱邦家，扇毒逞凶，肆兵无已。予用兵御难，以安宗社，尔有众克协一心，奋忠鼓勇，摧坚陷阵，斩将搴旗，身当矢石，万死一生，于今数年，茂功垂集，在戮力渡江，剪除奸恶，惟虑尔众，罔畏厥终，偾厥成功耳。

夫天下者，我皇考之天下，民者，皇考之赤子，顺承天体，惟在安辑，渡江入京，秋毫无犯，违予言者，以军法从事。

呜呼，惟命无常，克敬惟常，尔惟懋敬，乃永无咎。

最后的战争要打响了。

誓师大会结束之后，朱棣大举渡江。由于有了众多战船的加入，因此朱棣渡江的声势颇为浩大，舳舻相衔，旌旗蔽空，戈矛曜日，金鼓之声震天动地。

而对岸的官兵，则严阵以待，等待着敌人的到来。三年来，这些为朝廷打仗的将士们屡战屡败，心中早已对朱棣带领的燕军畏惧非常，而这种畏惧感将决定他们在战场上的表现。

随着盛庸一声令下，朝廷军向燕军杀去，而燕军则早已等待这一天多时了，他们勇猛地冲向了敌人。

面对燕军，朝廷军心底的恐惧让他们的战斗力大打折扣，虽然人数众多，但是在燕军的强攻之下，朝廷军逐渐开始溃败。盛庸眼见不敌，再次逃跑。而那些来不及逃走的士兵，则成了朱棣的俘虏。

现在，朱棣的面前就是南京城了。

手下的将领们此时都是欢欣鼓舞，纷纷要求朱棣马上进攻南京。但是朱棣却否决了这一提议，他提出要先进攻镇江。

镇江在高资港之东，两地紧邻。朱棣说："镇江为咽喉之地，若城守不下，往来非便。譬之人患疥癣，虽不致伤生，终亦为梗。先取镇江，断其右臂则彼势危矣。"

能够在最得意的时候，保持一颗清醒的头脑，从来都不是一件容易的事，朱棣却能做到，这正是他超过旁人的地方。

在进攻镇江之前，朱棣命令那些投降的水军都在自己的战船上挂上黄旗，在镇江上来回游弋。此举就是在对镇江的守军传达这样一个消息：你的友军都投降了，你们还等什么？果然，镇江守将指挥童俊见朝廷大势已去，便投降了燕军。

在朱棣和朝廷的战争中，有这样一个现象，那就是经常有朝廷的将领投降朱棣，却少有朱棣手下的将领投降朝廷。这一现象的出现，就是我们之前所说"朱棣和朱允炆的战争，从某种意义上来看是文臣和武将的一场利益争夺"。朱允炆当上皇帝以后，改变了朱元璋时代重武轻文的传统，开始重用文臣。武将们的地位受到了威胁。所以在朱棣打着"恢复祖制"的旗号起兵之后，军人们就聚集在了他"诛左班文臣"的旗帜下，公开叛附燕王或徘徊观望，成为朱棣所依靠的中坚力量。

《罪惟录》记载："燕王初作难，苦无以为名，托云清君侧，不足以勇士怒，及两胜后，凡从耿（炳文）、李（景隆）北征阵亡士卒，让皇（建文帝）有诏：'这孩儿每不肯用心厮杀，以致败衄，子孙勾补入。'"

其他史籍也记载"诸大将多怀贰心，以故成祖至江上，不战而溃"。"将士往往离散不肯向敌。"

明朝人朱鹭也看出这其中的奥妙，说朱元璋"专意右武"，因而"左班不得望幸泽，而亦无长短可效，不过定制度、修诰章，竟奉上旨而已。及至建文皇帝，注思讲学，恬武竟文，缙绅亲而介胄疏。于是，翰院有锡谥，尚书登一品，四秩之间，气若移焉。而文臣莫不涌跃致身，趋死如归。其凛凛箸亢节者，无虑弥百数，盖振古一创见。而武臣率怀携贰，叛附接踵，其临阵生心，甘心虏缚者，多至千人，皆身为将帅都督指挥者也"。他感叹道，"两朝相及，曾不甚辽，一何文武离合之异也！"

正是因为武将们"偏向"了朱棣这一方，所以朱棣才能够如此顺利地拿下长江。

从朱允炆这一方面讲，其实镇江投降这件事情是可以避免的。就在数月之前，一个叫黄钺的官员曾经对方孝孺说："苏、常、镇江，京师左辅也。唯镇江最要害，守非其人，是撤垣而纳盗也。指挥童俊，狡不可任，奏事上前，视远而言浮，将有异志。"意思是说，镇江这地方很重要，可是守将童俊不是什么忠臣，可能会叛变。他的这番话，并未引起方孝孺的重视，以至于镇江如此轻易地落入到了朱棣手中。

占领镇江之后，朱棣率军来到南京城外的龙潭，在这里已可以遥望钟山了，朱元璋和马皇后的陵墓就在那里。朱棣看见钟山，泪流满面。手下人不知朱棣为何会有这种反应，便问道："今祸难垂定，何以悲为？"

朱棣回答说："往日渡江即入京见吾亲。比为奸恶所祸，不渡此江数年。今至此，吾亲安在？瞻望钟山，仰怀孝陵，是以悲耳。"

朱棣兵临城下，南京城内乱成一片。朱允炆召集群臣商议对策，但是大臣们在朝堂之上互相攻讦，推卸责任，没有人能提出一个合理的建议。

看着平日里高谈阔论、关键时刻手足无措的大臣们，朱允炆倍感无奈，"徘徊于殿廷之门"。他派人马上去请方孝孺来。

方孝孺生了病，正在家中养病，听说皇帝召唤，不顾病体，马上来到皇宫。

进入大殿，方孝孺看见皇帝正在来回踱步，而大臣们则吵成一团，顿时心生悲凉之意。此时，朱允炆见方孝孺来了，脱口便问："今事已急，请问先生计将何出？"全然没有了往日高枕无忧的模样。

方孝孺回答道："今城中尚有劲兵二十万，城高池深，粮食充足，尽撤城外民舍，驱民入城，足以为守，城外积木悉运入城。"方孝孺的这个办法，其实可以用八个字概括：坚壁清野，据城死守。

现在也没有什么别的办法了，朱允炆只好按照方孝孺说的去做。他下令将城外一切有用的物资搬到城内，搬不进来的，就尽数毁掉。史载：城外积木既多，疲于搬运，纵火焚之，连日不息。

南京城外顿时一片狼藉。当时天气很热，负责搬东西的民夫被热死不少，这些人纷纷抱怨，盼望战争早日结束。

直到此时，方孝孺还在想着与朱棣议和，他对朱允炆说："前遣郡主未能办事，今以诸王分守城门，再遣曹国公李景隆、茹尚书（茹瑺）、王都督（王佐）往督龙潭，仍以割地讲和为辞，用觇其虚实，且以待援兵至。那时，选精锐数万，内外夹击，决死一战，可以成功。万一不利，则车驾幸蜀，收集士马，以为后举。"

朱允炆此时已经完全没了主意，唯方孝孺命是从，马上派李景隆等往见朱棣。

李景隆、茹瑺、王佐三人来到了朱棣的大营之中，与朱棣谈议和的事情。按明朝礼制规定，亲王的地位比皇帝低一等，公侯见到亲王无须行跪拜之礼。但是如今情况不一样了，朱棣这个亲王已经不是一般的亲王了，所以虽然李景隆是曹国公，仍然要向朱棣行跪拜之礼。

面对当年沙场上的敌人，李景隆这个败军之将在朱棣面前居然不敢仰视，伏在地上诚惶诚恐，汗流满面。

朱棣见状，先开口说："曹国公等至此，雅意良厚。"话里带刺，李景隆一时间竟然不能对答。他定了定心神，对朱棣说出了自己的来意。

朱棣听完，说道："公等今为说客耶？始吾未有过举，辄加大罪，削为庶人，以兵图逼，云'大义灭亲'。吾今救死不暇，何用地为！且今割地何名？皇考混一天下，为天子、诸王裂土分封，各有定分，割地说，此又奸臣之计也。吾今之来，但欲得奸臣耳。公等归奏上，但奸臣至，吾即解甲免胄，谢罪阙下，退谒孝陵，归奉北藩，永祗臣节，天地神明在上，吾之此心，明如皎月，不敢渝也。"

这几句的意思其实很简单，就是南京城我是一定要进的。李景隆无奈，只能告退了。

混乱的南京城

李景隆议和不成，朱允炆倍感失望。他问李景隆："不欲割地，计将安出？"

李景隆回答说："彼必欲得罪人，然后可以退师。"意思是，如果把朝里的奸臣给朱棣，他就会撤兵了。到了这个时候，还有如此想法，李景隆还真是不开窍。

朱允炆不愿意把大臣交到朱棣手中，又想让朱棣退兵，便命令李景隆再次出城，让他对朱棣说："有罪者俱已窜逐于外。无在京师者，俟执来献。"

可是此时的李景隆已经不敢再去见朱棣了，他建议朱允炆让在北京的各位王爷与他一道去见朱棣。

朱允炆只好答应，派谷王朱橞、安王朱楹和他一起去见朱棣。

朱棣见了自己的兄弟们，态度显得非常友好，对他们说："吾为奸臣所逼，危如累卵，今幸见骨肉！奸臣不轨，欲次第见倾，若落彀中，则覆诸弟如剿彀耳。"意思是说，我被奸臣所害，差点就要了我的命，如今见到你们很不容易。奸臣心怀不轨，想要逐个对付咱兄弟，如果我被整倒了，你们也跑不了。

诸王向朱棣提到割地请和的事，朱棣说："诸弟试谓斯言当乎否乎？诚乎伪乎？果出于君乎？抑奸臣之谋乎？"意思是说，你们觉得你们说的对不对？是真诚的还是虚伪的？是奸臣让你们来的吧。

朱棣的这几个兄弟，其实都曾经是朱允炆的迫害对象，他们也不想再给朱允炆多说好话了，便说："大兄所洞见是矣。诸弟何言？诸弟之来，岂得已哉！"

朱棣则表明了自己的态度："吾此来但得奸臣而已，不知其他。"

诸王与李景隆见朱棣态度坚决，只好返回了南京。

眼看朱棣不愿意讲和，朱允炆便开始派人秘密前往各地催促援兵。但这时燕军已包围了南京城，那些派出去求援兵的人大部分都被燕军抓获。

在南京之外，王叔英募兵于广德，姚善起兵于苏州，练子宁募兵于杭州，黄观募兵于上游。但是由于当时朝廷已经危在旦夕，所以募兵工作很不顺利。根本无法对朱棣构成实质性的威胁。

朱允炆眼看局势江河日下，只好命徐辉祖等人与燕军周旋。

在南京城内，谷王朱橞、曹国公李景隆等人负责防御，他们手中尚有数十万兵马，如果上下一心，未必便败。但难就难在守城诸将很不齐心，左都督徐增寿甚至在暗中与朱棣眉来眼去。

徐增寿的不轨行为，招致了许多大臣的不满。一天上朝时，御史魏冕、大理丞邹瑾等人竟然当着皇帝的面，把这个人痛打一顿，而后又请求皇帝立即将徐增寿处死。朱允炆心软，说服众位大臣，徐增寿才逃得一命。

六月十三日，朱棣率兵来到了金川门外，是为南京的北门，门外就是长江，非常紧要。把守此门的人，正是谷王朱橞和曹国公李景隆。

朱棣没有马上攻城，而是派人去请朱标的遗孀常氏来"做客"，此后他又向南京城射书一封，书中写道：

我之兴兵别无他事，为报父皇之仇，诛讨奸恶，扶持宗社，以安天下军民，使父皇基业传子孙以永万世，我岂有他心哉，我自己卯年兴兵，今已四年，父皇之仇尚未能报，奸恶尚未诛灭。我想周王无罪，被奸臣诬枉，破其家，灭其国；随即罪代王，拘囚大同，出其宫人，悉配于军；至于湘王无罪，逼令阖宫焚死；齐王无罪，降为庶人，囚系在京；及乎岷王，奸臣以金帛赏其左右，使其诬告岷王，流于漳州烟瘴地面；至于二十五弟，死则焚其躯，拾其骨沉于江。

此等奸恶小人，皆我父皇杀不尽之余党，害我父皇子孙，图我父皇天下，报其私仇，快其心志，父皇能有几多子孙，受彼之害，能消几日而尽，兴言至此，痛心如裂。累年以来，奸臣矫诏，大发天下军马来北平杀我，我为保性命，不得已，亲帅将兵与贼兵交战，仰荷天地祖宗神明有灵，怜我忠孝之心，冥加祐护，诸将士效力，故能累战而累胜，今大兵渡江，众兄弟妹妹却来劝我回北平，况孝陵尚未曾祭祀，父皇之仇尚未能报，奸恶尚未能获，以尔弟妹之心度之，孝子之心果安在哉？如朝廷知我忠孝之心，能行成王故事，我当如周公辅佐，以安天下苍生。如其不然，尔众兄弟亲王众妹妹公主及多亲戚，当速挈眷属移居守孝陵，城破之日，庶免惊恐。惟众兄弟亲王众妹妹公主审之详之。

朱棣这封的信的意思就是，我进到南京之后，不会伤害你们，请你们放心，不要抵抗。

南京城中的守军，此时人心惶惶。徐增寿知道燕军已经到了金川门，便想要举兵响应，但是被人识破。一向宽厚的朱允炆这次也忍不住了，派人把徐增寿带到皇宫里大骂了一顿，然后将其亲手腰斩。

这边刚处决了徐增寿，那边谷王朱橞、曹国公李景隆就投降了。当时与他们一起守卫金川门的还有户科给中事龚泰，此人不愿意和他们一起投降，从城墙上纵身跳下，自杀了。另有一个小官叫龚翊，知大势已不可挽回，恸哭而去。

燕军占领金川门后，蜂拥而入，杀进了南京城。

此刻的南京，鸡飞狗跳，跑的跑，躲的躲，只有徐辉祖等人带兵与燕军展开了巷战。但大厦将倾，岂是一两根柱子能阻挡的？很快也被燕军击败。

进入南京城之后，朱棣派兵守住了皇宫，又派人去护卫周王、齐王。

周王和朱棣最为亲近，燕军去接他的时候，他还以为是朱允炆派人来杀自己了，显得异常害怕。得知来者是朱棣部下，周王顿时大喜，说："我不死矣。"

周王随燕兵来见朱棣。朱棣早已在门外迎接，兄弟见面，相拥而泣，周王说："奸恶屠戮我兄弟，赖大兄救我，今日相见，真再生也。"

正当朱棣忙着清扫南京城的残余势力之时，突然发现朱允炆所在的皇宫燃起了大火。他连忙下令去救人。

宫中这把火到底是谁点的？至今为止，人们也无从知晓。有人说，是朱允炆自知江山不保，于是便点火自焚了。朱棣的人确实从灰烬中找到一具烧得面具全非的尸体，有人说这就是朱允炆。

人们把这个消息告诉了朱棣，朱棣长叹一声，说道："小子无知，果然若是痴耶？吾来为扶翼尔为善，尔竟不亮而遽至此乎？"朱棣一句话，这个被烧得面目全非、身份未知的人，就成了死去皇帝。

既然皇帝死了，朱棣就可以名正言顺地当皇帝了。那些"效仿周公"的话也不必提了，朱棣可以理直气壮地说：皇帝都死了，我还辅佐谁？只能自己勉为其难了！

占领南京城之后，朱棣下令安抚臣民，严肃军纪。有一个士兵在市场上拿了一双鞋没给钱，就被处死了。

明洪武三十五年（1401 年）六月十三日，朱棣昭告南京城中的居民说：谕在京军民人等知道。予昔者困守藩封，以左班奸臣窃弄威福，骨肉被其残害，起兵诛之，盖以扶持祖宗社稷，保安亲藩也。于六月十三日抚定京城，奸臣之有罪者予不敢赦，无罪者予不敢杀，惟顺乎天而已。或有无知小人乘时图报私仇，擅自绑缚劫掠财物，祸及无辜，非予本意。今后凡首恶有名者听人擒拿。余无名者不许擅自绑缚，唯恐有伤治道，谕尔众咸使闻知。

意思是，当初我为了惩罚奸臣才起兵的，如今南京已经是我的了，我只杀奸臣，不滥杀无辜。

朱棣所谓的奸臣，包括：太常寺卿黄子澄，兵部尚书齐泰，礼部尚书陈迪，文学博士方孝孺，御史大夫练子宁，右侍中黄观，大理寺少卿胡闰，寺丞邹瑾，户部尚书王钝，户部侍郎郭任、卢迥，刑部尚书侯泰，侍郎暴昭，工部尚书郑赐，工部侍郎黄福，吏部尚书张紞，吏部侍郎毛泰亨，给事中陈继之，御史董镛、曾凤韶、王度、高翔、魏冕、谢升，前御史尹昌隆，宗人府经历宋征，户部侍郎卓敬，修撰王叔英，户部主事巨敬。

对于这些人，朱棣发出了悬赏令，只要是带头抓到了这些人，升官三级。跟着一起抓的人，升二级。一时间，南京城内四处抓人，又是大乱。

身登大宝

朱棣占领南京城之后，那些往日里跟随朱允炆的大臣们纷纷归附，满朝文武，大部分成了朱棣的臣属。

而此时，所有跟着朱棣打天下的人，都迫不及待地希望朱棣赶紧登上皇位，如此一来，自己便成了开国的功臣，他们纷纷给朱棣上书，请求朱棣马上即位。

面对群臣的请求，朱棣则说："予始逼于难，不得已以兵救祸，誓除奸以安宗社，为伊周之勋。不意孺子无知，自底亡灭。今奉承洪基，当择有才德者，顾予菲薄，岂堪负荷。"

这一次，朱棣的推辞就真的是言不由衷了。群臣们当然也知道，于是他们继续劝进。诸王及文武群臣苦苦叩头，对朱棣说："天生圣人，为社稷生民主，今天下太祖之天下，生民者太祖之生民，天位岂可一日而虚，生民岂可一日无主？况国有长君，社稷之福，殿下为太祖嫡嗣，德冠群伦，功施宇内，威被四海，宜居天位，使太祖万世之洪基，永有所托，天下生民，永有所赖。不宜固让，以孤天人之心？"

他们给朱棣找了这么多当皇帝的理由，好让朱棣心安理得地登上王位。但是朱棣再次拒绝了。

数日之后，朱棣手下的武将们又向朱棣上劝进表，说："臣闻锄奸去恶，式扬神圣之谟，附翼攀鳞，早际风云之会，功光前烈，德冠中兴。恭惟殿下文明英武，宽裕仁孝，为太祖之嫡嗣，实国家之长君，天生不世之资，民仰太平之主。曩奸恶逞毒肆凶，祸既覃于宗藩，机欲倾于社稷，集天下之兵以相围逼，使国中之民不能聊生。乃赫怒而提一旅之师，遂呼吸而定九州之地，战必胜，攻必取，实由天命之有归、绥斯来，动斯和，爰见人心之所在。今内难已平之日，正万方欣戴之时，宜登宸极之尊，以慰臣民之望。臣等忝随行阵，仰仗威灵，素无远大之谋，窃效分毫之力，虽不敢冀云台之图象，实欲慕竹帛之垂名，谨奉表以闻。"

按照礼仪来讲，朱棣必须"三辞"才行，所以他仍然不允。

第二天，诸王上表说："天眷圣明，宏开景运，群奸既去，宗社永安。恭维大兄殿下，龙凤之资，天日之表，祯祥昭应于图书，尧舜之德，汤武之仁，勋业夙彰于海宇。迩者险邪祸，毒害宗亲，谋动干戈，几危社稷。乃遵承于祖训，聿奉行于天诛。一怒而安斯民，备文王礼义之勇，不四载而复帝业，超世祖中兴之功，武以剪戮；克全皇考之天下，文以经纬，聿明洪武之典章，实天命之所归，岂人力之能强，愿俯循于众志，庶永绍于洪基。惟我诸弟谊重天伦，情深手足，荷蒙拯溺，得遂生全，祗迓龙舆，蚤正天位，庶皇考之天下永有所托，四海之赤子永有所归，幸鉴微忱，毋频谦让。无任激切之至，谨奉表以闻。"

在中国，君主即位都要经过这个"三推让"的过程，大家都知道这是在演戏，但是这个戏又必须得演。等到文武群臣三次进言之后，朱棣的态度"终于"松动了，他说："昔天运衰微，四海鼎沸，强弱相噬，百姓无主，天命我皇考平定天下，以安生民，勤苦艰难，创造洪基，封建子孙，维持万世。岂意弃臣民之日，体犹未冷，而奸邪鞠凶，祸起不测，图灭诸王，以危社稷。

予以病躯，志耗力疲，惟欲高枕，以终余年，奸邪一旦起兵见图，令人震惧，不知所为。群臣告予曰：'太祖高皇帝创业艰难，陵土未干，而诸王见灭，宁能束手受戮，以弃社稷乎？'予彷徨无指，顾望求生，而天下之兵日集逼。形势之危，犹侧立于千仞崖之上，而推使其下也，可为悚惧。勤苦百战，出万死一生，志清奸恶，以匡幼冲，其乃殄灭于今，遂自焚陨。群臣劝予即位，予思天位惟艰，有如幼冲弗克负荷，几坠丕图。非虚为谦让，诚思皇考创业艰难，欲推择诸王有才德可以奉承宗庙者立之。主宰得人，天下之福，予虽北面，且无忧矣。"

朱棣这番话的意思是，现在皇帝的位置空了，你们得找个"有德之人"继承王位，至于谁是"有德之人"，你们自己想去。

群臣当然识相，对朱棣说"殿下德为圣人，位居嫡出，当承洪基，以安四海。虽谦德有光，复谁与让？且天命所钟，孰得而辞？殿下宜蚤践大位，使臣民有所依凭，毋逊硕肤，以虚天下之望"。意思是说，你就是有德之人，除了你，还有谁能当皇帝呢？

既然这么说，那就恭敬不如从命了。

十七日，朱棣像以往一样早早就起了床，准备进入皇宫。

朱棣骑在马上，意气风发，他才43岁，多年的军旅生涯，让他散发出一种英武之气，而如今他就要成为帝国的统治者，更是威严无比。

正在朱棣一行人志得意满地向皇宫走去之时，路边的人群中突然冲出一人，站在朱棣面前，他身边的卫士立刻紧张起来，就要上前去捉拿此人。只见这个不速之客从容施礼，说："殿下且留步，翰林编修杨荣有话要奏禀。"

朱棣说："请讲。"

杨荣说："殿下先入城耶？先谒孝陵耶？"你是先当皇帝？还是先去拜祭你老子的陵墓？

　　听了这话，朱棣心中一惊，自己急于荣登大宝，却连拜祭父皇陵墓这么重要的事情也忘了。朱棣起兵的理由中有一条就是"奸臣阻挡，太祖病时不能侍药，死时不能会葬"，如今进了南京城还不去祭拜祖先，岂不显得虚伪？多亏此人提醒，才没有给天下人落下话柄，朱棣暗自庆幸。但是他不愿意在众人面前露怯，便说道："此行正为谒陵。"

　　说罢，一行人浩浩荡荡地朝着朱元璋的孝陵走去。在朱元璋墓前，朱棣"欷歔感慕，悲不能止"，真真假假，旁人难知。

　　离开孝陵后，朱棣打算先行回营，进宫的事情日后再说。但是他手下的人等不及了，这些人找来了皇帝的御辇，拦住了朱棣的马，一定要让他登辇。朱棣推辞了一番，最终登上了只有皇帝才能乘坐的御辇，众人顿时欢呼，高呼万岁。朱棣则说："诸王群臣以为奉宗庙宜莫如予，然宗庙事重，予不足称。今为众心所戴，予辞弗获，勉循众志。诸王群臣各宜协心，辅予不逮。"

　　说罢，朱棣便随众人进入皇宫，成了这里新的主人，年号永乐。这一天是 1402 年六月十七日。

下篇 ／ 永乐盛世

第八章 ／ 即位之初

朱允炆的去向

南京皇宫起火之后，朱棣找到一具烧焦的尸体，在众人面前认定此人便是朱允炆。但是他自己清楚，这个烧焦的尸体未必就一定是朱允炆，朱允炆可能没有死，那么，他在哪儿？

《明太宗实录》中说，朱允炆确实被烧死了，朱棣还厚葬了他。可是问题在于，既然厚葬，那么朱允炆的墓在哪儿？

历史上，有很多人相信，朱允炆并没有死，而是出家为僧了。之所以有这种猜测，是因为明史的一段记载，《明史》姚广孝传中有这样一段话：

（永乐）十六年三月（姚广孝）入觐（朱棣），年八十有四矣。病甚，不能朝，仍居庆寿寺。车驾临视者再，语甚懽，赐以金唾壶，问所欲言。广孝曰："僧溥洽系久，愿赦之。"溥洽者，建文帝主录僧也。初，帝入南京，有言建文帝为僧遁去，溥洽知状，或言匿溥洽所。帝乃以他事禁溥洽，而命给事中胡濙等遍物色建文帝。久之不可得。溥洽坐系十余年，至是，帝以广孝言，即命出之。

明永乐十六年（1418 年），朱棣去见姚广孝，当时姚广孝已经 84 岁了，病得很厉害，不能上朝，住在庆寿寺。朱棣去见他的时候，连话都说不利索。姚广孝对朱棣说："僧人溥洽已经被囚禁了很久，希望您能放了他。"溥洽是朱允炆手下的"录僧"，当初朱棣进南京城的时候，有人说朱允炆扮作僧人跑掉了，溥洽知道他的下落。还有人说，就是溥洽协助朱允炆跑掉的。因此，朱棣囚禁了溥洽，还命令胡濙四处去找朱允炆。但是很久都没找到。朱棣听了姚广孝的话，放了溥洽。

在这段记载中，我们可以明确一件事情，那就是在朱棣的内心中，也认为朱允炆是活着的。当年他指认那具烧焦的尸体就是朱允炆，只不过是因为当时他迫切地需要一个"死去的皇帝"，因此才指鹿为马。

朱棣登上皇位之后，始终对朱允炆的下落耿耿于怀，他害怕有一天朱允炆会突然出现，到时候自己的皇位就会受到威胁，于是派胡濙去寻找朱允炆。

《明史·胡濙传》中记载胡濙的两次出行。

第一次是明永乐五年。朱棣派胡濙出远差，并给了他三个任务，第一项是劝化、宣传政府的思想、方针和政策；第二项是寻找仙人张三丰；第三项是秘密任务，就是寻找朱允炆。十年后，胡濙才回来，向皇帝报告了民间的所见所闻。

胡濙第二次出行是在明永乐十七年（1419 年），史书记载："十七年复出巡江浙、湖、湘诸府。二十一年还朝，驰谒帝于宣府。帝已就寝，闻濙至，急起召入。濙悉以所闻对，漏下四鼓乃出。先濙未至，传言建文帝蹈海去，帝分遣内臣郑和数辈浮海下西洋，至是疑始释。皇太子监国南京，汉王为飞语谤太子。帝改濙官南京，因命廉之。濙至，密疏驰上监国七事，言诚敬孝谨无他，帝悦。"

意思是，五年后，胡濙回来了，马不停蹄地跑到了宣化府去见朱棣，当时朱棣已经睡下了，知道是胡濙来了，马上起床，招胡濙觐见。两人密谈了很久，胡濙才走。胡濙走后，朱棣解开了心中多年以来的疑惑。

对于这件事情，明朝著名政治家李贤在自己的书里也提到过："明年往巡两浙诸州，授嘉议大夫。癸卯，自均襄还朝。时御驾亲征北敌，驻跸宣府，公驰谒行在所，上卧不出，闻公至，喜而起，且慰劳之曰：'卿驰驱良苦。'赐坐与语，凡所历山川道里、郡邑丰啬、民情休戚，以至所闻所见、保国安民之事，悉为陈说，上欣然纳之，向所疑虑者，至是皆释。比退，漏下四鼓。先是，仁宗皇帝为太子监国时，有飞语上闻，文庙属公往察之。公至，以所见七事皆诚敬孝谨，密疏以闻。上览之大悦，自是不复疑。"

李贤的记载，与明史几乎没有差别，由此可见胡濙第二次回来与朱棣密谈良久这件事情是真实的。

谈了这么长时间，他们说了什么？这我们不得而知，但是明史中说朱棣"至是疑始释"，从这句话我们可以知道，胡濙很可能知道了朱允炆的真实下落，所以朱棣心中的疑问才被解开了。至于朱棣具体得到了什么消息？朱允炆到底是生是死，至今还是谜。知道这件事情的人可能只有两个——胡濙和朱棣，但是他们自始至终都没有公布真实的答案。因此，朱允炆的下落也成了一个难以揭开的谜团。

朱允炆不知去向，但是他手下一人却落在了朱棣手中，此人便是方孝孺。

从朱棣兵临南京开始，方孝孺就知道朱允炆的江山算是保不住了，因此非常愤懑，他写了一首诗：

不如归去，不如归去。

一声动我愁，二声伤我虑；

三声思逐白云飞，四声梦绕荆花树；

五声落月照疏棂，想见当年弄机杼；

六声泣血溅花枝，恐污阶前兰苗紫；

七声不忍闻，起坐无言泪如雨。

忆昔在家未远游，每听鹃声无点愁。

今日身在金陵土，始信鹃声能白头。

大势将去的悲哀深深地笼罩在方孝孺的心头。一样的鹃声，不一样的心境，"物是人非"的感伤在字里行间流露出来。

朱棣进入南京城之后，方孝孺听说朱允炆已经烧死了，便身穿孝服，在家为朱允炆守孝。

当年朱棣挥师南下的时候，姚广孝曾经跪地向他请求："方孝孺是个才学出众的人，当我们取得胜利的时候，他肯定不会降服于您，但请您不要杀他。杀了他，那么天下的读书种子就没有了！"朱棣当时同意了他的请求。

朱棣想给方孝孺一条生路，就让方孝孺拟即位诏书。方孝孺被召唤到皇宫之后，依旧身穿孝服，在大殿上痛哭不止。朱棣见他这样，就走下宝座，劝他说："先生不要自己苦自己。我只是效法周公辅佐成王而已。"方孝孺问："那成王在哪里？"朱棣回答："他已经死了。"方孝孺又问："为什么不立成王的儿子为皇帝？"朱棣道："他尚年幼，国家需要有能力的大人治理。"方孝孺步步紧逼："那为什么不立成王的弟弟呢？"此时朱棣已经很不高兴，但还在忍耐，说："这是朕的家事。"

说完，朱棣命人准备好笔墨纸砚，对方孝孺说："诏告天下的即位诏书，一定要先生起草才行。"

方孝孺拿起笔，在纸上写道："燕王篡位。"之后，将笔扔到地上，并高声说："你就是杀了我，我也不会给你起草诏书的。"

朱棣当时已经很生气了，但还是想要挽回，便恐吓道："怎么能这么容易就让你死，就是你死了，难道你不怕株连九族吗？"

方孝孺立刻回敬道："就是株连十族又能拿我怎么样？"

朱棣终于勃然大怒，将其重新投入大牢。盛怒之下，朱棣要诛灭方孝孺十族。自古以来，最严厉的莫过于诛九族，从没有诛十族的先例。方孝孺一案，朱棣可算是开了先河，空前绝后。最为残忍的是，朱棣将逮捕的方氏族人和朋友都一一送到方孝孺的面前杀死，要他看着，折磨他。但是，方孝孺都不为所动。

六月二十五日，朱棣还是处决了方孝孺"十族"。方孝孺此时已经打算以死明志了，但是当他看到他的弟弟方孝友也要因为自己被砍头时，顿时泪流满面。

方孝友却丝毫没有责怪方孝孺的意思，反而在死前劝慰其兄，作诗道：

阿兄何必泪潸潸，取义成仁在此间。

华表柱头千载后，旅魂依旧到家山。

此后，朱棣"诛方孝孺十族，死者达八百多人，行刑七日方止。"

最后一个死的是方孝孺，方孝孺被杀时谩骂不止。朱棣被骂得失去了理智，命人将方孝孺的嘴割裂至两耳，并割下舌头，随后处以凌迟之刑。方孝孺在临刑前曾作《绝命词》一首：

天降乱离兮孰知其由？

三纲易位兮四维不修。

骨肉相残兮至亲为仇，

奸臣得计兮谋国用猷。

忠臣发愤兮血泪交流，

以此殉君兮抑又何求？

呜呼哀哉兮庶不我尤。

方孝孺死时 46 岁，一代大儒魂飞湮灭。他不是一个好的谋臣，但是仅凭"忠义"二字，就足以名垂千古。

被隐藏的真相

朱棣占领了南京，成了中国新的统治者。他通过战争手段，从侄子手里抢过了皇帝的宝座，这件事情说什么也不光彩，所以，为了塑造自己夺位的合法性，掩盖篡弑的事实，朱棣开始篡改朱允炆时期的史书。

朱棣这次修改史书的规模很大，有人形容说是"焦园蚕室，尽付劫灰，头白汗青，杳如昔梦"。修改过后，朱允炆当朝时候的事情大多都被删除，因此给后代的修史官造成了很大的麻烦。

首先被修改的是《明太祖实录》，这是一本记录了朱元璋生平事的史书，在众多史书中地位最高、对历史记载和社会舆论影响最大。即位后仅四个月，朱棣便将《明太祖实录》全部销毁，然后重写。负责编修新《明太祖实录》的人是李景隆和茹瑺。对外，他则宣称此书不够全面，而且有很多虚假的地方。

为了让史官们按照自己的意愿去编书，朱棣还杀死了旧版《明太祖实录》的编撰者。

1403年，二修的《明太祖实录》完成，朱棣起初对新修的史书并无意见，还下令奖赏了负责编书的人，但是到了八年之后，朱棣再次下令重修《明太祖实录》。

第二次重修《明太祖实录》一共花了五年多时间，修改得比较彻底。这本书修好之后，朱棣亲自批阅，而后才表示可以通过。今天我们所看到的《明太祖实录》正是这一版本。

在新版本的《明太祖实录》中，朱元璋说出诸如"国有长君，吾欲立燕王"；"敕符召燕王还京师，至淮安，用事者矫诏却还。及帝临崩，犹问：'燕王来否?'"这样的话，暗示他曾经有意传位给朱棣，被朱允炆等人阻挠了。言下之意，就是朱棣如今当上皇帝只不过是拿回了属于自己的东西。

朱棣两次修改《明太祖实录》的做法，引起了很多史学家的不满。因为记录历史讲究真实，你这修修改改的算怎么个事儿？明朝人王世贞说："国史之失职，未有甚于我朝者也。故事有不讳始命内阁翰林臣纂修实录，六科取故奏，部院咨陈牍而已。其于左右史记言动，阙如也。是故，无所考而不得书，国讳衮阙，则有所避而不敢书。而其甚者，当笔之士或有私好恶焉，则有所考无所避而不欲书，即书，故无当也。"其中虽然没有指名道姓，但是很大程度上是在谴责朱棣篡改历史的行为。李建泰也曾经说："至考实录所记，止书美而不书刺，书利而不书弊，书朝而不书野，书显而不书微。且也序爵而不复考贤，避功而巧为避罪。文献之不足征久矣。"

从客观来讲，《明太祖实录》并不像这些人所说的那般不堪，它仍然可以算得上是了解明朝初年事迹的可靠书籍，只不过关于朱棣当皇帝合法性的事情大多不可信而已。

朱棣知道自己的皇位来路不正，他害怕别人说闲话，所以派出了大量的"特务"去监视身边的人。我们之前说过的那位负责寻找朱允炆的官员胡濙，他其实就是特务中的一员。除了寻找朱允炆之外，他也负责巡察太子、东宫官属及各地官吏军民的情况。

胡濙自己是特务，可他也被其他的特务监视着。胡在外曾遇到一个当地首领，这个首领要用樱桃换他手中的《洪武正韵》一书，胡濙把书送给了他，却没有接受樱桃。

有一次，朱棣在和胡濙聊天的时候突然说："樱桃，小物耳。途中口渴，何必推辞?"胡濙心中一惊，才知道自己原来也在控制之下。

官吏们的一举一动都在朱棣的掌控之下。应天府尹薛均，名声很好，有人说他虽然是大官，但依然自己种地养活自己。朱棣一开始不信，派了一些人去侦查了一番，才信了。

广东布政司官徐奇来北京时，带了一些土特产品想要送给在北京当官的朋友，他列了一份名单。这份名单很快就到了朱棣手中，因为名单上没有杨士奇的名字，朱棣便单独召杨士奇来问事，并说要处置这些"行贿受贿"的人。杨士奇赶忙说，徐奇这次所赠其实就是一些土特产，而且别人也未必会接受。这才避免了一场灾祸。

不只是当官的被监视，连普通老百姓也逃不出朱棣的掌握。有一次，南京城中发生的一起孙子殴打奶奶的家庭琐事，朱棣竟然也知道了，那个孙子差点儿就被他判了死刑。

告密的人多，获罪的人自然也很多，牢房里的条件很差，经常有人暴死其中，刑科都给事中曹润上书称："臣窥见其中有淹禁一年之上者，且一月之间，瘐死九百三十余人，使罪重者不得示惩，而轻者死于无辜。"

朱棣看到这份奏折，便对手下主管司法的官员说："朕于一物不忍伤害，况人命乎！尔等不体朕心，冤滥如此，纵不畏国法，独不畏阴谴耶？姑记尔等，徒流以下，期十日内皆决放，重罪当系者亦须矜恤，无令死于饥寒。违者必不宥。"

朱棣说狱中人暴死是典狱官的责任，但事实上，这又何尝不是他自己亲手造成的呢？

特务机构

朱棣手下最得力的特务，是锦衣卫。

锦衣卫是朱元璋发明出来的一个东西，史书上说："明初，置拱卫司，秩正七品，管领校尉，属都督府。后改拱卫指挥使司，秩正三品。寻又改为都尉司。洪武三年，改为亲军都尉府，管左、右、中、前、后五卫军士，而设仪鸾司隶焉。四年，定仪鸾司为正五品，设大使一人，副使二人。十五年，罢仪鸾司，改置锦衣卫，秩从三品……"

锦衣卫的职责是"掌直驾侍卫、巡查缉捕"，首领是锦衣卫指挥使，一般由皇帝手下最为信任的武官担任，直接对皇帝负责。

锦衣卫的权力很大，可以逮捕任何人，皇亲国戚也不能例外，而且可以私设公堂。当然，替皇帝收集情报也是他们的长项。

除了锦衣卫之外，朱棣还动用宦官为自己收集情报。这些宦官离皇帝最近，刺探到什么情报就直接向皇帝报告。

在朱元璋时代，鉴于历史上"宦寺误国"的教训，规定"内臣不得干预政事，预者斩"，但是朱棣却对宦官大加利用，在"靖难"之役中，就有很多朱允炆身边的宦官向他通风报信。有些宦官还为他拼杀疆场，多有战功。

当上皇帝之后，朱棣开始"重用"宦官，派他们到各地去镇守、监军，这是因为他自己是军阀起家，所以自然对军阀们的戒心更重，害怕别人也跟自己一样拥兵自重，于是便派心腹宦官们去监视在外的武将。史书上记载："内官奉诸差行。上曰：'朕恐在外诸司，行事或有不便，间往询之。但不许干预有司事。'"宦官在此显然是充当着特务的角色。

朱棣给宦官们打开了干政之门，明朝的宦官之祸由此开始，后世的王振、刘瑾、魏忠贤之流，之所以能权倾天下，和朱棣当年的这一举措是分不开的。

当然，在朱棣时代，宦官们虽然有了一定的权力，但是由于朱棣本人可以镇得住，所以宦官们的活动基本上还是在他的控制范围之内。

朱棣认为锦衣卫和宦官还不能很好地担负起替自己打探消息的工作，于是他设置了由宦官统领的东厂。《明通鉴》记载说："永乐十八年八月，置东厂于北京。初，上命中官刺事，皇太子监国，稍稍禁之。至是以北京初建，尤锐意防奸，广布锦衣官校，专司缉访。复虑外官瞻徇，乃设东厂于东安门北，以内监掌之。自是中官益专横，不可复制。"

东厂的优点是"专业"，它是专门的特务机关，不担任其他的职责。负责掌握东厂的人是太监，"选各监中一人提督，后专用司礼秉笔第二人或第三人为之"，称为"督主"。

所谓的司礼监，是"太监部门"中的一个，可以代替皇帝对奏章"批红"，因此权力甚大。掌印太监以下是秉笔太监，而掌管东厂的，就是这个秉笔太监。东厂特务中的小头目称"档头"，"职员"叫番子，也称为干事。

在朱棣的构想中，东厂与锦衣卫可以相互合作，也要相互监督，是两全之策。

对于东厂而言，他们特务工作的范围很广——除了皇帝，所有的人都可以监视。由于事关机密，干系很大，朱棣对东厂很重视，派去主持的宦官都是心腹亲信。

东厂可以说是中国第一个官方承认的特务机构，由于它权力巨大，所以朱棣以后的很多皇帝就驾驭不了，对大明江山造成了很严重的负面影响。明末嘉兴诸生沈起堂拟撰《明书》，谓"明不亡于流寇，而亡于厂卫"。这是后话了。

就当时的情况来看，朱棣比中国历史上的其他君主更熟练地操纵着自己的特务机关，让朝野上下不敢稍有微词，他那通过"不正当手段"夺取来的皇权因此变得更加稳固，正所谓"内外弛张，使恩威莫测，惟文庙为然"。

纳谏亲贤

如果朱棣仅仅是靠"修改历史"、"建立特务机关"这种小伎俩来维护统治，那么他就不可能成为后世人口中的明君。事实上，朱棣之所以采取这些不上台面的手段，也是情势所迫，他想当皇帝，想开创出一个盛世美景，但是由于他的皇位来路不正，所以人们都不太信服他，朱棣只好先让人们闭上嘴再说。

现在，嘴都闭上了，朱棣开始了自己的宏图大治。

朱棣以"恢复祖宗旧制"为号起兵，声称自己要"诛奸恶、保社稷、救患难、全骨肉"。所以他上台之后，就把朱允炆制定下的制度全部废除，重新拾起了父亲朱元璋的那一套。他本人也不愿意这么办，但是只有朱元璋的牌子举得越高，恢复祖制的调子唱得越响，对自己的统治才越有利。并对外说："我皇考肇基鸿业，垂法万年，为子孙计，思虑至周。凡皇考法制更改者，悉复其旧。

朱棣本身不是一个墨守成规的人，所以他"复旧"是不得已而为之，也是他的一时权宜之计。朱棣对《周易》很精通，他曾经对下属说："朕守藩时，闲暇喜观《易》。时王府官亦有三二人知《易》，然皆不若周文切实。但所言亦有拘滞不流动处。"

他又接着说："盖《易》道妙在变通不失其正耳。古人'随时从道'之说，最得要领。"

又说："为学不可不知《易》，只'内君子，外小人'一语，人君用之，功效不小。"

由此可见，朱棣对于易学中"变通"之道颇有领悟。在他看来，变与不变，是要根据时机来决定的。他有句话可以很好地解释他的行为，就是那句"内君子，外小人"。由此看来，他也知道某些行为是小人行径，只不过他认为自己的最终目的是高尚的。而且，现在也不到"变"的时候，他必须要按照朱元璋那一套来。

就拿削藩而言，朱棣作为藩王起兵当了皇帝，所以他比任何人都明白藩王的威胁。但是朱棣既声称复旧，自然不能再削藩了，还得对这些王爷们好一点。

被朱允炆削废的五个藩王，除湘王已死外，周、齐、代、岷四王全部被朱棣复爵。对于死去的湘王，朱允炆给他的谥号为"戾"，显然带有贬义，而朱棣改谥其为"献"。他还为各王府增置了宾辅、伴读、伴书等，算是提高了王爷们的待遇。朱棣即位时是夏天，南京酷热，他便下令京诸王不必每日上朝，而改为三日一朝，以示优待。诸王除嫡长子承袭外，其余诸子随着宗支的疏远，按规定封为将军、中尉等职，朱棣也为他们提高了品级。这样一来，宗室成员都因朱棣夺位而得到了不同的好处。

朱棣还给了诸王慷慨的赏赐，周王和朱棣的关系最亲密，因此赏赐最为优厚。他刚即位，就给周王加岁禄五千石，并赐钞两万一千锭。七月九日是周王的生日，朱棣又赐给他丰厚的生日礼物：冠一，通天犀带一，彩币三十匹，金香炉、盒各一，玉观音、金铜佛各一，钞八千锭，马四匹，羊十只，酒百瓶。

当年和李景隆一起投降朱棣的谷王，也得到了丰厚的赏赐，朱棣特赐他乐七奏，卫士三百，改封于长沙，增岁禄二千石。仅他增加的这些就等于伊王朱彝的全部岁禄。

朱允炆时期，一般不准诸王进京，朱棣则一改此规，许诸王时而入京朝觐。这实际上也是他安抚诸王的一个措施。

朱棣即位之初，朝廷里缺少官员。于是，朱棣便"悉复旧制"，命令被罢免的官吏只要"以奏牍付科"，就可以复职。可是这样一来，官僚队伍就迅速膨胀起来，仅仅两年，朱棣手下的官员竟然比朱允炆时期的官员还要多。此时，朱棣不得不改变策略，精简机构，才使得官员数量恢复了正常。从这一点可以看出，朱棣在"复旧"的时候，颇有些矫枉过正之势，走了一些弯路，但总体而言，朱棣在治国方面要比朱允炆甚至朱元璋都优秀。

朱棣和朱元璋一样，是行伍出身。当年朱棣下江南的时候，姚广孝可能是怕这位"武将"只重视武功不重视文治，所以特意请求朱棣在功成之日要保留读书种子。

其实姚广孝的担心是多余的，朱棣知道那些读书人在政治中的作用，也知道儒道在中国社会中的作用。他得了天下之后曾经说："为治之道，在宽猛适中，礼乐刑政有其序……朕皇考……拨乱反正，不得已而用刑，特权一时之宜。及立为典常，既有定律颁之天下，复为祖训垂宪子孙，而墨劓剕宫并禁不用。朕以菲德继承大统，仰思圣谟，夙夜祗服，惟欲举贤材，兴礼乐，施仁政，以忠厚为治……以上不负皇考创业之艰，而朕于守成之道，亦庶几焉。"

有一次，通政使赵彝给朱棣引荐了一个山东人，此人善于行军布阵。赵彝的这个做法可能是为了迎合朱棣这位"马上天子"，谁知道朱棣却说："自古帝王用兵，皆出于不得已。夫驱人以冒白刃，鲜有不残伤毁折。其得不死，亦幸也。朕居军旅数年，每亲当矢石，见死于锋镝之下者，未尝不痛心，但出不得已耳。今天下无事，惟当休养斯民，修礼乐，兴教化，岂复当言用兵。此辈狂妄，必谓朕有好武之意，故上此图，以冀进用。好武岂盛德事？其斥去之。"

朱棣重视文治的意图可见一斑。

为了体现自己的文治意图，朱棣上任之后倡导儒学，优礼孔裔，还经常将学者们聚集到一起编纂图书，他身边时常跟着一些学者大儒，其中包括解缙、胡广、黄淮、胡俨、杨士奇、杨荣、金幼孜等人，这些人在朱棣手下都被委以重任。

朱棣用文人，朱允炆也用文人，但两个人的用法不一样。朱允炆手下的文人，自然都是学者大儒，但管理军国大事未必拿手。但朱棣能够识别出文人中哪些是学问家、哪些是实干家。

比如解缙，朱棣就认为这个人做学问很好，但是实干不行，于是就派他去编书。而杨荣则被朱棣认为是一个精于实干的人，所以被朱棣委以军国大任。各种人才的合理使用，让朱棣的政府变得非常高效。这也是他创建盛世的一个基础。

为了体现对学问的尊重，朱棣还亲自到太学祭祀孔子。他撰写了一篇祭文，说："朕惟帝王之兴，必首举学校之政，以崇道德，弘教化，正人心，成天下之才，致天下之治。"

与同样是行伍出身的朱元璋相比，朱棣更重视科举。朱元璋虽然开启了明朝科举的先河，但是他很少重用从科举中脱颖而出的大臣。朱棣不同，他命翰林院在各地入京会试及第的举人中，挑选优秀者进入国子监学习，享受教谕的俸禄，以等后科再试。他还命从翰林院庶吉士中，选才学英敏者就学于文渊阁，供给纸笔、膳食、灯火费，并提供住房。从朱棣开始，科举才真正成了选拔人才的主要渠道。

在朱棣看来，合理地养育人才、选拔人才是历代有为君主、政治家的成功之处，他说：

致治之要，以育才为先……苟不养士而欲得贤，是犹不耕耨而欲望秋获，不雕凿而欲望成器。故养士得才，以建学立师为急务也。

任人之道当择贤才，择之审则用之精……取之至公，用之至当，不以私昵而妨贤，不以非贤而旷官。故善用才者，如百工之用器，各造其宜而已……

佐治理者，必出众之才。知其果贤矣，听之勿疑，则可以养其忠亮。授之以事，则可以责其成功。夫贤才在位，则不贤者远，官皆称职，而庶事咸康。

朱棣所提出的："致治之要，以育才为先"、"任人之道当择贤才，择之审则用之精"、"知其果贤矣，听之勿疑，则可以养其忠亮"等观点，即使放在今天，也可以作为一个国家、一个企业的用人之道。

朱棣的这一系列举动，使之前对他不太信任的士人们，尽为他所用。在中国古代，所谓士，就是指知识分子，是社会中一个独立的阶层。

士人可以选择为君王效劳，也可以选择逃避。在朱元璋时期，士人就不太愿意为朝廷效力，清朝人赵翼说："盖是时，明祖惩元季纵弛，一切用重典，故人多不乐仕进。"为了让知识分子跟自己合作，朱元璋还专门制定了法律，要求知识分子必须要参加科举。但是很多人还是选择逃避。

封建社会中，君主从理论上掌握着国家的一切权力，但毕竟一个人不可能有足够的精力去管一切事情，所以君主不得不把手中的一部分权力交给士人，让他们协助自己管理国家。可是，君主又害怕士人在获得了权力之后，削弱自己对整个国家的控制力，所以他们又会千方百计地控制士人手中的权力。因此，君主和士人，既是合作的，也是矛盾的。

一个君主，如何处理与士人、文官集团的关系，是他是否能够成功的关键。朱棣在《圣学心法》中说：

> 人君日理万机，事难独断，必纳言以广其聪明，从善以增其不及。虚心而听，不恶切直之言。宽大有容，以尽謇谔之谏。苟不谦己和颜，以接群言，则臣下虽有直言，不敢进矣。故听言者国之大福也。众言日闻则下无蔽匿之情，中无隐伏之祸，而朝廷清明，天下平治矣。

纳言之要，在于虚心约己，倘有自用，必不得言。另外，人君居高临下，若不和颜下士，则人亦有言而不敢进。但君主之纳言，目的仍在消除祸患，长治久安。

朱棣的看法是，对待士人，要虚心听取他们的意见，让他们敢于直言，如此才能长治久安。但是，朱棣也认为，君主应该有明辨是非的能力，不能别人说什么就是什么，他说："夫言有似是而非，貌有似真而伪，人君不可不辨也。君子处心公正，表里如一，小人则用情私邪，险陂倾侧，当审其邪正，慎其用舍……然自古忠邪难辨，惟明君则能识之。"

朱棣总结了历代君王失败的经验，认为他们之所以会失败，大多数是因为喜欢听奉承，不喜欢听真话，他说：

> 若夫庸主则不然，好谀而喜佞，拒谏而饰非，恣其志之所为，极其心之所欲。享重禄者，固荣而保位，居下僚者，惧罪而畏诛。缄默不言，耳目壅塞，俱蹈败亡，可胜惜也！

> 惟昏主则不然，以聚敛者为足以称其欲，巧佞者为足以悦其心。胶固而

不移，纠结而不释。如是则忠正者不得入，小人进而君子退，欲国不危，岂可得也？

纳谏亲贤是中国历代政治家所强调的一个方面，朱棣要继承和发扬这个传统。在朱棣的构想中，他的政府应该是这样：人君要行仁政，要保民如赤子，以天下人心之好恶为取舍。君待臣以礼，臣事君以忠。君主举贤纳谏，人臣礼乐和谐。整个社会应是一个以道德、礼教相约束的有秩序的社会。这种社会构想，是儒家政治思想的一种理想状态。

"取诸亡国，举于仇怨"

朱棣想要建立一个繁荣的国家，但是目前有一个问题在制约着他——手底下没人。

虽然朱允炆朝的许多文官都投到了朱棣旗下，但是在战乱中，还是有很多文官都纷纷离开了南京，各自回家乡去了。为了招揽文臣，朱棣对手下人说：

帝王图治，必审于用人。或取诸亡国，或举于仇怨，惟其贤而已。若唐太宗用王、魏徵、房玄龄、杜如晦、李靖、尉迟敬德，宋太祖用范质、王溥、石守信、王审琦辈，相与协心比力，共建功业，载在信史，垂光后世，昭然可鉴也。朕太祖高皇帝嫡子，奉藩于燕。荷天地宗社之灵，肃清奸究，遂正大统。莅阼以来，思惟文武群臣，皆皇考旧人，惟诚用之，纤悉无间。比闻群臣犹有心怀危疑，不安于职者。此盖不达天命、不明朕心故也。凡尔文武群臣，皆皇考所教育以遗子北京国子监前的成贤街孙者，岂异国仇怨之比者乎？孟庄子不改父臣与父之政，见称孔子。朕每诵之，慨然希慕，故今所任，几务之重，宥密之严者，非皆前日靖难之人。此天下所明见而共知也，又何嫌疑之有哉？各尽乃心，共乃职，摅诚共事，可以永保富贵。朕言不再，其深体之。

选择人才最好的方法就是科举，但是会试要等到第二年才开考，况且依靠一次会试也不能解决问题。为了破解燃眉之急，朱棣曾经实行荐举，他给吏部下发了一份圣谕，说："朕以藐躬嗣承大统，图惟求贤，以资治理，宵盰皇皇，急于饥渴。其令内外诸司，于群臣百姓之中，各举所知，或堪重任而沉滞下僚，或可繁而优游散地，或抱道怀才隐居田里，并以名闻，毋嫉蔽贤，毋徇私滥举。书曰：'举能其官，惟尔之能；称匪其人，惟尔不任。'"

意思是，我现在手下非常缺人，哪个官员知道有优秀的人才，就赶紧给我举荐上来，自己觉得有能力的，也都赶紧来自我举荐。

虽然朱棣很迫切地招揽人才，奈何落花有意流水无情，很多文人们都不自觉地把他和朱元璋划为一类，生怕去当官给自己招来祸患。而且，朱棣虽然为自己的"篡位"行为百般辩解，但还是未能服众，这也是文人们对他敬而远之的一个重要原因。

无奈之下，朱棣只好启用那些被贬或者是退休了的官员。

朱允炆时期因病辞官的户部尚书郁新，被朱棣召回重掌户部。这个人很有能力，虽然他随后干了两年便病故了，但是对永乐年间的经济发展起到相当重要的作用。郁新死后，朱棣曾经跟人说："新理邦赋十三年，量计出入，今谁可代者？"

此后，朱棣又让夏原吉接管户部。

朱棣刚当上皇帝的时候，当时官居户部右侍郎的夏原吉被作为"奸党"打入了大牢，但是朱棣知道他是个人才，就把他放了，还升他为户部左侍郎，不久又让他当户部尚书。

夏原吉确实很有能力，在得到朱棣的赦免之后，也尽心尽力为朱棣服务，他曾经被派到江南去治理水患，"布衣徒步，日夜筹划，卓有成效"。

朱棣曾向夏原吉问起天下钱粮，夏原吉回答得很详细。除户部的事情之外，许多国家大事朱棣都会找他商量。《明史》中说他："当是时，兵革初定，论'靖难'功臣封赏，分封诸藩，增设武卫百司。已，又发卒八十万问罪安南，中官造巨舰通海外诸国，大起北都宫阙，供亿转输以钜万万计，皆取给户曹。原吉悉心应之，国用不绌。"由此可见，在朱棣时期，夏原吉为国家做出了不少贡献。

与夏原吉齐名的著名文官是吏部尚书蹇义，他和夏原吉被人们合称为"蹇夏"。蹇义也是朱允炆的旧臣，朱棣率燕师入南京时他就归附了朱棣，与夏原吉一起升任尚书。朱棣上任之后，废除了大部分朱允炆时代的规定，甚至有些合理的规定也被他废除了，其他人都不敢说，只有蹇义规谏朱棣说："损益贵适时宜。前改者固不当，今必欲尽复者，亦当也。"

朱棣虽然没有完全听取他的意见，但是也没有反对。

稳定住局面之后，朱棣开始大兴科举。毕竟这才是人才的"有源之水"。

1621年，英国出版了一本书，这本书叫《忧郁症的解剖》，书里提到了中国的科举制度。作者说："他们从哲学家和博士当中挑选官员，他们政治上的显贵是从德行上的显贵中提拔上来的，显贵来自事业上的成就，而不是出身的高尚。"

科举制度在近百年来，或者是在更长的时期内，遭到了很多的抨击、批判，因为它有很多弊病，比如说《儒林外史》和《聊斋志异》当中就曾经大力批评过科举制度。它有弊病，但是它的优点也是无法掩盖的，它最优秀的一点就是能够平等地选拔人才。而朱棣则为中国科举制度的完善做出了很大的贡献。

洪武年间实行科举，在很长时期内并没有形成完备的制度，到了明洪武十八年（1385年）之后，明朝的科举制度才完善起来。朱棣重视科举，把科举制度化、完善化。从永乐年间开始，三年一次乡试、会试从未间断。为了延揽人才，朱棣认为，从举人当中选拔这些进士，数量远远不够，也有些举人没有考上进士怎么办呢？他们的失败很可惜，他就选了一些人继续在太学当中进行培养，有点类似咱们现在的复读生。但是这些复读的举人中确实出了很多的人才，比如说当时有一些大学士，就是这些落第举人出身。

朱棣执政期间，曾经有一个状元很有才华，朱棣在他的卷子上批道："贯通经史，识达天下，有讲习之学，有忠爱之诚。擢魁天下，昭我文明。"为了奖励他，朱棣还赏给了一条玉腰带。这个人喜欢喝酒，曾经因为醉酒遗下火种，竟烧毁数家民房，朱棣知道后，也没有治他的罪。

不过，喜欢喝酒也有好处。有一次，一个蒙古使者来朝见朱棣，此人酒量很大，朱棣下令找陪酒的人，找到一个武将，但朱棣担心这个武将被人家灌倒，伤了天朝的颜面，便还想再找一个。这位状元一听说有酒局，便毛遂自荐。

状元、武将、使者，三个人喝了整整一天的酒，蒙古使臣烂醉如泥，武将也已醉倒，只有状元毫无醉意。朱棣很高兴，说道："论文字，比酒量，岂非大明状元耶！"

朱棣经常去检查书生们读书的情况。有一次，朱棣命太学中的29个学生背诵柳宗元《捕蛇者说》时，却没有一个人能背上来。朱棣一气之下，便将这29人全部发戍边充卫军。等他们吃够了苦头之后，才召他们回来。这些人从此开始努力读书，很多人都成了很出色的官员。

第九章 ／ 朱棣的帝国

永乐大典

朱棣时，文坛上出现了一个新流派——台阁派。这个流派中，大部分人都是朝廷的官员，代表人物是"三杨"：杨士奇、杨荣和杨溥。这三个人既是大文学家，又是治世之能臣。

台阁派的兴起与朱棣有直接的关系，朱棣每逢喜庆盛事，喜欢著文抒怀，臣子们也经常响应。

朱元璋之前，由于战乱连年，所以文学作品大多数是慷慨悲歌。朱元璋建立明朝之后，虽然文风稍有舒缓，但是仍保留着雄迈气象。到了朱棣时代，"三杨"等人以太平阁臣的身份撰写大量诗赋，文风就转变为平正典雅，雍容晓畅，充满着富贵福泽气象。

杨士奇的一段话可以体现这个流派的文学主张："嗟叹咏歌之间，而安乐哀思之音，各因其时，盖古今无异焉。若天下无事，生民安，以其和平易直之心，发而为治世之音，则加于唐贞观、开元之际也……诸君子清粹典则，天趣自然。读其诗者，有以见唐之治盛。"

"清粹典则"是这批人所秉持的著文理念。

清朝人所编的《四库全书总目》对杨士奇《东里全集》的评价是："其文虽乏新裁，而不失古格。前辈典型，遂主持数十年之风气，非偶然也。"

除了杨士奇之外，杨荣也是这个流派的重要人物。

杨荣一生官运亨通，所以他的文章有一些"富贵福泽之气"。"应制诸作，雅音。其他诗文，亦皆雍容平易，肖其为人。虽无深湛幽渺之思，纵横驰骤之才，足以震耀一世，而逶迤有度，醇实无疵。"

歌颂朱棣的文治武功，是台阁派诗文的重要内容，不仅"三杨"写有大量这类颂辞，连姚广孝、夏原吉等人，也有不少这类的诗赋。朱棣平定安南之后，杨士奇献《出师颂》以致贺。颂辞的末尾写道：

惟帝之圣，舜禹为君；

惟能之贤，方召为臣。

南交氛祲，不日澄鲜。

王师劳勋，不日凯旋。

八表一统，皇明御天。

小臣作颂，豫歌太平。

其他人自然会不会落后，杨荣写了一首《平安南颂》，中间有这样的话：

捷书入奏，大赉勋庸。

功逾铜柱，勒碑崇崇。

凡在戎行，咸预显融。

莫不稽首，惟皇之功。

惟皇之功，克绍太祖；

惟皇之基，超前古人；

惟皇之德，上侔尧禹。

于万斯年，作民父母。

文人们的赞扬，自然让朱棣大为高兴，也对这些"会说话"的人更加看重。

朱棣对于文人的重视，促进了当时文化事业的发展，台阁体诗、文、书法、绘画大行其道。

朱棣称儒学为"国家致治首事，不可视为迂缓不切之务"，称"孔子代天立教，故万世帝王敬事之"。

为了维护自己"以儒治国"的政策，朱棣对儒学正统非常看重，斥逐一切谤先贤、毁正道的言论和行为。明永乐二年，饶州府一位读书人朱季友，向朱棣献上了自己的著作，其中有"专斥濂洛关闽之说，肆其丑诋"。朱棣读了之后很生气，说："此儒之贼也。"他手下的人问他该怎么处理这个人，朱棣说："谤先贤，毁正道，非常之罪，治之可拘常例耶？"他下令将朱季友押回饶州，"会布政司、府、州、县官及乡之士人，明论其罪，笞以示罚，而搜检其家，所著书会众焚之"。

为了"传往事之绝学"，朱棣大兴修书之风，他下令购买天下图书，试图将所有的书都编进自己的《永乐大典》中。

《永乐大典》是一本中国百科全书式的文献集，全书22937卷（目录就有60卷），11095册，约3.7亿字。它作为世界上著名的百科全书，显示了古代汉族文化的光辉成就，是一部集大成的旷世大典。《大英百科全书》称之为

"世界有史以来最大的百科全书"。而朱棣正是这本书的"策划者"。

朱棣曾经说："凡人积金玉皆欲遗子孙，朕积书亦欲遗子孙。金玉之利有限，书籍之利岂有穷也？"为了让世上的好书能永远流传下去，他在即位不到一年时候，就命侍读学士解缙将天下的图书汇编成一本书，朱棣对臣下们说：

天下古今事物，散载诸书，篇帙浩穰，不易检阅。朕欲悉采各书所载事物类聚之，而统之以韵，庶几考索之便，如探囊取物耳……尔等其如朕意，凡书契以来，经史子集百家之书，至于天文、地理、阴阳、医卜、僧道、技艺之言，备辑为一书，毋厌浩繁。

意思是说，天下的知识散落在各种书里，不容易检阅，他要将天下图书全部网罗尽，汇编成一本书，这本书要囊括天文、地理、阴阳、医卜、僧道、技艺，几乎是无所不包。

朱棣把编撰这本书的任务交给了解缙，此人号称明朝第一才子，是个大学问家，让他来编撰此书再好不过。

不过，解缙一开始似乎并未明白朱棣的真正意图，他仅仅用了一年时间，就编成了一本书，但朱棣翻检此书之后，认为"尚多未备"，他命令姚广孝主持重修。

姚广孝带领着三千多学者们呕心沥血，花费了三年时间，终于完成了朱棣交给的任务，这一次朱棣很满意，将此书赐名为《永乐大典》。

《永乐大典》是永乐文治的重要标志，也是明代的一项重要文化成就。其最大的价值在于它不加删改，原原本本地保存了明以前的文化典籍。明朝人孙承泽曾经把《永乐大典》与宋朝的《太平御览》相比，他说：

陆文裕深曰：宋太宗平列国所得裸将之士最多，无地以处之，于是设六馆修三大部书，命宋白等总之。三大部者，《册府元龟》、《太平御览》、《文苑英华》也。《御览》外又修《广记》五百卷。永乐靖难后，修《永乐大典》亦此意。余按，宋太宗诏诸儒编集故事一千卷，曰《太平总类》；文章一千卷，曰《文苑英华》，小说五百卷，曰《太平广记》，医方一千卷，曰《神药普救》，总赐名曰《大平御览》。若《册府元龟》一千卷，乃真宗编也。文裕所考或未确乎？至靖难之举，不平之气遍于海宇，文皇借文墨以销垒块，此实系当日本意也。

他认为朱棣编撰此书，是为了消除当时国内的"不平之气"，用以稳定士人。至于朱棣本意是否真是如此，很难说清楚，但无论如何，《永乐大典》是一部历史上少有的鸿篇巨制，为后人留下了宝贵的财富。

《永乐大典》编成之后，只有一套正本，有人建议朱棣把这本刻板复印，朱棣本人也想这么做，但是由于工程量太大，朱棣只好作罢。

到了明朝嘉靖年间，南京国子祭酒陆可教曾上书建议刊刻大典，同样因为工程浩大未被采纳。

到了明末，《永乐大典》就神秘消失了。有人说是在战乱中毁于大火。清朝康熙年间，学者徐乾学和高士奇等人在皇室的藏书阁中发现了朱棣后人抄录的《永乐大典》副本，但是已经残缺。雍正年间，这部副本被运到翰林院保存了起来。学者全祖望猜想正本应该还在乾清宫中，但是却没有找到。

20世纪60年代，明神宗（万历皇帝）的陵墓定陵的大门被缓缓打开。当时郭沫若等学者认为，《永乐大典》的正本可能就藏在这位明朝皇帝的陵墓中，结果却让人失望。

《永乐大典》正本已经找不到了，侥幸逃过明末战乱被清朝人找到的副本也有两千多卷的残缺。到了1900年，八国联军进占北京时，大多数副本也被毁掉了，如今只剩下约 400 册零本被 8 个国家和地区的 30 个机构收藏。即使是这样，《永乐大典》这部奇书在今天仍然以其巨大的资料和文物价值而受到学者们的青睐。

圣学心法

为了体现自己的治国之道，朱棣亲自编撰了《圣学心法》一书。

《圣学心法》成书于 1409 年，是一部帝王"教科书"。有一天，朱棣与大臣们议论国事，中途，他突然拿出一本书给翰林侍读学士胡广等人看，并说："古人治天下，皆有其道。虽生知之圣，亦资学问。由汉唐至宋，其间圣贤明训，具著经传。秦汉以下，教太子者多以申韩刑名术数，皆非正道。朕间因闲暇，采圣贤之言，若执中建极之类，切于修身、齐家、治国、平天下者，今已成书。卿等试观之，有，更为朕言。"

意思是，秦汉之后，人们大多以韩非子的法家思想教太子治国，那不是正道。我利用空闲时间，收集儒家圣人们的言论，编成这本书，你们看看。

大臣们接过书看了看，便奉承道："帝王道德之要，备载此书，宜与典谟训诰并传万世。请刊印以赐。"

得到了大臣们的肯定之后，朱棣便将此书定名《圣学心法》，并命司礼监刊印。

在古代的皇帝中，朱棣比较推崇唐太宗，当年唐太宗也写过一本帝王的教科书，叫作《帝范》，朱棣曾经说过："若唐文皇帝，倡义靖难，定天下于一。躬擐甲胄，至履弘堂而登睿极。其思患也，不可谓不周；其虑后也，不可谓不远。作《帝范》十二篇以训其子，曰饬躬阐政之道在其中。详其所言，虽于精一执中之蕴，要皆切实著明，使其子孙能守之亦可保为治，终无闺门藩镇之祸。"意思是说，他写《圣学心法》正是受到了《帝范》的启发。

朱棣说："朕常欲立言以训子孙，顾所闻者不越乎六经圣贤之道，舍是则无以为教，尚何舍哉！故于几务之隙，采古圣贤嘉言，编为是书。"

虽然朱棣说自己的这本书采集古人言论而成，但书中表述的却多是朱棣自己的政治观念，他在序言中写道："不观吾言则无以观吾之用心，不知吾之用心则不能窥圣贤之阃奥。非欲其取法于吾言，实欲其取法于圣贤之言也。"

在朱棣的《圣学心法》中，体现了朱棣的几个基本治国方略：

第一，敬天法祖。

朱棣认为，自己能够当上皇帝是出于天命，他说："人君一动一静，无非天也。心在则天在矣。"

因为重视天命，所以朱棣对那些能预示天命的东西也非常在意。那个时期，所谓"祥瑞"事物的出现在各地蔚为风气。白鹊、白鸟、驺虞等奇异鸟兽不断发现，桧树、柏树也时而奇异地开起花来，地方官不时送嘉禾、报丰穗，甘露也降于孝陵，都被认为是国运昌盛的征兆。大臣们将祥瑞归结于皇帝的功德弘大。

有一次，朱棣在北京行宫中见到一只白色的喜鹊，因为白鹊被古人认为是瑞鸟，是上天垂青的预兆。朱棣便命令南京礼部庆贺。当时太子朱高炽在南京监国，命五府六部各进贺表，皆不称意。

杨士奇因有病在家，并未参与此事，朱高炽便命令蹇义拿着贺表去见杨

士奇，让他阅改。杨士奇改了一对："望金门而送喜，驯彤陛以有仪。"后边
又添了一对："与凤同类，跄跄于帝舜之廷；如玉有辉，在文王之囿。"朱高
炽看过后，非常高兴，说："此方是帝王家白鹊也。"

到了朱棣后期，很多国家的贡使络绎来朝，进献给朱棣不少奇珍异宝、
珍禽异兽，这些东西也被朱棣视作是上天的"吉兆"。榜葛剌贡献麒麟至京，
成为举朝庆贺的一件大事。当时的所谓麒麟实际就是长颈鹿，长期以来一直
被看作非同寻常的瑞物，是太平吉祥的象征。杨士奇作《西夷贡麒麟早朝应
制诗》，以歌咏此事：

　　天香神引玉炉薰，日照龙墀彩仗分。

　　阊阖九重通御气，蓬莱五色护祥云。

　　班朕文武齐鹭，庆合华夷致凤麟。

　　圣主临轩万年寿，敬陈明德赞尧勋。

据沈度所作《瑞应麒麟颂》可知，朝中大臣纷纷争献颂诗，今天尚可见
到的就不下十余首，至于其时究竟有多少歌颂麒麟之作已难知其详。明内阁
藏书目录记载，汇编这些诗歌而成的《瑞应麒麟诗》就达十六册之多，足见
当时歌颂此事之盛。朱棣之所以如此看重这个"麒麟"，还是因为麒麟是象征
吉兆的神兽，他将此作为了一种上天的谕示。

虽然朱棣笃信天命，但是他同时也认为，天命不是一定的，上天不会总
垂青于某人，只有按照天道行事，才能得到天的庇护。君主按至公无私的天
道行事，则人心顺畅服从，天命便会眷佑，如行事并非至公无私，不合于
"天道"，人心便会违逆甚至反抗，天命也会遗之而去了。

朱棣认为，皇帝的品德可以决定国家的命运，他说：

　　天运虽有前定之数，然周家后来历数过之，盖周之先德积累甚厚，其后

嗣又不致有桀纣之恶，使夏殷之后不遇桀纣，未遽亡。若顺帝不恤军民，不理国政而荒淫无度，安得不亡！故国之废兴，必在德，不专在数也。

朱棣还说："下民细微犹不可诈，况于上天神明，而可欺哉！"意思是，人是不可能骗过上天的，无论你做什么事，上天都会知道，也会做出相应的反应，其实这是在约束帝王，不要以为自己做的坏事没人知道。朱棣说："王者知有天而畏之，言行必信，政教必立，喜怒必公，用舍必当，黜陟必明，赏罚必行。"

除了上天之外，朱棣另一个崇拜的对象是祖先。他在《圣学心法》中说：

"祖宗之法，所以为后世也。当敬之、守之，不可以忽，继世之君，谨守祖法，则世祚延长。衰世之主，败其祖法，则身亡国削。"朱棣之所以强调祖先崇拜，还是与他当年以恢复旧制为理由而起兵有很大关系。他越是崇拜祖先，他皇位的合法性就越强。

第二，想民所想。

朱棣说："人君之所好与天下而同其好，所恶与天下而同其恶。群情之所好，而己独恶；群情之所恶，而己独好，是拂天理之公，而循夫人欲之私，则所蔽者固而溺者深。虽欲勿殆，其可得乎？"

意思是，君王要和人民保持一致，人民喜欢什么，自己也就喜欢什么。如果偏偏喜欢人民不喜欢的东西，那是违背天理的。

中国古代政治中有一句非常著名的言语："君者舟也。庶人者水也。水所以载舟，亦所以覆舟。"君王看起来是万民的统治者，其实他们也很害怕人民，朱棣也不例外。他说："民者，国之根本也。根本欲其安固，不可使之凋敝。是故，圣王于百姓也，恒保之如赤子，未食则先思其饥也，未衣则先思其寒也。民心欲生也，我则有以道之，民情恶劳也，我则有以逸之。""薄其税敛，而用之必有其节。如此，则教化行而风俗美，天下勤而民众归。"

在朱棣看来，统治者一定要学会拉拢民众，不能过分地榨压人民，朱棣在《圣学心法》中说："经国家者，以财用为本，然生财必有其道。财有馀则用不乏。所谓生财有道者，非必取之于民也。爱养生息，使民之力有馀，品节制度，致物之用不竭……民者邦之本，财用者民之心。其心伤则其本伤，其本伤则枝干凋瘁，而根抵蹷拔矣。"

除了减少人民的负担之外，朱棣另一个拉拢人民的方法是制礼作乐。

礼、乐（乐指的是文艺活动）在中国古代社会中作用很大，朱棣也意识到了这个问题，他在《圣学心法》序中说："夫礼者治国之纪也；乐者，人情之统也。是故，先王制礼所以序上下也，作乐所以和民俗也。非礼则无以立也，非乐则无以节也。教民以敬，莫善于礼，教民以和莫善于乐。"

意思是说，礼仪是治国的纪律，也是人情的体现。所以，以前的贤明君主们制定了礼仪给人民。而作乐，是为了教化人民，让他们心平气和。

礼仪和文艺活动都不能让所有人都按照规矩办事，也不能让所有人都心平气和，对于那些不按规矩办事的暴戾之徒，朱棣认为应该用法律约束他们，他说："刑者圣人制之以防奸恶也，使民见刑而违罪，迁善而改过。是故，刑虽主杀，而实有生生之道焉。何也？盖禁奸革暴，存乎至爱，本乎至仁。制之以礼，而施之以义，始也明刑以弼教，终也刑期于无刑。"

在朱棣看来，法律最大的作用不是惩罚犯罪，而是震慑犯罪。所以法律不能制订得太过严苛。在《圣学心法》中，朱棣说："至若秦隋之君，用法惨酷，倚苛暴之吏，执深刻之文，法外加法，刑外施刑，曾何有忠爱恻怛之意？杀人越多而奸愈作，狱愈烦而天下愈乱。失四海之心，招百姓之怨，曾未旋踵而身亡国灭，子孙无遗类。是皆可为明戒。"

第三，任用贤臣。

朱棣曾经对自己的子孙反复强调：

致治之要，以育才为先……苟不养士而欲得贤，是犹不耕耨而欲望秋获，不雕凿而欲望成器。故养士得才，以建学立师为急务也。

任人之道当择贤才，择之审则用之精……取之至公，用之至当，不以私昵而妨贤，不以非贤而旷官。故善用才者，如百工之用器，各造其宜而已……

佐治理者，必出众之才。知其果贤矣，听之勿疑，则可以养其忠亮。授之以事，则可以责其成功。夫贤才在位，则不贤者远，官皆称职，而庶事咸康。

为了将人才留在自己身边，朱棣开设了很多书馆，让知识分子们在其中修书。朱棣在位时，除了编撰《永乐大典》之外，还编撰了《大诰三编》、《大明律》、《礼仪定式》、《表笺式》、《减繁行移体式》、《新官到任须知》、《韵会定式》、《六部职掌》、《科举程式》、《孟子节文》、《朔望行香体式》、《四书大全》、《五经大全》、《性理大全》、《孝顺事实》、《为善阴骘》、《劝善书》《五论书》等图书。

朱棣的行为得到了文人们的称赞，杨士奇就曾说："文皇帝之心，孔子之心也。固欲天下皆纯质之俗，斯民皆诚笃之行，而况左右供奉之臣哉！"

由于尊重知识分子、重视人才，所以朱棣手下拥有像解缙、黄淮、胡广、胡俨、杨荣、金幼孜、杨士奇、杨溥、蹇义、郁新、刘观、郑赐、宋礼、金纯、夏原吉、吕震、金忠等一大批出色的文臣，为他的永乐盛世奠定了基础。

总而言之，《圣学心法》集中了朱棣的治国智慧，他在之后发布的一系列行政命令，都可以从中找到理论根据。

被废掉的王爷

朱棣即位，那些在朱允炆手下被迫害的王爷们很高兴，他们认为自己的日子可能会好过一些。

朱棣刚为皇帝的那段时间，亲王们的日子过得确实不错，不用害怕削藩了，皇帝还时不常地封赏一番。

但是，好日子不会太久，因为不管朱棣是否情愿，他都必须接过朱允炆未完成的削藩大业。不管谁当皇帝，这都是无法避免的事情。

1402 年，朱棣命左都督袁宇到四川整肃兵备，镇抚一方，并且对镇守在四川的王爷朱椿说："凡事可与（袁宇）计议而行"，"夫藩屏至重，贤弟宜慎出入，谨言节饮，庶诸夷有所瞻仰，而不负兄之所望"。表面上看是替藩王分忧，实际上还是在削减藩王们的权力。朱元璋时代，藩王们的地位仅次于天子，比公卿大臣们都高。可现在朱棣竟要求朱椿什么事情都要和大臣商量，这不是变相的削藩？

1403 年，朱棣又对各藩王手下的将领们大加赏赐，明显是在拉拢他们。

朱元璋规定"凡王国有守镇兵，有护卫兵。其守镇兵有常选，指挥掌之，其护卫兵从王调遣"。意思是说王府中的军队，由藩王管控。可是在 1403 年十月，朱棣命令晋王朱济熺把他的军队调拨四千人给平阳王，也就是说，朱棣开始直接干预王府军的调动。

当年朱棣和跟随他一起对抗朝廷的宁王有"中分天下之约",但是朱棣当了皇帝之后,绝不提此事。宁王朱权自然也不敢提这种事,他只是希望朱棣能把他分封到苏州去,但是朱棣却以"畿内"为由,不予批准。朱权又提出想去钱塘,朱棣说:"皇考以予五弟,竟不果。建文无道。以王其弟,亦不克享。"还是不同意。最后,朱棣对朱权说:"建宁、重庆、荆州、南昌几个地方你选一个。"这几个地方虽然不是苦寒之地,但怎么能和苏州、钱塘相比?可朱棣却说:"皆善地,惟弟择焉。"朱权没办法,改封南昌。

1403年冬天,秦王朱尚炳入朝去觐见朱棣。走到潼关时,因为天已经黑了,因此守关将领紧闭关门。秦王命左右去叫门。镇守潼关的指挥使姚镇对秦王说:"朝廷禁门,深夜不得启也。"秦王虽然生气,却也只好夜宿关外。等秦王到南京见到朱棣之后,哭哭啼啼地说:"潼关姚指挥慢朝廷甚,夜不容入关。"朱棣听了只是微微一笑。

不久之后,姚镇也来到了南京,朱棣故意当众问起不令秦王入关的情形,姚镇答道:"潼关,国家重地也。臣止知陛下,非知秦王。"朱棣对着手下人说:"如姚指挥,真锁钥之臣。"赐予宝钞以为奖励。

朱棣有意树立姚镇这样的榜样,是让臣下知道,只有皇帝的话才是最重要的,亲王们虽然位高权重,但是在国家大事上,他们没有资格违反皇帝的命令。

明初的这些藩王位高权重,除朱元璋外,无论谁当皇帝都不会放心。而且,大部分藩王整日无所事事,招猫逗狗,经常做出一些不法的事情,只有极个别的人表现较好。如封到四川的蜀王朱椿,雍容好儒,守礼法,对于当地百姓颇有恩惠。可其他藩王就不同了,他们骄纵放荡,为害地方,藩王们的这些罪行,自然也成了朱棣收拾他们最好的理由。

齐王是个凶暴尚武的藩王，朱棣给他复爵归藩后，他更是猖狂。朱棣知道后，将他召到京师，狠狠地教训了一番。

　　谁知道这个齐王非但不听朱棣教导，回去之后还积极地扩张势力，并养蓄刺客，广招异人术士，命王府护卫据守青州，不准朝廷的军官登城夜巡。负责镇守青州的李拱、曾名深等人给朱棣上书，说齐王有不轨之意。齐王知道后，居然将他们都杀掉了。

　　1405 年，朱棣下诏向齐王索要李拱等人，人被杀了，哪里能交出去，齐王赶紧上书谢罪，态度还很诚恳。朱棣就放了他一马。

　　第二年，齐王到南京去觐见朱棣，有大臣当面弹劾他，齐王非常生气，厉声喝道："奸臣喋喋，又欲效建文时耶？会尽斩此辈！"

　　在皇帝面前骂大臣，朱棣终于忍无可忍了。他下令将齐王拘留京师，削夺官属护卫，齐王府护卫指挥柴直等人被捕杀。同年八月，齐王被废削为庶人，禁锢于南京。

　　谷王当年给朱棣打开了南京的城门，立下了大功，朱棣对他也优待有加。谷王因此变得更加肆意横行，在自己的属地"夺民田，侵公税，杀无罪人"。王府长史虞廷纲劝他收敛一些，他却大发雷霆，将其杀死。谷王也招纳了一批亡命之徒，还教他们操练兵法，造战船兵器；又大建佛寺，找来一千多僧人为他念咒语祈福。这是赤裸裸地要效仿朱棣造反。

　　可朱棣不是朱允炆，他在得知了谷王的罪行之后，马上派人把他抓到南京，并且请来周王、楚王和蜀王，商量该怎么处置谷王，这些王爷们都说该杀了他。朱棣并没有听从王爷们的意见，仅仅是将其囚禁，贬为庶人，倒好像是法外开恩了。

朱棣削藩的手段要比朱允炆理智得多，朱允炆是不分青红皂白，都想赶紧一棒子打死。朱棣则是有的放矢，谁对皇权构成威胁，就赶紧收拾了，而对于那些仅仅是行为不太检点的藩王，朱棣还是显得比较宽容，大多只是警告一番。

　　代王复爵之后，回到了大同，在当地他兴风作浪，行为很不检点。朱棣写了一封信警告他："闻弟纵戮取财，国人甚苦，告者数矣，且王独不记建文时耶？"但是代王仍然不思悔改，于是又有人弹劾他。朱棣让他来南京说清问题，他不来。朱棣再召，代王知道自己这次不去朱棣就不客气了，只好硬着头皮上道。代王走到半路上，朱棣又派人将他遣回。只是削其三护卫，保留了他的爵位。

　　岷王则是整日沉湎于酒色，滥杀无辜。朱棣知道后，严厉地教训了他。但岷王继续为恶不改，朱棣便将他的特权都剥夺了，虽然名义上还是藩王，但实际上没有了任何权力，再也无法作恶了。

　　周王和宁王是两个特殊的王爷，周王和朱棣的关系非常亲密，宁王曾经直接参与朱棣的战争。一方面，朱棣对这两个人礼遇有加，而另一方面，也对他们严加防范。

　　1403 年，有人对朱棣说宁王"巫蛊诽谤罪"。朱棣派人去检查，没有发现证据，所以没有说什么。宁王知道自己决不能有把柄落在朱棣手中，否则一定会遭到处罚，所以开始约束自己，以鼓琴读书自娱，最终保住了性命。

　　周王一贯行为骄纵，复爵的时候，朱棣想把他封到开封，但是周王却说开封挨着黄河，恐受河患之苦，于是朱棣便命令手下在洛阳给他修建宫殿，准备将他封到洛阳。没过多久，周王又改主意了，他听说河堤已加固，便请求朱棣再修一下开封的旧宫，以节省费用。朱棣又答应了他。

周王到了开封之后，擅自在自己封地以外的州县张贴榜文，号令地方。地方官抄下来报告朝廷。1405 年，朱棣赐书切责，要他"行事存大体，毋贻人讥议"。

1420 年，有人对朱棣说周王准备谋反，朱棣派心腹去调查，结果发现周王确实有这样的想法，便将周王交到南京，把别人揭发他的罪状让他看。周王无言以对，只能连连说臣该死。即便如此，朱棣剥夺了周王的军权，保留了爵位。惩治了与朱棣关系最亲密的周王之后，其他王爷更不敢有异动了。

姚广孝

在朱棣登上皇位的道路上，有一个人居功至伟，此人就是道衍和尚姚广孝。

朱棣夺取皇位之后，姚广孝奉旨从北京来到了南京。他虽然没有一直跟随朱棣南征北战，但是一直坐镇后方，出谋划策，协助朱高炽守卫北京城，是朱棣手下的第一个大功臣。

朱棣当上皇帝之后，姚广孝已经 68 岁了。作为首功之臣，他面临着成功后的选择。

朱棣自然不会亏待了姚广孝，许以高官。但是姚广孝婉言谢绝了，只接受了僧录司左善世的职务，掌管佛教之事，仅是个六品官。朱棣又赐给他两名宫女，姚广孝说："我是和尚，要宫女干什么。"他白天上朝，晚上依旧住在寺庙里。所以明朝人说他"金陵战罢燕都定，仍是癯然老衲师"。

姚广孝后来升官了。原因是有一天朱棣见姚广孝很不高兴，便问他为何不快，他一开始不说，朱棣再三追问，姚广孝才说："臣上朝前待漏门外，因有话要同吏部尚书谈，历五阶而上，谈毕又历五阶而下，年迈不堪趋跄，因此心中介介。"意思是，我上朝的时候，因为官位太低，所以只能站在大殿的外头，有时候要和礼部尚书谈话，就要上好多台阶，说完了又得下好多台阶，我老了，很不方便，因此有些力不从心。

朱棣听了姚广孝的话，当天就封他为太子少师。这是当时文臣的最高品秩，正二品。

关于姚广孝当官，还有另外一种说法，说是朱棣想给他大官做，但是姚广孝始终拒绝，朱棣便想了个办法，将姚广孝召进宫中，乘他不备，让侍从悄悄将官服披在他身上，随即宣读圣谕，连声叫他谢恩。姚广孝迫不得已，只好接受了。

当上太子少师两个月后，姚广孝又被朱棣派去苏杭等地赈济灾民，那里是他的家乡，朱棣此举，也是想要让他衣锦还乡。

姚广孝离开南京时，"威声赫赫，车徒甚众"，有些人因此对姚广孝不满，四处说他坏话，姚广孝只作不知，并不介意。

赈灾期间，忙完公务之后，姚广孝就独自一人身披袈裟在外面行走。一次他独自到寒山寺散步，中途饿了，便坐在寺外亭子里吃些干粮。一个姓曹的县丞恰巧也来到此地，见这个老和尚在亭中吃饭毫不回避，县丞非常生气，命令手下人把姚广孝抽了二十皮鞭，关进县狱中。

姚广孝任人摆布，也不分辩。第二天，姚广孝的随从们见少师丢了，非常着急，四处去找，好不容易才在监狱里找到姚广孝。姓曹的县丞吓坏了，来向姚广孝请罪。姚广孝也不说话，提笔在纸上写了一首诗：

敕使南来坐画船，袈裟犹带御炉烟。

无端撞着曹三尹，二十皮鞭了宿缘。

众人知道姚广孝不会追究了，也就放心了，但还是纷纷责备那个曹县丞说："野僧路边吃饭碍你何事？书生为官，岂可张狂欺人！"

据说，姚广孝在外散步之时，见到酒肆门前酒帘上的大字写得非常好，心中感到很惊讶，便去询问是谁写的，酒家告诉他，是一个少年写的，姚广孝赶紧命人将少年找来。

写字的这个贫家少年衣着虽然俭朴，人却聪明伶俐，姚广孝很喜欢，便收为义子，改名姚继，带回了南京。

姚广孝一生无子，这个义子姚继就是他的继承人，后来也做了大官。

姚广孝是名副其实的太子少师，担负着辅导太子的重任，还要为皇太孙朱瞻基讲书。在此期间，他曾经写了一本《道余录》，这部书中，他认为佛道比儒道更合理，对儒家的许多观点进行了批驳。这下可得罪了那帮儒家的读书人，《明太宗实录》中记载："广孝尝著《道余录》，诋讪先儒，为君子所鄙。"

有一个名叫张洪的读书人，跟姚广孝交情很深，而且受过姚广孝的恩惠，但在姚广孝去世后，此人四处搜寻《道余录》，找到了就烧。他为什么这么做呢？此人说："少师对我恩厚，如今无以报。这样做是不使人们对少师厌恶。"

1418年，姚广孝病死于北京庆寿寺中，当时，公、侯、驸马、伯及一品官去世，皇帝才辍朝一日，以示哀悼。但是姚广孝去世之后，朱棣为他辍朝两日，并追赠他为推忠辅国协谋宣力文臣特进荣禄大夫柱国荣国公，谥恭靖。

他是明朝第一个有谥号的文臣。

姚广孝死后，朝廷里的那些儒家子弟们对他大加诋毁，编造了很多故事抹黑姚广孝。这种风潮一直持续了两百年，1530年，姚广孝的神位被撤出太庙。明末有人要为方孝孺建祠，竟然要将姚广孝的雕像跪置在阶下。人们似乎忘了，当年朱棣要杀方孝孺，姚广孝在旁边为他求情。或许人们根本没忘，只是把对朱棣的不满发泄到了姚广孝身上而已。

姚广孝这个人太复杂，当年他极力鼓动、协助朱棣造反，造成一场惊天动地的战争，无数人在战争中死去。而朱棣即位之后，姚广孝又拒绝接受高官厚禄，过着简朴的生活。人们始终不明白，他造反到底是为了什么。所以对于他，千百年来人们也很难给出定论。

第十章 ／ 兵锋又起

"月犯氏宿"

朱棣当皇帝以前，负责守卫北方疆界，当时北方的一些敌对势力在他的威慑下不敢轻举妄动，所以大明疆界相对比较太平。但是等到朱棣来到南京当皇帝之后，北方没人守了，那些北方的敌人又开始蠢蠢欲动了。

朱棣时期，北方主要的敌人是鞑靼和瓦剌，他们都是蒙古人。自从元朝被灭之后，蒙古内部也分了家，并开始相互征战。

朱棣刚在南京即位的时候，鞑靼部落的首领鬼力赤正在同瓦剌打仗。两边的蒙古军队经常在明朝的疆界附近大打出手，难免擦枪走火，与明朝军队产生冲突。

朱棣知道，自己一走，将领们恐怕对付不了这些蒙古人，如果任由蒙古人胡闹，到最后可能会像宋朝那样，被蒙古人灭掉。为了一劳永逸，朱棣决定亲自去征讨他们。

当时朱棣刚刚登基几年，其实完全可以睁一只眼闭一只眼，当个太平皇帝，不必如此大动干戈，但是他性格宏魄，渴望成就丰功伟业，对做一个守城之君没什么兴趣。

1403 年，一个被鞑靼俘获后又放回来的士兵带来一些有关鞑靼动向的消息。此人说，鞑靼曾经想要进攻大同，但是最后取消了这个作战计划。我不打你已经是给你面子了，你还想打我？这下朱棣不能忍了，于是他把这个士兵送到了宁夏总兵何福那里，让他向何福汇报一些情况，督促何福早作打算。

朱棣对北方的局势始终不放心，他认为敌人取消打大同的做法，是"诈而欲绥我边防"的计谋，"不可不深虑"。三个月后，钦天监的人对朱棣说："月犯氐宿东北星"，并说主将有忧之象，而同时又有"金星出昴北"的星象，则预示着北军胜、南军败之兆。此时蒙古是北军，而朱棣是南军。

一听这个消息，一贯相信天兆的朱棣赶忙下令给何福与甘肃总兵宋晟，让他们"动静之间，常加警省，不可轻率"。

七月，钦天监的人说"火星犯垒壁阵"，并说这预示着"先起兵者亡"。朱棣又赶紧告诫诸将"宜谨天戒，切勿妄动"。

接连不利的星象，让朱棣感到不安。

朱棣的不安不是没有道理，当时的蒙古族虽然处于分裂的仇杀之中，但是始终不愿意臣服于明朝。朱棣即位后曾以大明皇帝的身份给兀良哈、鞑靼和女真诸部送去书信，让他们纳贡称臣。但是对方始终不为所动。

朱棣又在以后的半年中两次给鞑靼首领鬼力赤写信，希望他能归附，同时还分别致书鞑靼太师右丞相马儿哈咱、太傅左丞相也孙台、太保枢密知院阿鲁台等人，表达了同样的意思。

这一年冬天，鬼力赤在同瓦剌马哈木的交战中失败，手下被俘虏去不少，朱棣派往鞑靼的两名使臣被瓦剌人所俘虏。

后来，一个使者从瓦剌那里逃了出来，向朱棣报告了这些消息。朱棣得知瓦剌打败了鞑靼，怕他们乘胜南下，下令边将严兵以备。

1408 年，鞑靼内部又发生了变故。鬼力赤被手下怀疑并非正宗的蒙古人，他的部下开始不满，最终为部下所废。1408 年，知院阿鲁台杀鬼力赤。同一年冬天，阿鲁台将成吉思汗的后裔本雅失里接到自己的部落中，立为可汗，意在重振大元天下。

朱棣知道此事后，赶紧给本雅失里写信，希望他能归顺，并随信送去织金文绮衣二袭、彩币四端。然后本雅失里也是不理不睬。

从朱棣第一次写信给鬼力赤起，到现在已经整整六年了，他们居然丝毫不为所动，朱棣生气了。他开始准备发动战争，不断征调辽东、山东、河南、山西各都司、卫所的军队，筹备粮草，做好了战争的准备。

而正在此时，瓦剌首领马哈木等却突然派人入朝贡马，请求封号。朱棣非常高兴，封马哈木为特进金紫光禄大夫、顺宁王。

1409 年，朱棣来到了北京。

北京是朱棣的半个家乡，但是自从当上皇帝以后，他便再也没有回来过，这还是第一次。

朱棣来北京不是为了重游故地，而是为了解决北部边防的问题。

1409 年四月，本雅失里率领军队南下骚扰明朝边界，多年不曾征战的朱棣小试牛刀，便击败了对方，俘虏了二十多人。

战胜之后，朱棣想趁热打铁，拉拢对方，便命令都指挥金塔卜歹、给事中郭骥带书信前往鞑靼，再次送去书信。但是本雅失里却不吃朱棣这一套，他杀死了郭骥，并准备继续南下。

朱棣彻底愤怒了，自从与朱允炆打完那一仗以后，朱棣便一心想着治理国家，开创盛世，不想轻易发动战争。但是如今看来，不打是不行了，因为他们迟早有一天会主动打上门来。他命令淇国公丘福为主帅，武城侯王聪为左副将军，同安侯火真为右副将军，准备对敌人发动进攻。

出征前，他对三个将军说："兵事须慎重。自开平以北，即不见寇，宜时时如对敌，相机进止，不可执一。一举，俟再举。"

三人走后，朱棣还是担心三人轻敌冒进，又接连派人去提醒他们：不要相信可以轻易取胜的说法。朱棣把战争比喻成打猎，要求丘福以缚虎之力去缚兔，以保万全。

丘福跟着朱棣南征北战很多年，靖难之役中，他与朱能、张玉一同夺得北平九门。在真定一役之中，曾经奋不顾身攻击敌人的城池。白沟河之战中，他以精兵直捣李景隆军的中军。在夹河、沧州、灵璧等战役中，担任军中的前锋。

这个人的特点就是为人敦厚、打仗英勇。每次打胜仗后，其他人都争先恐后给朱棣献上俘获的东西，只有丘福每次都抢不到什么战利品，这是因为他主要忙着冲锋，没时间抢东西。朱棣知道这个情况，因此说："丘将军功，我自知之。"

朱棣当上皇帝之后，丘福被封为淇国公，俸禄二千五百石，并给予世袭凭券。虽然看重丘福，不过朱棣也知道，此人勇则勇矣，但缺少谋略，所以才三番五次地叮嘱他。

丘福出征时正是秋高气爽的好时节，草肥马壮，他率领一千多骑兵先到达了胪朐河南岸。在这里，他与鞑靼骑兵相遇，并一举击溃对方，俘获了一名鞑靼尚书。丘福向尚书问起本雅失里的去向。此人回答说："闻大兵来，惶恐北走，去此可三十里。"

事实上，此人是故意被丘福抓住，然后告诉了他一个假消息，为的是引他上钩。但丘福却未能明察，他不顾其他将领的劝阻，让这个尚书当向导，率领着一小支军队继续北进，与主力军队完全脱节。

最终，丘福被带进了鞑靼人的包围圈，遭到了敌人的攻击，全军覆灭。

朱棣知道这个消息后，非常震惊，但是他没有推卸责任，说："丘福不听朕言，以至于此。而将士何辜？此朕不明知人之过。"

丘福的失败，让朱棣意识到，敌人并不是想象中那般弱小，除了自己，其他人恐怕不能击败对手。他决定亲自率领军队出击。

朱棣戎马半生，此时已经 50 岁了。他以前是亲王、是将领，所以带兵出征很正常，但是现在他是皇帝，自古以来，皇帝亲征的事情并不多见，因为这关系到一个国家的兴衰大事。但是朱棣则没有那么多顾忌，因为他对自己有着绝对的自信，他相信自己可以成功。

就在朱棣打算亲征的时候，恰好有人从塞外南归，带回一些本雅失里的消息。

原来，自从胪朐河战胜明军之后，本雅失里非常得意，认为明军被打败了，短时间不可能发动进攻，于是便驻扎在东南方向，准备安心过冬。

朱棣认为，如果本雅失里真的移营东南，那么出征的事情就不用那么着急，如此一来也可以做充足的准备。但是若待草青之时再行出师，又恐本雅失里已先行乘胜西攻瓦剌，明军负重远进，无法追赶，因此他决定将出师时间定在来年早春。

皇帝亲征

1410 年正月，朱棣在给太子的一封书信中，正式提出自己"亲率六师北征"，同时命令太子留守南京，负责国家大事；并诏谕所有和自己一起出征的将士"挺拔自奋"，"建立大功，高爵厚赏"。最后，他说自己这次出征的目的是"荡除有罪，扫清沙漠"。

出师之前，北京的官员、乡绅们请求为皇帝送行，朱棣接见了这些人，并对他们说："朕此举为安民也。父老有子孙亲戚从行者，皆当训励之，使奋忠勇树勋名，渠能卓然有立，亦将明代士兵牵马石像于尔有光。若出外而抚循之。惟朕在，尔无庸忧。"

二月初十，朱棣举行了亲征的仪式。皇帝亲征，自然是声势浩大，鼓声震天，北京城的人都知道皇帝要去打蒙古人，所以纷纷前去送行。

这次出征，朱棣召集了天下兵马，除了明朝军队之外，还有归附的蒙古军队、女真军队。跟随朱棣一起出生的将领有：

安远侯柳升，负责统领中军。

武安侯郑亨，负责统领左军。

阳武侯薛禄，负责统领右军。

此外还有英国公张辅，成山侯王通，左都督朱荣，宁阳侯陈懋。

史料中没有明确记载明军的确切兵力，但却比较详细地记载了运送辎重的军民人数。明军的辎重分"前运"与"后运"。前运有总督官三人，分别是隆平侯张信、尚书李庆、侍郎李昶。其下由泰宁侯陈瑜等26人领导车辆运输；由镇远侯顾兴祖等25人领导驴子运输。后运全部用车辆运输，有总督官二人，分别是保定侯孟瑛、遂安侯陈英，他们率领骑兵1000，步兵5000护送。前运与后运共用驴子34万头，车辆117573辆，民丁235146人，运送粮食达到37万石。从运输粮草的数量来看，朱棣手下军队的规模堪称庞大。

出征这一天，北京天气很好，但是由于正是春日雪融之时，所以路况不好。整整一天时间，朱棣才带着手下庞大的军队走到离北京二十余里的清河。

骑在战马上徐徐前行的朱棣，似乎也并不着急，看起来心情还挺好。明军经过宣化之后，经由万全、兴和等地一路北上。对于这一代的地形，朱棣是再熟悉不过的了，他曾经多次从此经过，与敌人作战。20年前，他从此出发，俘虏乃儿不花，赢得了朱元璋的青睐，为他日后的成功打下了基础，而现在，他不需要通过别人的肯定来证明自己了，如今所做的一切，都是在为自己的盛世打基础，心情自然有所不同。

过了兴和，就来到了蒙古草原。离敌人越来越近，全军的氛围也变得紧张起来。朱棣大阅全军，将士们列阵数十里，旗甲鲜明，戈戟森列，铁骑腾踔，钲鼓震动，这一切让朱棣又找回了当年驰骋沙场的感觉。

朱棣手下的文臣并未见过这样的场面，朱棣不无得意地对跟随左右的金幼孜等人说道："尔等大战，见此似觉甚多，见惯者自是。"

五月初一，明军来到胪朐河畔，数月之前，丘福在此全军覆灭，战场上一片狼藉，依稀可见当初那场战争的惨烈。

朱棣立马河边，沉思良久，将此河赐名为饮马河。朱棣此时所处的位置，在大兴安岭东、西坡一带。大兴安岭西面为蒙古高原，大兴安岭东面为东北平原，东北平原气候西北比东南干燥，冬夏之间有季风，夏季多雨。地形是沙丘与洼地相间隔、地势呈西高东低。

在离饮马河不远的地方，侦察兵发现了敌人的小股骑兵。朱棣命手下率领军队前去攻击，一举击破，并抓获了几名俘虏。从俘虏口中朱棣得知：本雅失里在兀古儿扎河附近。

于是，朱棣亲自率领精锐骑兵，每人带 20 天的粮食，迅速朝着兀古儿扎河赶去。但这时本雅失里已经离开了这里，朱棣不肯就此罢休，连夜追击，第二天与本雅失里的鞑靼骑兵相遇。

此时，鞑靼发生了严重的内讧，阿鲁台和本雅失里之间产生了矛盾。一气之下，阿鲁台率所部朝着东面走了，留下本雅失里带领士兵与明朝对抗。

本雅失里得知明军到了，便想要趁着明军立足未稳，发动突然袭击，打明军一个措手不及。朱棣怎么可能给本雅失里这种机会？他登上一座小山，指挥军队排兵布阵，敌人骑兵还没有到，朱棣便命令先锋主动出击。

双方骑兵展开激战。

蒙古骑兵是天下最勇猛的部队，因为他们有最能跑的马和最善于骑马的人。

蒙古马冲刺速度不如其他名马，而且蒙古马在世界各种马中长得可能是最丑最小的，大脑袋小身子，看起来像它的老祖宗三肢马。但蒙古马的优点是善于长途奔袭，对草料的需求比其他马低，而且吃苦耐劳。蒙古草原上的冬天很难熬，常常有白毛风（即暴风雪）的光临。在连冻带饿之下（雪下厚了被风吹硬了，马便找不到草吃了，草原上俗称"白灾"），蒙古马却仍然能够活下来。

从小生于苦寒之地的蒙古人和蒙古马一样吃苦耐劳，有时候就靠喝马奶充饥。在作战中，蒙古大军可以"兵马先动，粮草后行"，蒙古大军没有辎重的困扰，所以能够展开惊人的大范围内不停歇的机动。而且，蒙古的部队里面每个人都有2~4匹马，多的可能有5匹，所以蒙古人能够长途跋涉；由于行军时不必携带饲料，士兵又自带各人的食物和装备，而且通常只带最少的用量，因此，蒙古军队不需要拖带庞大的后勤供应辎重车队，也不必保留一个后方供应基地。而且由于大部分蒙古战马都是母马，士兵能够依靠喝马奶生活。

在历史上，中原地区的军队很难战胜这样一只来去如风的蒙古骑兵部队。但是朱棣是一个例外，因为他与蒙古人作战多年，对对方的战术非常了解，而且在长期的战争中，他的手下也培养了一支非常精锐的骑兵部队。

在朱棣的进攻下，骁勇的鞑靼骑兵逐渐溃败，本雅失里见情形不妙，只好丢下辎重，率领一部分轻骑兵逃掉了。

在此一战中，朱棣算是为丘福报了仇，他命令步兵可以班师回朝了，而自己却带着骑兵继续向东搜寻，试图找到阿鲁台，将其击败。

六月初七，朱棣带兵来到苍松峡，此处草地茂盛。朱棣刚准备宿营，发现牧草有被马啃过的痕迹，便判断阿鲁台刚从此经过不久，于是便命令全军昼夜疾行，追击敌人。此时，军队已经几乎断粮了，朱棣把御用的粮食散发给将士，并命军中粮多者借贷互济，还京后倍偿，借以暂度饥困。

为了在行军中保持阵形，朱棣下令各营将士行军的时候，不得擅自离开队伍十丈之外，违者处斩，其军官头目若管辖不力也要处斩。负责运送粮食的军民，不论行军还是宿营，都应该紧随大军之后，掉队者斩。

两天之后，朱棣赶到了飞云壑，发现鞑靼骑兵已经在此摆开了阵势，准备战斗了。朱棣命令手下军队发起进攻，自己则登高远望，观察战场上的形势。

当时阿鲁台手下可能有军队十万人左右，实力不弱。但是阿鲁台很纠结，他和本雅失里闹翻，自己带着兵先跑了，目的就是为了避开朱棣。但谁承想朱棣如此不依不饶，一路追到此地，现在摆在他眼前的是两条路——抵抗或者投降。自从明军出塞之后，鞑靼内部恐惧不安，一些部落自动散去。阿鲁台还经常被母亲及妻子责骂，认为其不该侵扰明朝，以及"为逆"、"负恩"。军队没有斗志，如果选择抵抗，就很可能被朱棣打败。但如果投降的话，那么自己在部落中的影响力就会一落千丈。阿鲁台陷入了两难的境地中。

朱棣不会给他太多的考虑时间，他命令手下军队第一时间发动了攻击。阿鲁台无奈之下只好迎战。

朱棣亲自率领精锐骑兵向敌人冲去，部下见皇帝都上了，自然个个争先，阿鲁台稍作抵抗便一溃千里。

见情势不妙，阿鲁台只好丢弃部属，带着自己的家人逃跑了。朱棣下令追击，一直追了两天两夜，才由于炎热乏水、军士饥渴而停下脚步。

连战连胜，朱棣心满意足地率部南归。得胜回朝后，朱棣大开庆功宴。席间，朱棣感慨地说："在塞外时，念士卒艰苦，食不甘味。想起过去征战，亦均如此，只是这次尤念士卒劳苦。"

虽然劳苦，但也功高。朱棣此次出征极大地削弱了敌人的实力，让他们再也不敢轻易南下侵犯明朝的疆界，这也正是朱棣北征的目的。

被朱棣击败之后，阿鲁台见识到了明军的强大，便在数月之后主动派遣使者来觐见朱棣，表示愿意归附，但他提出了一个条件：役属女真和吐蕃诸部，让朝廷刻金为誓词，磨金于酒中，以同诸酋长饮酒盟誓。

当时很多人都建议朱棣答应阿鲁台的条件，好让他赶紧投降。但是黄淮却反对，他说："鞑靼之势，分则易制，一则恐难图矣。"意思是，如果让敌人处于分裂状态，很好对付。假如他们联合在一起，恐怕就难对付了。

朱棣也是这么认为的，他说："黄淮论事，如立高岗，无远不见。"因此拒绝了阿鲁台的请降。

第二次出征

鞑靼的势力削弱了，但是瓦剌的势力却乘机发展起来。1412 年，瓦剌顺宁王马哈木击败了本雅失里的军队，并杀死了本雅失里。阿鲁台则率领部队再次逃走，此时，他已经没有实力与瓦剌抗衡，所以再次提出归附明朝，并请求明朝军队去消灭瓦剌。

在阿鲁台之前，马哈木就派了使者来见朱棣，并且说"既灭本雅失里，得其传国玉玺，欲遣使进献，虑为阿鲁台所要，请天兵除之"。意思是说，本雅失里的传国玉玺现在已经到了我的手里，想要进献给您，但是我们希望您能派兵把阿鲁台收拾掉。

马哈木使者口中的传国玉玺，可是一件了不起的东西。此物就材于"和氏璧"。春秋时，楚人卞和在山中得一璞玉，献予厉王，厉王认为这就是一块石头，非常生气，便砍了卞和的左足。后武王即位，卞和再次献玉，武王也认为是一块石头，把卞和的右足砍了。文王即位之后，卞和抱玉坐哭于荆山之下。文王派人问他为何哭泣，他说："我不是因为我的脚被人砍了才哭，而是因为这么好的一块玉没人认识，因此才悲伤。"文王找到工匠，剥开了这个块"石头"，结果中间果然是上等的玉石。

后来，和氏璧落到了赵国惠文王的手中，秦昭王听说了，"遗书赵王，愿以十五城请易璧"，当时秦强赵弱，赵王担心自己把和氏璧给了秦王之后，秦王不履行承诺，赵王因此烦恼。蔺相如毛遂自荐，愿意带着和氏璧去见秦王，献璧后，秦王果然想来战，蔺相如便威胁要将和氏璧摔碎，这才逼得秦王履行了承诺，这就是"完璧归赵"的故事。

秦始皇即位后，用和氏璧做了一块印章，李斯在上面用篆书写道"受命于天，既寿永昌"。这枚印章，便是传国玉玺。

从此以后，历代的君王都想得到传国玉玺，因为人们都认为它是统治中国的"信物"。在争夺传国玉玺的过程中，也发生了许多悲壮的故事。

到了宋朝的时候，传国玉玺被金国人抢走，自此下落不明。直到元朝时，传国玉玺才再次出现，落到了成吉思汗后裔的手中。

朱元璋建国之后，也找过传国玉玺，但是没有找到。到了此时，这件宝物才再次出现。

马哈木也知道传国玉玺是件了不起的宝物，所以除了要求朱棣派兵攻打阿鲁台之外，他还提出了另一个要求："脱脱不花之子今在中国，请还之"。

对于传国玉玺，朱棣也很重视，他曾经说"朕重此宝"，但是他对马哈木的狮子大张口非常不满，说"此虏骄矣，狐鼠辈不足与较"。因此便没有答应他的要求。

1413 年，马哈木再次派遣使者来觐见朱棣，此时瓦剌已经成了蒙古草原上的霸主，因此马哈木的态度更加骄纵，"表词悖慢"，"多所请索"，竟然向朱棣提出将甘肃、宁夏原归附鞑靼的各蒙古部落都交给他管理。朱棣对此大为不满。

眼见瓦剌一天天强大起来，北方原有的稳定和平衡被打破了，朱棣便动了发兵的念头，他给马哈木下了一个最后的通牒："能悔过谢罪，待尔如初；不然，必举兵讨罪。"但是对方仍然不以为意。

1413 年四月，朱棣再次来到北京。

被马哈木打压下去的阿鲁台，知道朱棣此次前来北京是为攻打马哈木做准备。于是他便派人对朱棣说：马哈木杀死本雅失里之后，抢走了传国国玺，自己愿意给朱棣当先锋，去攻打马哈木。

朱棣也希望阿鲁台和马哈木能够相互牵制，便封阿鲁台为和宁王，连同其母亲、妻子都赐予诰命冠服。

朱棣封赏阿鲁台，是为了制衡马哈木。马哈木本人当时也明白这个道理，他很生气，便不再向朝廷进贡。

1413 年冬天，马哈木率领部队来到饮马河，声称要攻打阿鲁台，他的真实目的，其实是想对明朝不利。

朱棣觉得不能让马哈木再嚣张下去了，便决定第二次亲征。

通过上一次战争，明军的作战经验更丰富了，而且阿鲁台又愿意为明朝出力。诸多的有利条件让朱棣对未来的战争非常乐观，他这一次也一定会获得胜利。

1414 年三月十七日，朱棣率领五十万大军再次向北进发，开始了登基后的第二次亲征，他的身边还带着皇太孙朱瞻基。

尽管阿鲁台愿意为明朝所用，但是朱棣并不信任他。他告诫部下：凡是遇到往东走的骑兵，很可能是瓦剌去投奔阿鲁台的；凡遇往西走的骑兵，则可能是阿鲁台部下去投瓦剌的，一律不得放过。

在茫茫的荒漠草原上，明军如一只敏锐的猎狗，仔细地搜寻着猎物——瓦剌骑兵的踪迹。当时正值春日，雨水绵绵，给明军的行动带来很多不便，但朱棣仍然比上次北征提前十天到达饮马河。

此时，部将告诉朱棣，发现瓦剌的骑队朝东走了，于是朱棣便命令部队向东进发。

数日之后，明军前哨遭遇了一小股瓦剌军队，当时下着蒙蒙细雨，明军随即冒雨发动进攻，对方见明军人数众多，稍作抵抗，便四散而逃了。

三天后，明军终于与敌人的大部队相遇了。

马哈木知道，这是一场逃避不了的战争，所以他干脆不跑了。他命令所有军队在山顶上列阵，等到明军到来之后，便从山顶朝下发动攻击，凭借向下的冲力，给明军造成重大的打击。

如果以常规的方式作战，处于不利地形中的明军必败无疑。但是朱棣还有撒手锏，看到敌人势不可当地从山顶冲锋下来之后，他镇静地下令：神机营，出战。

神机营

神机营，是明代京城禁卫军中三大营之一，这支部队的武器是火铳（比较原始的火枪）。

当年朱元璋起兵之时，有一个叫焦玉的人献上他所研制的火器，从此，朱元璋的队伍中就有了江南唯一的一支火器部队。在朱元璋的一系列战斗中，火器起到了极其重要的作用。在洪都保卫战当中，陈友谅率军六十万围攻洪都，结果洪都的朱元璋军队在火铳的帮助下使陈友谅久攻不下。鄱阳湖大战中，朱元璋也借助了火器的威力，使用了当时中国最先进的"火炮、火铳、火箭、火蒺藜、大小火枪、大小将军筒、大小铁炮、神机箭"等火器，开创了在水战中以"舰炮"轰击敌舰的先例。

朱元璋建国之后，火器部队也成了一支重要的军队。当时，明朝制造火器的水平在世界上居于领先地位。

朱棣即位之后，将火器部队命名为神机营。全营兵力为：步兵3600人（全配火器）；骑兵1000人；炮兵400人（管理野战重炮及大连珠炮）；共计官兵5000人。

朱棣特别善于指挥火器部队，他"神机铳居前，马队居后"的作战原则，神机营配合步兵、骑兵作战，可以说发挥了重要的作用。

为了保证长时间持续地射击，明朝大将沐英发明了"三段击"战术——将火器部队分为三排，前一排首先由处于队列第 1、3、5、7、9、11 等位置的士兵射击，再由处于队列第 2、4、6、8、10、12 等位置的士兵射击。前一排的士兵在每一次射击之后，马上将神机铳递到中间一排的士兵，同时从中间一排的士兵手中接过装好弹药的神机铳。中间一排的士兵一方面负责从前排士兵的手中接过射击之后的神机铳，并向后传递给第三排的士兵装上弹药；另一方面负责从第三排士兵的手中接过已经装好弹药的神机铳，并向前传递给前一排的士兵。如此反复轮换，战斗力十分强大。

话说朱棣见敌人气势汹汹而来，便命令神机营用火器去远程打击敌人。这一战术果然取得了效果，蒙古人在火铳、火炮的攻击下顿时大乱，被迫退回山顶。

不久后，蒙古人再度发动进攻，朱棣故技重施，让神机营打击敌人，蒙古人再败。挫败了蒙古人的攻势之后，朱棣命令全军发动进攻。

宁阳侯陈懋、成山侯王通奉命去攻击瓦剌的右翼，双方很快就激战到了一起，胜负难分。丰城侯李彬、都督谭青、马聚，都指挥满都则负责瓦剌左翼，这里的战况更为惨烈。在战斗中，马聚被创，满都力战而死。

看前方战事严峻，朱棣率领骑兵加入战斗，依靠火铳和人马众多的优势，逐渐在战场上占据了上风。

瓦剌骑兵眼见不敌，且战且退，但即便如此，明军还是不能一鼓作气击败对手。

这一仗的艰难程度超出了朱棣的预料，他意识到，自己可能有些轻敌了。而就在此时，手下人告诉了朱棣一个坏消息——皇太孙朱瞻基丢了。

朱棣虽然不喜欢太子朱高炽，但是对朱高炽的儿子朱瞻基却非常重视。

传说，在朱瞻基出生的那天晚上，当时还是燕王的朱棣做了一个梦：朱元璋将一个大圭赐给了他。在古代，大圭象征着权力，朱元璋将大圭赐给他，正说明要将江山交给他。朱棣醒来以后正在回忆梦中的情景，觉得十分吉祥。忽然有人报告说孙子朱瞻基降生了。朱棣立刻便联想到：难道梦中的情景正验证在孙子的身上？于是他马上跑去看孙子，只见小瞻基长得非常像自己，而且脸上一团英气。朱棣看后非常高兴，忙呼："此乃大明朝之福也。"这件事也是朱棣下决心发动靖难之役的原因之一。

朱棣靖难之役胜利以后，就亲自挑选当时的著名文臣担任朱瞻基的老师，并多次指示：皇孙是个可造之才，你们一定要尽心竭力，同时朱棣也不忘亲自教导，因此此次出征漠北，朱棣将朱瞻基带在了身边，目的就是让他了解如何带兵打仗，锻炼他的勇气。

现如今朱瞻基居然丢了，这怎么得了？朱棣马上派人四处寻找。

原来，是朱棣手下的宦官李谦自恃有些武功，带着皇太孙朱瞻基孤军深入，追击敌人，但是却遭到敌人的围攻，身陷绝境。正当危急关头，朱棣派出去的救兵到了，朱瞻基才逃得一死，而自知闯下大祸的李谦也畏罪自杀了。

经历如此惨烈的战斗之后，朱棣认为应该见好就收了，他借朱瞻基之口，下令撤兵。这次北征使瓦剌大伤元气，已经失去了对鞑靼的优势。不久，马哈木便派人入朝谢罪贡马，送还了以前扣留的朝使。朱棣的亲征收到了效果。

八月初一，朱棣回到北京。皇帝得胜归来，群臣自然要庆贺一番。面对群臣的赞扬之声，朱棣自己明白，这场战争其实并未达成自己的目的，只能说是"惨胜"。他开始思考如何才能更好地解决边疆问题。

边疆问题一直是明朝的心腹之患。朱元璋在立国之初，即抱定了"定天下于一"的志向，声称要"誓清四海，以同吾一家之安"。朱元璋认为，应该让边疆人也成为国家的一员，他说"朕既为天下之主，华夷无间，姓氏虽异，抚字如一"。正因如此，朱元璋不推崇用武力手段解决边疆问题，而是采取了"以夏变夷"的策略，试图通过封建"教化"来征服边民。

但是到了朱元璋后期，边疆战火不断，于是他改变自己的策略，开始采取军事手段来控制边疆的局势。

朱元璋设立了为数众多的边疆管理机构，其中包括：行人司、会同馆、四夷馆，希望可以尽量控制边疆的局面。

朱棣上任之后，对边疆问题比较强硬，主张以战争手段解决问题，辅以拉拢和归化等手段。

明朝时期，有九个非常重要的边关要塞，分别是：辽东、宣化、大同、延绥、宁夏、甘肃、蓟州、偏关、固原。根据黄宇仁的考证，明朝驻九边之军在六十万左右，占明朝全国总兵力的一半或三分之一。

朱棣认为，打击边疆的敌对分子，就应该一下打死，不给他们卷土重来的机会。

通过几次出征，朱棣确实实现了部分目标，但是随之而来的副作用是——庞大的军费与经援支出也对明朝经济产生了巨大的压力。朱棣自己也承认"频年师出无功，戎马资储十丧八九，灾情间作，内务俱疲"。

朱棣也想采用分化、拉拢的办法解决问题，但是效果却不是很好。就拿第二次出征来说，阿鲁台之前明明说"愿率所部为先锋"，但是等到朱棣出兵时，他却按兵不动。甚至在朱棣率明军班师路过阿鲁台的地盘时，阿鲁台竟然假装生病了，不来朝见朱棣。

因为边疆的局势还很不稳定，所以这一次朱棣没有像上次北征后那样立即回南京去，而是继续留在北京，随时准备应付边患。

第十一章 ／ 天子守国门

迁都北京

　　1416年，朱棣见边疆无事，才离开北京返回南京。可是他仍然不放心，在南京只停留了几个月时间，就重新回到北京，其实在这个时候，他已经想出了解决北部边疆问题的方法——迁都。

　　朱元璋建国之后，定都南京。但是从一开始，朱元璋就觉得南京作为首都不太好。刘伯温告诉他：“南京城大抵视江流为曲折，以故广袤不相称，似非体国经野辩方正位之意。大内又迫东城，且偏坡卑洼，太子、太孙疑皆不禄，江流去而不回，山形散而不聚，恐非帝王都也。”这席话说得切直，也点到了朱元璋的痛处。于是在明洪武元年，朱元璋曾经下了一道诏书，说：“江左开基，立四海永清之本；中原图治，广一视同仁之心。其以金陵、大梁为南、北京。”

所谓大梁，就是今天的开封。朱元璋出于战略考虑，提出设南、北两个都城。但是由于朱元璋觉得自己年事已高，迁都这件事又很费时间，所以迟迟没有行动，将希望寄托在朱允炆身上。

朱允炆其实也想迁都，但是他刚当皇帝没几天，朱棣就造反了，迁都的事情虽然一直在准备，但也没办成。方孝孺的《懿文太子挽诗》写道："相宅图方献，还宫疾遽侵。关中诸父老，犹幸翠华临。"所谓关中诸父老，犹幸翠华临，指的就是朱允炆曾经去西安做迁都前期筹备工作的事。

明朝的皇帝之所以都想迁都，是因为在历史上有一个定律——在南方建都的王朝大都短命。而都于北方者，大都国祚长久。

等到了朱棣时期，为了避免"南方建都国运不久"的规律，更为了控制北疆的边界，他最终下定决心迁都。

当然，还有就当时的情况来看，朱棣之所以刚当上皇帝就有了迫切的迁都的想法，可能和他当时的心理有关系。南京这个地方，给朱棣造成了一定的心理压力。因为这里是朱元璋和朱允炆做皇帝的地方，而朱允炆是朱元璋所确立的合法皇帝，但却被声称"遵奉祖制"的朱棣所推翻。朱元璋的陵墓就在城外，九泉之下，他会作何感想？

当朱棣坐在朱元璋和朱允炆曾经坐过的位子上时，心里自然会感到不安。当他面对祖宗陵墓的时候，或想到死后要葬到朱元璋的陵墓旁边时，肯定也会感到惭愧。

之前，我们已经说，朱棣是一个笃信"天命"的人，这证明他的意识和当时的所有人一样，至少也是相信鬼神的。所以朱棣完全可能因为害怕朱元璋地下有知，不原谅自己。这不是无端的猜测，史书记载：朱棣即位后曾多次请番僧大做法事，"荐福于皇考皇妣"，一次斋醮便达七天七夜，不就是想得到冥冥之中的朱元璋的原谅吗？

所以，朱棣无论如何也不愿意死后被葬在朱元璋的身边，即使不迁都北京，也不会继续以南京为首都。

至于迁都迁到哪儿，朱棣和朱元璋、朱允炆的看法都不一样，他既不想迁到西安，也不想迁到开封，他想去北京。

朱棣刚当上皇帝不久，礼部尚书李至刚等人就对他说："自昔帝王或起布衣，平定天下，或由外藩入承大统，而于肇迹之地皆有附崇。切见北京布政司实皇上承运兴王之地，宜遵太祖高皇帝中都之制，立为京都。"朱棣则回答说："可。其以北平为北京。"

数月之后，朱棣来到了北京，当时有大臣再次上疏曰："北平河山巩固，水甘土厚，民俗淳朴，物产丰富，诚天府之国，帝王之都也……矧河道疏通，漕运日广，商货辐辏，射货充盈……望早敕所司，兴工营建。"六部都察院的官员也对朱棣说："伏惟北京，圣上龙兴之地，北枕居庸，西峙太行，东连山海，南俯中原，沃壤千里，山川形胜，足以控四夷制天下，诚帝王万世之都也。昔太祖高皇帝削平海宇，以其地分封陛下，诚有待于今日。"

由此可见，很早以前，朱棣就有了迁都北京的想法。

北京是元朝的大都，唐代之前一直属于幽州。赵宋政权期间，辽国占据燕云十六州，北京在其内。由于北京是北方军事要地，以此为首都，可以控制边疆的局势。而且朱棣在这里待了几十年，对这里很熟悉，1407年，朱棣皇后徐氏病死。朱棣并没有将她安葬在当时的京师南京，而是在北京昌平附近为她建造长陵。由此可见，当时朱棣已经有了迁都的念头。

但是，迁都可不是一件容易的事情，由于经历了多年的战争，北京毁坏严重，重建皇宫不是一朝一夕的事情；二是初登皇位，就立刻提出迁都，恐怕难以服众，毕竟，官员们的老婆孩子、财产房子，都在南京，突然要迁都，难保他们不会反对。第三，迁都是一项浩大的工程，北京定为首都，所需钱粮，还得仰仗江南，以当时的运输条件，这也是个不易克服的困难。

虽然有诸多不利条件，但是朱棣一直都是一个比较强势的人，既然他已经决定了，就不会害怕困难。因此他马上派人去重修北京的皇宫。

相传，负责北京城及皇宫设计的人正是姚广孝（当时姚广孝还健在）。姚广孝在元大都的基础上，扩建和改建了北京城。按照儒家的观点，他把北京建成了一座方城。皇宫就在这座方城的中央位置。

要建造这样一座皇城，岂是一件容易的事？史书记载：朱棣征集了全国著名工匠十万人，民夫一百万人。所用材料从全国各地运往北京——木材来自湖广、江西、山西；汉白玉石料来自北京房山县；五色虎皮石来自蓟县的盘山；花岗石采自曲阳县。宫殿内铺地用的方砖，在苏州烧制；砌墙用砖在山东临清烧制。宫殿墙壁所用的红色染料，原料产自山东鲁山，在博山加工；室内墙壁上的杏黄色颜料则来自于河北宣化的烟筒山。

保和殿后有一块重量约三百吨的云龙大石雕，是从地下几丈深的地方开采出来的，这块石头开采出来是在冬季，为了运送它，民夫们沿途挖井，汲水泼路，用水铺成了一条冰路，然后再用一千余头骡马拉这块石头，人喊马嘶，浩浩荡荡。

建造皇宫的"总工程师"叫作蒯祥，江苏吴县人，木匠世家，他的父亲蒯福曾经主持过修建南京皇宫的工程。

子承父业的蒯祥是一个炉火纯青、巧夺天工的建筑大师。史料上记载"永乐间，召建大内，凡殿阁楼榭，以至回廊曲宇，祥随手图之，无不称上意"。意思是蒯祥信手画的建筑图纸，都能得到朱棣的肯定。工人们对他也很佩服，说这位蒯木匠简直就是鲁班再世！

蒯祥过于出色，遭到了同行工部右侍郎的妒恨，在建造最后一座宫殿的时候，工部右侍郎偷偷来到工地，将尚未完工的门槛截短了一段。如果找不到相同材质的木头补上，蒯祥就会受到惩罚。当时时间紧迫，但蒯祥临危不乱，直接把金门槛的另一头也截短一段，再在门槛两边各做一个槽子，如此一来就形成了一个活络门槛，也就是后世建筑者口中所谓"金刚腿"。宫殿完工后，"金刚腿"上刻着两朵牡丹，叶绿花红，色彩鲜艳。顶部还雕着一对狮子，小巧玲珑，十分可爱。而且门槛可装可拆，方便马车轿子出入。整个门槛十分新颖别致。朱棣对此大加赞赏，蒯祥从此名声大噪。

在修建皇宫的过程中，新修成的奉天、华盖、谨身三大殿遭到了雷击并起火，化为灰烬。在古代，地震、灾害、雷击等自然灾害，都被看成是统治者的失误造成的，是"上天示警"。朱棣本人也对此深信不疑，于是他立刻下诏求言，希望臣子们能为他找出雷击三大殿的原因。

大臣们本来就不同意迁都，这一下，这些人终于找到借题发挥的地方了。不久之后，礼部主事萧仪就上书说三大殿遭受雷击是因为迁都的缘故。把国都从南京迁到北京，违背了祖法，这是大不敬的事。

朱棣看了奏折之后，异常愤怒，他认为萧仪把迁都与雷击三大殿联系起来，是蓄意诽谤。他命令锦衣卫将此人速速捉拿，以"谤君之罪"处以极刑。杀死萧仪之后，朱棣颇有些愧疚，他曾经悄悄询问尚书茹常："朕毋得罪于天地祖宗乎？"意思是说我这样做会不会得罪了天地祖宗。由此可见，朱棣也认为雷击大殿可能是不祥之兆，但是当时迁都这件事已经是箭在弦上，不得不发了，所以朱棣只能咬牙坚持。

萧仪虽然死了，但是有些官员仍然不死心，坚决反对迁都。当然也有一些官员支持迁都。他们很快就分成了两派，争吵不休。

反对迁都的，大多数是那些年轻的官员，而支持迁都的，大部分是老年官员，之所以如此，是因为朱棣手下的老年官员，大部分都是跟着他从北京打到南京的老人。他们和朱棣一样，对北京这个地方感情很深。而那些年轻人则不然，他们很多人连北京都没去过，自然不想迁都。

年轻的官员们认为朱棣"轻去金陵，有伤国体"。这让朱棣非常恼火，但是总不能把人都杀了吧，于是，他想出了一个办法，让同意迁都的和不同意迁都的都跪到皇宫大殿之外，让他们自己辩论去吧。

那天正下着雨，两部分官员跪在皇宫的广场里，一个个都淋得落汤鸡似的，但谁也不愿意让步，在雨中争论得面红耳赤。

第一天没争吵出结果，朱棣就让他们第二天接着辩论。

事实上，不管辩论的结果如何，朱棣迁都都已经是铁板上钉钉的事情了。因为当时朱棣已经开始从江南各地向北京大量移民，并且疏通运河，打通了从南向北运粮的水运线路。

由于元朝覆灭、元顺帝撤离北京时，曾胁迫大量北京居民跟着他一起走，北京人口顿时锐减，城市经济遭到严重破坏。所以朱棣决定迁都之后，便让许多南方的富户到北京，"以实京师"，北京人口逐渐增多。

至于疏通运河，则是为了将南方的粮食运到京城。当时连接北京与南方的运粮通道，是京杭大运河，但是由于多年未曾修缮，所以水道不通。为了迁都需要，从1411年开始，朱棣就命工部尚书浚通大运河。

修建于隋朝的京杭大运河，是中国古代最为浩大的工程之一，隋朝当年为了修运河，连国家都灭了。但是当年隋朝修的运河在以后很长一段历史中，都因为缺乏修缮而不具备实际的运输能力，到了朱棣手中，这条大运河才真正地畅通无阻。朱元璋时期，南方每年能往北方运粮 7 万石，到了朱棣中期，这个数字增加到 65 万石。而到了朱棣后期，则高达 460 万石。从此以后，大运河几乎完全承担了南粮北运的重大任务。因此，大运河的疏通，对中国历史的影响非常深远。

有了粮食，有了人口，朱棣迁都已经是势在必行。不久之后，北京都城的建造也完毕了。朱棣下诏说：

> 昔朕皇考太祖高皇帝受天明命，君主华夷，建都江左，以肇邦基。朕缵承大统，恢弘鸿业，惟怀永图。眷兹北京，实为都会，惟天意之所属，实卜筮之攸同。乃仿古制，徇舆情，立两京，置郊社宗庙，创建宫室。上以绍皇考太祖高皇帝之先志，下以贻子孙万世之弘规……天地清宁，衍宗社万年之福，华夷绥靖，隆古今全盛之基。

那些之前反对的官员们，见朱棣决心已定，便顺水推舟，同意迁都，并且说"北京富饶之地，沃野千里，东临沧海，西崎太行，背靠居庸，南压中原。足以安邦定国"，作为国都再合适不过。

所有的阻力都没有了，1421 年正月，迁都工程正式实施。从此，北京成了明朝的首都，而南京则变成了"陪都"。

从长远来看，迁都北京这一行为，确实对北方疆界的和平很有好处。历史上多数王朝建都，都会选择中间的位置，所谓是"天子居中，诸侯守边"。但是这样会造成一个重要的问题：如果边疆将领实力不够，就无法有效抵御外来侵略，但是如果他们实力太过于强大的话，又会威胁中央王朝。唐朝安禄山谋反便是如此。朱棣与侄子争夺皇位，也是如此。

朱棣迁都之后，边防的军政大权握在了他自己手里，不但减少了边镇将帅割据称雄的可能，而且可以"天子守边"，对敌人造成巨大的威胁。朱棣确立了北京作为全国统治中心的地位：它不仅统治广大中原和南方地区，而且还统治包括黑龙江、贝加尔湖、阿尔泰山以北的北方广大地区。北京不仅是联系汉人与南方各民族的纽带，而且也是联系女真人、蒙古人和西域各族人民的纽带。朱棣的英雄之略虽然是从个人的权力欲望和野心出发的，但是它符合中国多民族国家统一和发展的趋势。迁都北京表现出了朱棣本人的恢宏胸怀和胆魄。

朱棣"天子守边"的策略，对整个中国产生了重大影响，尤其是促进了江南地区的经济繁荣。朱棣带兵阻挡了北方的入侵，所以作为大后方的江南地区长期安宁，直接促使了江南手工业的发达，所谓的资本主义萌芽也因此而产生。

但是，我们也应该看到，朱棣后继者并不具备这样的胸怀和胆魄，更不具备朱棣的"英雄之略"。终明之世，塞北多故，天子守边，举国上下惶惶惴惴，如果对朱明朝廷和朱棣后世子孙来说，迁都北京其实并非高明之举。

第三次出征

朱棣迁都北京，使得一国之都成了边防前线，造成了明朝"天子守国门"的局面，使得北方地区的局势瞬间发生了逆转，敌人们不敢再轻易来骚扰明朝的边界了。

事实上，自朱棣迁都的这几年来，北方的边界局势也发生了重大的改变。瓦剌自从被朱棣击败过一次后，实力大减，又和鞑靼站在了同一个水平线上，他们都开始讨好朝廷，保持了通使、通贡、称臣的关系。而阿鲁台同马哈木之间，却再次开始互相攻杀。

阿鲁台趁着瓦剌被朱棣打败、元气大伤的时候，在战争中屡次获胜。瓦剌顺宁王马哈木死去，瓦剌力量进一步削弱，而鞑靼却又趁机发展起来。

迁都北京的当年秋天，朱棣决定组织一次新的北征。

朱棣当年迁都，就是为了加强北征的优势。所以迁都之后，便迫不及待地想要再次出兵。但是，户部尚书夏原吉、礼部尚书吕震、兵部尚书方宾、刑部尚书吴中等人却反对朱棣出师，他们认为多年的战争已经造成了国力空匮的局面，需要休兵养民，不宜再大动干戈了。

朱棣先召见了方宾，向他询问关于北征的事情，方宾以储粮不足为由，反对兴兵。朱棣听了很不高兴。他再找夏原吉询问粮食的储备情况，夏原吉则说："频年师出无功，军马储蓄，十丧，灾眚迭作，内外俱废。况圣躬少安，尚须调护，乞遣将往征，勿劳车驾。"意思也是反对出征。

朱棣见夏原吉也不同意出兵，便召见吴中，向他询问对北征的意见，得到了与之前两人相同的回答。这时候朱棣终于明白了，这些人早就在私底下商量了，要不然怎么可能如此一致？

皇帝最怕自己手下的官员结党，因此他怒不可遏，将夏原吉和吴中抓了起来，关入了大牢中。而此时，方宾正在外地出差，有人向他透露了朱棣发怒的情形，方宾顿时惊慌失措，居然自缢而死。

朱棣得知方宾的死讯后，误认为他是在以死抗旨，更加愤怒了，居然命令属下去把方宾的尸体砍头。同时，他还派人去抄夏原吉的家。

夏原吉当户部尚书多年，但是家中只有几件布衣瓦器，是个大大的清官。

朱棣想要杀掉夏原吉，于是便向内阁大臣杨荣询问夏原吉平日所为，杨荣拼命给夏原吉说好话，这才算保住了夏原吉的性命。

在当初几个共同反对朱棣出兵的大臣中，有礼部尚书吕震，他见朱棣发怒，便改变了主意，转而支持出兵，并且乘机谗诬方宾。

吕震的支持对于朱棣而言无异于雪中送炭，他很高兴，便命吕震去负责兵部和户部。

其他大部分官员，也被朱棣的雷霆手段吓住了，没人再敢反对。于是，朱棣便派侍郎张本、都御史王新等人到各地督造粮车、征集丁壮，准备第二年二月在宣化集结兵力。

由于关键大臣的反对压缩了朱棣的准备时间，所以第三次北征的准备工作受到了影响。军饷虽如期运抵宣化，但是却没来得及像之前那样直接运到战争前线各地储存，朱棣只好下令军饷分前后两次运送，前运随大军同行，后运以备回师之用。

正在朱棣准备出征的时候，阿鲁台反倒率先发难，他带领军队攻打兴和，并杀死了明军守将王唤。

听到这个消息后，朱棣二话不说，带兵上路。1422 年 3 月 21 日，朱棣开始了第三次亲征。

朱棣出征的阵势很大，除了数十万军队之外，还有 34 万匹骡马、17 万多辆粮车和 23 万民夫带着 37 万石军饷跟在军队后面。朱棣知道，这样的队伍机动性不足，所以只能稳扎稳打。

出征后第四天，侦察兵就带来消息，说阿鲁台跑了，朱棣手下的将领请求追击，但朱棣没有同意。他说："少俟草青马肥，再出其不意直捣窟穴，破敌。"这也算是没有办法的办法了。

朱棣似乎也不太着急，他带领着军队沿途射猎、阅兵、演武，直到六月间才进抵应昌。与第一次北征相比，速度慢了一半。

到了开平之后，离敌人越来越近了。朱棣命令严加防范，扎营时，步军放到最里面，骑军在外，神机营则在最外围。这样布置是为了防止鞑靼骑兵偷袭。

阿鲁台并没有偷袭明军的想法，此时，他正率领骑兵绕到了明军身后，对万全发动了攻击。

阿鲁台之所以攻打万全，是想牵制朱棣前进的脚步，但是朱棣识破了他的计策，不加理睬，继续向前。

阿鲁台见朱棣不上当，便停止进攻，向北逃去。

朱棣想要阻击阿鲁台，但是却面临着一个严峻的问题——粮食要吃完了，无奈之下，朱棣下诏班师，朱棣对部下说："虏为边患，驱之足矣。朕非欲穷兵黩武也。"

但是，就在决定班师后仅仅几个小时，朱棣就改变了主意，他召诸将来开会，说："所以羽翼阿鲁台为悖逆者，兀良哈之寇。今阿鲁台狼狈远遁，而兀良哈之寇尚在。当还师剪除之。"

意思是说，兀良哈是阿鲁台的羽翼，现在阿鲁台走了，兀良哈还在，我们去消灭掉他。

兀良哈是一个蒙古部落的名字，这个部落曾经跟随朱棣一起攻打朱允炆，立下了不少功劳。朱棣当上皇帝之后，就给了他们一块地盘。谁知道有了地盘的兀良哈人居然开始和阿鲁台相互勾结，与朱棣作对。

朱棣已经下定决心要攻打兀良哈，诸将自然也纷纷赞成，事情就这样决定了。

次日，明军精锐步骑两万人分五路一起向兀良哈的地盘进军。朱棣预计到兀良哈三卫得知大军突然来攻打他们，一定会往西走。于是他自己率领大军，往兀良哈以西的地方前进。

等朱棣走到屈烈儿河畔，正好遇到了兀良哈人的军队。朱棣立刻命人摆出阵势，向敌人发动进攻。

兀良哈人本来是要跑的，但是却被截住，只好无奈应战，所以根本就无心恋战，几个回合之后，便四散奔逃。

朱棣命令士兵追击，直到军粮用尽，才不得已下令班师。

九月，朱棣回到北京，群臣依旧是上表庆贺，但是朱棣却没有丝毫成就感，在他看来，这次出征根本就没有达成目标，虽然击败了兀良哈，但是没能找到阿鲁台的行踪，就不能算作是成功。

虽然没能达到预想的效果，但是庆功会还是要开的，毕竟将士们跟着自己在塞外苦寒之地风餐露宿，不表示表示怎么行？朱棣下令，将从征将士分为四等：有功无过者坐前列，食上肴；功过相等而先入关者坐次列，食中肴；功过俱无者坐下列，食下肴；无功有过者旁立。朱棣这样做，目的是要激励将士以后要努力争先，这证明他依然没有放弃继续北征的打算。

四出漠北

1423 年，朱棣发动了第四次北征。

这一年四月，阿鲁台在与瓦剌的战争中战败，他的手下中有一些人投降了明朝。为了表示对朱棣的忠诚，这些人撒了个谎——阿鲁台就要来攻打明朝了。

上次北征没能达成目的，朱棣一直耿耿于怀，他想要再次发动北征，但是害怕之前"群臣反对"的事情会重演，所以一直在克制。现在，他终于有了一个好借口，所以毫不犹豫地发动了第四次北征。

此次出征之前，朱棣说："今必以朕既得志，不复出，故敢萌妄念。朕当率兵先驻塞外以待之，虏不虞吾兵已出而轻肆妄动，我因其劳而击之，可以成功。"意思是，敌人一定想不到我们会现在去打他，所以肯定很猖狂，我这次出去，不会再深入漠北了，而是在边境以逸待劳，等待阿鲁台自投罗网。这是朱棣吸取了上次的教训之后，做出的一个战略部署。

朱棣这次北征，命令大学士杨荣掌管军中机务，一共动用了三十万大军，其中有归附的蒙古及女真军队，还有两万匹朝鲜战马。

1423 年八月，朱棣命朱高炽监国，率领大军从北京出发。在大军出发之前，宁阳侯陈懋已经带领骑兵先行出塞，去侦察阿鲁台的下落。

朱棣的大军走到土木堡时，朱棣检阅了将士们。望着军容整齐、戈甲鲜明的军队，他显得很高兴。当时天正下雨，朱棣左右内侍撤去帐盖，与士兵一起站在雨中。要知道，当时已经 60 多岁的朱棣正身患重病。

此时，鞑靼军队正秘密集结在漠北克鲁伦河一带，企图南下侵犯大同、宁夏。但朱棣对此一无所知，侦察兵报告来的消息也很不靠谱，一会儿说阿鲁台拥众饮马河北，一会儿又说阿鲁台将犯大同、宁夏。朱棣不敢妄下结论，只好命令各地官兵严加守御，尤其是宁夏和大同，周围散布的军民要及时迁入屯堡之中，自己则继续带兵前行。

来到沙城之后，朱棣在此地逗留了十多天，在此期间，他接见了朝鲜使臣崔云，同他谈起女真族与朝鲜边将冲突之事。

朱棣问："汝国可擒获彼人否？"

崔云回答："彼人见其不敌，逃遁于大山长谷，难以擒获。"

站在朱棣身边的杨荣对崔云说："汝言亦是。皇帝亲征，鞑子逃隐不见，彼亦如此。"

杨荣此言，更多的是在提醒朱棣——此次出征，可能会无功而返。

朱棣也很心急，带这么多人出来，耗费无数粮饷，若是不能有所建树，如何向天下臣民交代？但是此时已经是箭在弦上、不得不发，朱棣率兵经过宣府、沙岭等地，来到了万全，他命令宣府、隆庆、怀来、万全、怀安等将领在边疆险要的地方建筑屯堡，加强防御，如果鞑靼前来就进攻，依靠防御工事抵抗敌人，等待援兵。

在万全，朱棣利用空暇时间操练军队，演练了最新的战术。

正当朱棣磨刀霍霍之时，却传来消息：鞑靼的阵营瓦解了。原来，鞑靼知院阿失贴木儿、古纳台等率部属妻子向沙城一带的明军投降，他们告诉明军，阿鲁台不久之前与瓦剌作战失败，损失惨重，所以当阿鲁台听说明军在边塞集结的时候，取消了进攻明朝的计划，带着军队逃到了北面。

敌人跑了，事情更不好办了。为了赶紧找到阿鲁台，朱棣命令武安侯郑享、安平伯李安、武安侯徐亨、新宁伯谭忠、遂安侯陈英等将领四处搜寻。

进退维谷间，朱棣派出去的先锋宁阳侯陈懋给他送来一个出乎意料的好消息：鞑靼王子也先土干率部前来归附。

也先土干是个大人物，《明宣宗实录》说也先土干是元太保不花六世孙，也先一家是元朝望族。元朝灭亡之后，也先土干自立门户，是蒙古草原上的一股重要势力。《明太宗实录》说他"在虏中以黠桀自豪"。也先土干一直与阿鲁台不和，但是又打不过阿鲁台，所以只好退踞漠北，过着迁徙无常的艰辛生活。他的外甥把台劝说他投降明朝，他也同意了。先锋陈懋率领军队在漠北搜寻阿鲁台时，得知鞑靼在饮马河北被瓦剌打败，于是便率部追击，追至宿嵬山口，没有找到敌人，却遇到前来投降的也先土干，他赶紧向朱棣报告了这个好消息。

也先土干的来降，足以使朱棣摆脱眼前的困境了——即使找不到阿鲁台，也算是有所收获。朱棣马上给也先土干写了一封信，信中说："尔智识卓越，灼知天命，亲率部属来归，可谓超群出类者矣。朕览奏，良用嘉悦。尔以诚心归朕，朕以诚心待尔。君臣相与，同享太平之福于悠久。"

同时，朱棣也给陈懋写信说："也先土干顺天道来归，诚心可知，宜厚意抚绥，其家及其部属、其资财孳畜，一毫勿有侵损，庶不孤远人来归之心。"由此可见，朱棣对这件确实非常重视。

也先土干投降之后，朱棣心情非常好，每次将士们射猎，他都会亲自去观看，他对身边的人说："朕岂以畋猎为乐？顾见将士驰骤健捷，皆适于用，有可乐者耳。"

十月下旬，也先土干与陈懋来觐见朱棣。朱棣亲加抚慰，封也先土干为忠勇王，赐姓名为金忠。也先土干则对朱棣说："诚悃久，顾来归，但为阿鲁台等牵絷。今幸见陛下，是天赐臣再生之日也。"

朱棣则回答说："华夷本一家。朕奉天命为天子，天之所覆，地之所载，皆朕赤子，岂有彼此。天道恒与善，人为君，体天而行。故为善者，必赐之以福。尔今顺天道而来，君臣相与，共享富贵，勿忧。"

朱棣此言，意在安抚也先土干，消除他的戒心。

或许是因为心情大好，朱棣在接待也先土干的宴会上喝大了，开始批评起他一直以来非常尊敬的唐太宗："昔唐突厥颉利入朝，太宗言胡越一家，有矜大自得之意，朕所不取。惟天下之人，皆遂其生，边境无虞，甲兵不用，斯朕志也。"朱棣此时的志得意满，可见一斑。

第二天，朱棣下令班师，与金忠并马偕行。一路上，朱棣向金忠询问了许多鞑靼、瓦剌内部之事。

十一月初四，朱棣回到了居庸关。文武群臣、外国使者前来迎驾，而当地的老百姓则夹跪路旁，齐呼"万岁"。金忠被这种场面所震慑，连连称奇。

事实上，朱棣连续北征，虽然在一定程度上安定了北方疆界，但是却也耗费了无数钱粮。朱棣带着兵马四处耀武扬威，自然是威风无限。但是朝廷里那些负责后勤补给的官员们，却是焦头烂额。国家财政当时已经是入不敷出、疲惫不堪。有人给朱棣上书，希望他"毋以征讨夷狄为意，毋以忿忿不平为念。弃沙漠不毛之地，悯华夏礼义之民。俾妇不孀，老不独，尽力于田蚕，贡赋于上国。边塞无伤痍之苦，闾里绝呻吟之声"。

永乐北征，第一、二两次用兵都达到了 50 万，第四次是 30 万，其他两次少一点，但也在 10 万以上。长期供给这样一支庞大的军队，几乎需要倾全国之力。就拿朱棣第二次北征为例，为了给军队供军饷，天下府库，搜索殆遍，"查勘两京及天下库府藏递年出纳之数"，"点勘南京并直隶卫府州系食粮递年出纳之数"。

朱棣命令山西、山东、河南三布政司，直隶、应天、镇江、庐州、淮安、顺天、保定、顺德、广平、真定、大名、永平、河间十三府，滁、和、徐三州有司造车，丁壮挽运。共用驴 34 万头，车 117573 辆，挽车民丁 235146 人，运粮凡 37 万石。明永乐二十一年北征，命河南、山东、山西民丁随军供馈饷，"郡邑各遣官率之，惮行者往往为规避计"。由于道路险远，地冻天寒，不少民夫在运粮过程中冻伤手足或患疾病而死。

民间对朱棣穷兵黩武的表现也滋生了不满。明朝政府从朱元璋时代都是奖励生育的，对"一产三男"的家庭，政府会给予一定的补助。但到了朱棣的时候，男人大多数都会被拉去当兵，所以老百姓不希望自己生孩子。《明太宗实录》上说："京师愚民有厌多男子，生则弃之不育者。"当时还有不少边塞诗反映民间的厌战情绪："曾逐嫖姚出汉关，故乡宁负老来还！到家莫恨无金印，数亩青山梦亦闲。""无家亦归去，胜作异乡尘。""多少还家梦，中原有弟兄。"

在朱元璋时代，明朝军队的规模大约是 150~170 万人。这个军队规模已经不算小了，有人曾经上书朱元璋说"赋敛之难平"，"储蓄之"。而到了朱棣时期，这一数字居然达到了 310 万人之多。当时明朝全国的人口有多少呢？

不超过 9000 万！也就是说，每 30 个人中间，就有一个是士兵。

士兵们要吃饭、要工资，但是他们却无法投入生产，所以等于是全国的人在养着一支如此庞大的军队，这对于老百姓来讲，是一种很大的负担。

怀柔西南

阿鲁台逃到了漠北，也先土干投降了，瓦剌人也和明朝保持着相对较好的关系，北方的威胁已经降至最低。此时，朱棣开始将目光投向南方。

中国古代的统治者有一个普遍的思想——"定天下于一"，意思是只有统一了整个中国的君王，才可以算得上是优秀的君王。

西周初年实行分封制，产生了很多诸侯国。春秋战国时，周室衰微，诸侯四起，各自为国。但由于有大一统思想的存在，所以每个诸侯国的君王都不愿意偏安自守，都想成为全国的统治者。即便是缺乏实力，他们也认为自己的国家是中国的一部分。这种思想为中国带来了长期的统一局面，虽然历经分裂，但是由于人们都有统一的愿意，所以最终也会强大势力兼并弱小势力，形成统一局面。欧洲的面积与中国差不多，但是直到现在还未形成统一国家，虽然历史上也有欧洲的强势君王试图统一欧洲，但是都没有成功，根本原因就在于他们缺乏大一统的思想。

朱元璋还未建立明朝，就曾经与群臣讲究如何"定天下于一"这个问题。他曾问许存仁等人："孟子言，五百年必有王者兴……吾方有事海内，凭赖英贤辅翼成功。天下纷纷，未定于一者，何也?"

许存仁则回答说："稽之于历，自宋太祖至今，当五百年之数，定天下于一，斯其时矣!"

在打败张士诚之前，李善长劝朱元璋当皇帝，朱元璋说"功未覆于天下，德未孚于人心，一统之势未成，四方之涂尚梗"，加以拒绝。由此可见，在朱元璋心中，如果不能统一全国，当皇帝没有意义。

到了朱棣这里，多次统兵亲征漠北，一心想"控四夷制天下"（《明太宗实录》），完成统一全国的大业。现在漠北基本平定，出于大一统的思想，他又开始想着平定南方。所谓的南方，指的是今天的贵州、云南等少数民族聚居区。

1410年贵州地区爆发了一场动乱，原因是贵州地区的最高长官宣慰使田宗鼎与宣慰副使黄禧不和，常年相互诋毁。朱棣为了缓和矛盾，就把黄禧派到辰州做知府，将两个人分开来。

这两个人虽然分开了，但仇怨仍未平息，不久之后，田宗鼎与思州宣慰使田琛为争朱砂矿井发生冲突，黄禧便联合田琛，与田宗鼎大举厮杀。

田琛自称天王，黄禧为大将，率兵与田宗鼎大战。田宗鼎战败，弟弟被杀，祖坟被毁。愤怒之下，他将这件事情上报朝廷，让朱棣从中调停。

要是一般的将领之间相互征战，朱棣早就派兵镇压了，但是田宗鼎等人都是镇守少数民族的官员，从性质上来看，属于"土皇帝"，如果打这些人，就是攻打当地的少数民族，会形成民族冲突。所以朱棣只好一面命人前往诏谕，同时命镇远侯顾成率兵五万前往贵州，给双方施加压力。然后，朱棣又密令顾成悄悄潜入贵州，将田宗鼎、田琛、黄禧秘密逮捕。二田等人被捕后，当地人竟然全然不知道。

田琛、黄禧被逮入京后，都承认了错误，表示要对朱棣尽忠。

田宗鼎的祖坟被刨了，弟弟也让人杀死了，自然不肯善罢甘休。朱棣知道他回去之后一定会接着兴兵致乱，所以就将他扣留在京师。不久，田宗鼎又与其祖母互讦，称其祖母与黄禧有奸，祖母也讦他"缢杀亲母，凌乱人伦"等事，要求朝廷治罪。朱棣便以灭伦罪为由，将田宗鼎杀掉，并没收家产。

为了彻底解决南方的问题，朱棣决定在贵州全面实行改土归流。

所谓改土归流，就是指改土司制为流官制。土司，就是那些少数民族的首领，田宗鼎、田琛、黄禧三人，就是土司。

和蒙古的首领一样，他们虽然属于明朝的臣属，但是实际上各自为政，自成一国。这种国中之国的情况，导致了土司和朝廷之间的矛盾非常严重——归顺与反叛、操控与反制、一统与分裂的明争暗斗从来没有停止过。

为了控制这些土司，朱棣决定派官员去领导他们，这些官员就是所谓的"流官"。但实际上，在很长一段时间，这些流官无法操控当地的土司，所谓的"思州宣慰使"等官职名，不过是朝廷给他们的一个名号。

这些手握兵权的土皇帝们，在天高皇帝远的边陲地区各自为霸。由于南方多山林，朝廷如果攻打他们的话，这些人就会跑到山里去，朝廷的兵走了就又出来了，所以朱棣不愿意轻易动兵。现在，朱棣决定实行全面的改土归流，从根本上讲，就是要将这些土司们控制在中央手下，增加"流官"的权威，为了达成这个目的，不动兵是不行了。

话说贵州一带，田琛被逮送京师后，他的妻子冉氏带领着寨苗族首领普亮等人发动叛乱，这是在给朝廷施加压力，希望朱棣能赶快把田琛放回去。朱棣不吃她这一套，反而将田琛革职斩首。

而且，他也因此下定决心对土司们动兵，他命令顾成与都督梁福等率湖广、贵州二都司及武昌三护卫官军三万人前往思州镇压。

一个月过去了，朱棣没有得到顾成等人的消息，所以非常着急。他写信给顾成说，若是兵力不足，可以再调贵州军队一万人，并且要求在当年冬天必须解决问题。

在朱棣的催促下，顾成与贵州布政司参议江英开始围剿变乱的军队。1414 年年初，顾成给朱棣献上了普亮的首级，贵州就此平定了。

朱棣用武力压服了变乱者，给土司们造成了一定的威慑，改土归流建立起来的贵州布政使司开始有了一定的权威。

虽然武力可以暂时征服边疆的祸乱，但是毕竟不是长久之计。为了维持边疆的长期稳定，朱棣出台了一系列边疆政策。

第一个政策是"怀恩政策"，意思就是用实际的好处，来获得边疆地区势力的归附。主要包括施行恩赐、互市、发展社会经济和文化教育等政策。

凡是边疆少数民族地区的僧俗诸王、羁縻卫所长官和土司头目，只要愿意纳贡称臣，朱棣都会根据"厚往薄来"的原则，给他们更多的好处。他们给明朝送一百匹战马，明朝就会回赠给他们价值元朝一百匹战马的礼物。这就是所谓的"赍予之物宜厚，以示朝廷怀柔之意"。朱棣曾经对身边的人说："盖远人慕义而来，当厚加纳抚，庶见朝廷怀柔之意"。

鉴于边疆地区的人民生产方式比较落后，"民未熟化"，朱棣还提出了一条安抚的原则——"严明以驭吏，宽裕以待民"意思就是严加约束守边将领或官员，减轻人民的负担。边疆地区的赋役一般都很轻，遇到灾害的话，还会免除赋税。朱棣说："蛮俗素与中国异，岂可拘其徭役？能善抚之，久则自然服从。"

朱棣在边疆地区只派将领，不建立行政机构，就是害怕增加百姓的负担。而且，那些将领、军队的粮饷，都是朝廷给出。

朱棣的第二个政策是"以夷治夷"、"以夷制夷"。

这种政策不是朱棣发明的，由来已久，朱棣则把这种策略广泛地运用到边疆各地，他给很多边疆地区的首领赐予封号，让他们治理本地或本部。

在给这些首领封官的时候，朱棣利用他们之间的矛盾，区别对待，让他们相互牵制。

第三个政策是"因俗而治"。

所谓的"因俗而治"，就是保留边疆人们原有的政治制度、生产和生活方式、风俗习惯。这对于安抚边疆百姓，也起到了很关键的作用。

对边疆少数民族地区，朱棣针对各民族政治、经济发展不平衡的情况，分别采取不同的管理制度。

朱棣一系列政策的出台，对边疆的稳定产生了积极的影响。边疆的战乱，因此缓和下来。

第十二章 ／ 外交诸国

朱棣的外交政策

平定了北方、南方，朱棣的帝国进入了一个较为和平的阶段。

作为一个试图开创"太平盛世"的皇帝，朱棣在国内安定下来之后，开始追求唐太宗时期那种"万国来朝"的盛世景象。

朱棣即位之初，只有真腊、暹罗、琉球和朝鲜等少数国家来贡。之所以会造成这种现象，还要从朱元璋说起。

朱元璋刚刚即位时，曾经也给周边国家下诏书，表明自己是新朝天子，元朝已经过去，现在是明朝在统治中国，要他们前来朝贡。当时，曾经有十几个国家和地区派遣使者来觐见朱元璋。

1371年，朱元璋对大臣说："海外蛮夷之国，有为患于中国者不可不讨，不为中国患者，不可辄自兴兵。古人有言：地广非久安之计，民劳乃易乱之源……得其地不足以供给，得其民不足以使令，徒慕虚名，自弊中土，载诸史册，为后世讥。朕以海外诸蛮夷小国，阻山越海，僻在一隅，彼不为中国患者，朕决不伐之。吾恐后世子孙倚中国富强，贪一时战功，无故兴兵，杀伤人命，切记不可。"意思是说，海外的那些国家，如果对中国造成了威胁，就要征讨。如果没有威胁，就不要轻易动兵。后代子孙千万不要倚仗国力强大，妄动兵戈。

朱元璋还定了几个"不讨之国"，其中有朝鲜、日本、琉球、安南、真腊、暹罗、占城、苏门答剌、爪哇、湓亨、白花、三佛齐、渤泥等。规定后代不许对这几个国家用兵。

由于当年被朱元璋打败的军阀中，有人逃亡到东南海上，继续与明廷为敌。朱元璋担心"海疆不靖"，便实施海禁。主要禁止私人之间的海外贸易，中国的商人不许擅自出海。朱元璋曾经说："余以海道可通外邦，故常禁其往来。"

朱棣刚当上皇帝的时候，也实施海禁政策，他曾经下诏说：

沿海军民人等，近年以来，往往私自下番，交通外国，今后不许。所司以遵洪武事例禁治。

朱棣之所以沿袭了朱元璋的海禁政策，其实还是因为他当年是打着"恢复祖制"的旗号起兵，所以不得不这么做。但是从他个人的意愿来讲，他并不认为这一政策是对的。

由于朱棣"言不由衷"，所以海禁政策一直没有得到很好地执行。朱元璋在位时，有关海禁的诏令几乎每年都要重申一遍，还时不时地派官员去巡视海防。而朱棣则只在刚刚即位的时候宣布过"遵洪武事例禁治"，从此之后便再没有提过。

为了实现万国来朝的盛世景象，朱棣还对外国使者特别优待。即位之后，他对吏部的官员说："诸番国遣使来朝，一皆遇之以诚，其以土物来市易者，悉听其便。或有不知避忌而误干宪条，皆宽宥之，以怀远人。"

朱元璋的时候，废除了市舶司这个部门。这个部门专门管理海上对外贸易，相当于现在的海关。朱棣则重新设置了这个部门。他还亲自设定了市舶司官员的等级：每司置提举一员，从五品；副提举二员，从六品；吏目一员，从九品。

朱棣开放海关，不是为了增加贸易，那些"私通外夷"的商人，依然会受到他的打压；朱棣的主要目的还是让外国使臣能很顺利地来觐见自己，他要求礼部官吏们对来朝的外国人不许阻挡，"自今诸番国人愿入中国者听"。

明朝的接待外国使者程序是，乘船来中国的外国使者先到市舶司，市舶司官员会安排住宿、饮食，并派人陪同使者前往北京。沿途地方官员则要负责运送贡品。

中亚各国的使者一般都是走陆路来中国，他们由哈密卫派人护送到北京，贡品也是由地方官来负责运送。

给朱棣献上贡品的使者，朱棣都会给他们非常多的赏赐。使者也可以从自己的国家带一些特产来中国出售，这也是被允许的。由于出使中国有利可图，所以有很多海外商人冒充使者，来骗取财物。

为这些真假使者运送贡物使得沿途的百姓大为劳累。《明史》上就说：

永乐时，成祖欲远方万国无不臣服，故西域之使岁岁不绝。诸蕃贪中国财帛，且利市易，络绎道途。商人率伪称贡使，多携马、驼、玉石，声言进献。既入关，则一切舟车水陆、晨昏饮馔之费，悉取之有司。邮传困供亿，军民疲转输。比西归，辄缘道迟留，多市货物。东西数千里间，骚然繁费，公私上下罔不怨咨。廷臣莫为言，廷臣亦莫之恤也。

西域有个使者也曾经说：

西域使客，多是贾胡，假进贡之名，藉有司之力以营其私，其中又有贫无依者，往往投为从人，或贷他人马来贡，即名贡使，得给驿传。所贡之物，劳人运至，自甘肃抵京师，每驿所给酒食刍豆之费不少。比至京师又给赏及予物直，其获利数倍。以此，胡人慕利，往来道路，贡无虚月。缘途军民递送，一里不下三四十人，俟候于官，累月经时，妨废农务，莫斯为甚。比其使回，悉以所得贸易货物以归。缘途有司，出车载运，多者至百余辆。男丁不足役及女。归所至之处，势如风火。叱辱驿官，鞭挞民夫。官民以为朝廷方招怀远人，无敢与较。其为骚扰，不可胜言。

在很多方面，朱棣对周边国家显得过分优待。为了表明"天朝上邦，地大物博"的优越性，他不惜花费大量的金钱来制造这种氛围。有一次，他派往爪哇的使臣入市交易时，被当地人误杀，爪哇国王知道后非常害怕，便赶紧给朱棣进献了一万两黄金。礼部大臣认为这个数目太小，要拘留爪哇国使者问罪，朱棣却说："朕于远人，欲其畏罪而已，宁利其金耶？"连钱也没要，这件事情就算了结了。

虽然朱棣在对待外国使者这件事情上，体现了好大喜功的一面，但是他的这种政策确实促进了中国的海运事业。

通商政策

蒙古人被朱棣赶到了大漠深处，处于完全孤立的状态中，与明朝以及其他国家地区的贸易几乎完全停顿了。

蒙古人是游牧民族，善于打猎牧羊，疏于制造商品。当年入主中原之后，他们对粮食、纺织品和铁器等金属制品产生了需要。入主中原之前，蒙古人吃穿都从牛羊身上来，但是一百年之后，他们"食兼黍谷"，"衣杂缣布"。生活习惯开始和中原人类似。现在虽然离开了中原，这种需求依然存在，可是他们自己却不会制造。原来还能时不时地到中原地区去抢一些，现在朱棣这么强势，抢是不敢抢了，只好去买。

明朝政府一边，自然知道蒙古人迫切地想要和中原展开贸易，所以便以此为"武器"，用来打击或拉拢蒙古人。

朱元璋对于边地的贸易有着非常严格的规定。马文升就曾经说过："我太祖高皇帝平定天下，抚治四夷，示之以威，怀之以德，彼皆顺服，岁时进贡。其所食茶、铁锅、铜器、罗缎等物，奏奉明文方才给予，及许令各该番人四时前来各边交易买卖，委官管领。当时法度严明。"

当时，明朝政府不允许民间私自贸易，任何贸易活动必须经过政府的许可。之所以这样做，一是为了严格控制战略物资如盐铁、粮食的出口，二是为了减少因贸易引起的纠纷。如此一来，蒙古人所需的物资都在朝廷的掌握之中，可以以此来要挟蒙古人。

朱棣即位之后，为显示自己的宽容，对北部边疆各族的贸易稍微放宽了一些。朱棣曾经对蒙古使者说："朕今继承天位，天下一家，溥海内外，俱效职贡。近边将言尔诸部酋长，咸有归向之诚，朕用嘉之。特令百户裴牙失里赉敕谕尔，其各居边境，永安生业。商买贸易，一从所便。欲来朝贡者，与使臣偕至。"

朱棣大开与蒙古的贸易之门，其实还有另外一个原因，就是由于多年的战争，导致国内战马损失严重，朱棣即位之后，全国仅有马23700余匹，急需购买大量的战马作为补充。而蒙古正是产马的地方，所以朱棣也希望可以从蒙古人那里买到更多的马匹。

当时边区的战马交易非常频繁，明朝政府规定，马匹交易的地点可以随便选择，但是价格需由政府来定，史书上有这样的记载：

陕西行都司奏，回回可古思于宁夏市马，请官市之，以资边用。上从之。命有司偿其直。上马：每匹给绢四匹、布六匹；中马：绢三匹、布五匹；下马：绢二匹、布四匹；驹：绢一匹、布三匹。军民私市者禁之。

另外，还有大量与蒙古的贸易是以朝贡的形式出现。

这种贸易形势不涉及金钱，而主要取决于外交往来。蒙古和其他国家的使节或商人，给明朝政府贡献马匹，当然明朝政府也不会亏待他们，会赏赐给他们丰厚的奖赏，作为报酬。到最后，这种赏赐开始变得非常量化，马和一些土特产都有定价，你给我敬献多少马匹，我就给你多少赏赐。这就变成了各族首领或商人与明廷之间的一种生意。史书上记载："永乐元年十一月丙子，兀良哈头目哈儿歹遣其部属脱忽思等二百三十人来朝贡马。命礼部赐钞币袭衣，并赏其马值。上马每匹钞五十锭，中马四十五锭，下马三十锭。

每匹仍与彩币表里一"。

朱棣是个非常大方的人，他曾经说"怀柔远人，宁厚无薄"。意思是说，宁可给多了，也不能给少了。

除了蒙古之外，东北和西域也有人通过这种方式与明朝政府做生意。东北地区主要给明朝政府提供的是当地的土特产，史书记载"辽边西壁近虏，境外多物产，如貂皮、人参、材木、鱼鲜之类"。

在朱元璋时代，对东北的贸易也管理得非常严格，"凡公差人员，不许捎带松榛等物进口渡海，违者一二斤、三五两俱分尸，号令所过，官司纵容，一体治罪"。

西北方面，朱棣刚当上皇帝之后，就与当地人建立了通贡关系。朱棣曾经说："西北番国及诸部落之人，有来互市者，多则遣十余人，少则二三人入朝，朕亲抚谕之，使其归国宣布恩命。"这番话足可以证明，除了通过贸易各取所需之外，朱棣确实在刻意地通过贸易来拉拢边区各民族。

与今日之西藏、中西亚一代的茶马贸易，是明朝与少数民族贸易中非常重要的一部分。河州是茶马古道上的重要关口，控制了这里，就能够让通往西域的道路畅通无阻。解缙曾经对朱棣说：

(河州) 善马之出，布于天下。先是，民商夷虏利相售易，或相杀害。而中国之货马贵。中国之货以筴茗为上……先，太祖高皇帝因其利而利之也，置茶马司河州，岁运巴陕之茶于司。官茶民得以马易之。夷人亦知有法禁忌畏，杀害之风帖息，而茶之缪恶亦少。数年之间，河州之马如鸡豚之畜，而夷人亦往来慕知识效信义，有仕为臣者，不但茶马之供而已。

今天，我们认为茶叶是最普通的日用品，但是在古代，茶叶可是一种战略性的物资。所以朝廷对茶叶贸易的管制非常严格。朱元璋时代，驸马欧阳伦私自贩茶，竟然被赐死。朱元璋说："巡禁私茶之出境者，朕岂为利哉！制驭夷狄不得不然也。"意思是说，我严格管控茶叶，不是为了获利，是因为想要驾驭周围各族，不得已而为之。

在茶叶的问题上，朱棣与朱元璋保持了一致，坚决禁止私自贩运茶叶，当然，禁令中也包括兵器、粮食等其他战略性物资。这都是为了国家的安全，而采取的必要手段。

通好西域

明朝自从朱元璋时代就开始与西域的帖木儿帝国有往来，帖木儿表示愿意对明称臣纳贡，还曾经给明太祖朱元璋写过书信。但是后来，两国关系发生了变故，明朝派去的使臣傅安等人被扣留，此后失踪。于是朱元璋派陈德文等人去寻找傅安，结果陈德文也被扣留。不久朱棣起兵夺位，明朝国内陷入内乱，也就顾不上追究帖木儿的事情了。

帖木儿帝国的国王叫作"跛子帖木儿"，此人野心勃勃，是蒙古贵族的后裔，占据着今日中亚的大片土地。

13世纪时，中亚最为强大的国家是花剌子模。这个帝国领土广阔，今日之伊朗、乌兹别克斯坦、土库曼斯坦、塔吉克斯坦、阿富汗、哈萨克斯坦、吉尔吉斯斯坦、伊拉克东部及以色列等地皆在它的统治之下。

花剌子模人将他们的首领称为"花剌子模沙"，而当时的花剌子模沙，名字叫作阿拉·阿德丁·摩诃末。他是一位很有权势的君主，是阿拉伯世界的王者。

后来成吉思汗征服了花刺子模，他的后代在此建立了一个新的国家。跛子帖木儿正是成吉思汗的后裔。

跛子帖木儿拥有了当时中亚最强大的帝国，在朱棣"造反"之时，他曾经率军侵入小亚细亚地区；朱棣攻入南京夺取皇位之时，他又战胜了奥斯曼帝国的数十万大军，并俘获了苏丹巴耶塞特一世。

接连的胜利，让跛子帖木儿不甘心臣服于明朝，甚至还有用武力征服中国的想法。对于万里之外发生的这些事情，刚刚从国内战争中胜出的朱棣是一无所知。

正当跛子帖木儿意欲率兵东进之时，突然生病，死掉了，战争计划也就此搁置。跛子帖木儿的儿子死得早，所以他死后，他的孙子哈里当上了国王。

哈里不愿意与明朝打仗，于是便派人把傅安等人送回了明朝，顺便还贡献了不少贡品，试图以此恢复和平邦交关系。朱棣盛情款待了哈里的使者。

傅安等人在被扣留 13 年之后，终于回到祖国。他离开中国时正是壮年，回国时已是须眉尽白，在异国他乡，他不畏威逼利诱，拒绝投降，维护了大明帝国的尊严。他率领的使团总共有 1500 人，但是到最后只剩下 17 人回到了中国。

不久之后，朱棣得知哈里与叔父沙哈鲁不和，几乎爆发了一场战争，于是便派遣都指挥白阿儿忻台带着自己的谕令去劝和。

白阿儿忻台到了帖木儿帝国时，沙哈鲁已将哈里废掉，自己当上了国王。控制了局面的沙哈鲁接见了明朝的使臣们。

按照中亚礼仪，白阿儿忻台同帖木儿帝国的大臣们一样去吻沙哈鲁国王的手，这在当地被臣民们视为殊恩的大礼。

1416 年，朱棣派出使臣，向沙哈鲁国王提出两国永远交好的建议，并准许民间互相贸易。作为一个游牧国家，帖木儿帝国能与明朝通商，对他们而言是非常有利的，所以朱棣这样做，就是为了拉拢帖木儿帝国。

朱棣派出的使臣带去了很多珍贵的礼品，其中有一幅白马图，画的是沙哈鲁当年朝贡给朱棣的那匹马。沙哈鲁看到这幅画之后，意识到明朝对他非常重视，很高兴，便多次设宴招待使臣。他还给朱棣写了一封书信，书信中大谈"朋友之谊"。朱棣的使团回国时，沙哈鲁也派出了使团前往中国觐见朱棣。

1420 年十一月十一日傍晚，帖木儿帝国使团经过一年多的长途跋涉，来到了北京。

当时朱棣还没有正式迁都北京，北京的宫殿也没有全部竣工，但是宏伟的皇宫规模和庄严的仪式，已经足以让这些外国来使感到震惊：高大宽敞的宫殿门外，数千的臣民、军士静静地站着，等待着皇帝的出现。使者们回国之后曾经把当时的场景记载下来："各人手持木板一块，长一骨尺，宽二寸半。各人眼皆注视木板。后方有军队，枪兵、骑兵及执刀者，难以数计，万众之中，寂然无声，以于皆若死者也。"皇帝无上的威严，都体现在了这个仪式中。

朱棣从后宫出来之后，登上宝座。他身后站着两名少年宫女。使臣们这时才终于看到了中国皇帝的长相，他们记载说："中等身材，面不过大，亦不甚小。有胡须，约二三百茎，分三四卷，长达于胸。"

朱棣坐下后，并没有首先接见使者，而是处理了一批囚犯，这或许也是在展示皇帝的权威。

处理完囚犯之后，朱棣接见了帖木儿帝国的使者们。使臣们按照吏部事先的安排，向朱棣叩头，但是他们的头却没有像中国大臣那样碰到地面。对于这些细节，朱棣也没有在意。

看过使者们献上的国书之后，朱棣简单地询问了一些路途上的事情，他知道这些使者不远万里而来，都非常累了，便派人引去休息。

第二天早上，使者们再次入宫，朱棣大摆筵席招待他们。在皇帝面前，使臣们都显得过于约束，所以气氛并不十分热烈。

1420年的除夕，朱棣正式迁都北京，那些帖木儿的使臣们看到了一个繁华的北京——民户店铺都点燃了灯火，满城生辉，如同白昼。接着，他们又被邀请同大臣们一起入宫朝贺，宴会直至次日中午始散。

这些使者们在北京一直住到1421年四月。期间他们游览了北京的很多地方，大开眼界。

清明过后，朱棣从北方狩猎回宫，突然命人通知使者们准备接见。使者们赶回驿馆时，发现平日接待他们的官员面露难色。使者们问官员发生了什么事情，官员告诉他们：朱棣此次出猎，所乘的马就是沙哈鲁进献的马匹，结果这匹马在行猎过程中跌倒，把朱棣摔伤了。朱棣非常生气，便下令将帖木儿的使者们关起来，还准备把他们流放到辽东充军。这意外的祸事让使者们不知所措。

第二天早上，使者们不安地前往朱棣的行宫，等待接见。而朱棣此时正与群臣商讨处罚使臣的方案。大部分大臣都建议赦免使臣，他们认为，如果处罚了这些使者，将不利于"怀柔远人"。

朱棣当初跌落下马，恼羞成怒，所以才决定要加罪于使者们。事情过后，他也知道这样做没有必要，群臣的劝说给了他一个台阶，于是他最终决定不再追究。

朱棣启程回宫时，已经换了一批马，他身上穿着一件镶金的红袍，长长的胡须放在胸前小缎袋中。朱棣身后有七顶小轿、一顶大轿，左右两边是衣甲鲜明的骑兵。

进入北京城之后，朱棣骑马走在由护卫骑士们列成的通道之中，显得非常威严，但是他的脸上已经变得很平和了。

使者们被通知叩跪进见。这一次他们都像明朝的官员那样，重重地叩头。朱棣很高兴，让这些人上马同行，并在此提起了马匹的事情，朱棣说："既欲两国连好，择马或他贵物而献于帝王，须择最佳者。昨日朕乘尔等所献之马，不意马已过老，竟将朕颠仆于地，朕手受伤，变青黑色，敷金甚多，痛始稍减也。"由此看来，朱棣摔得着实不轻，难怪他生气。

使者解释说："此马乃昔日大爱迷儿之马。大爱迷儿者，爱迷儿帖木儿古儿汗也。沙哈鲁王献陛下以此马，欲表示其最敬之意也。王谓贵国必以此马为马中之宝也。"意思是说，这匹马当初是一个沙哈鲁父亲的爱马，是一批好马，所以才敢敬献给朱棣。

朱棣听了这话，非常高兴，脸上有了笑意。

纵观整个朱棣时代，明朝始终与帖木儿帝国保持着相对较好的关系。这对于中国西北地区的和平而言，有着重要的意义。

第十三章 ／ 大航海

打击倭寇

朱棣曾经派出了许多使者出使外国。马彬负责出使爪哇、苏门答剌、西洋琐里等国，李兴负责出使暹罗，尹庆负责出使满剌加、柯枝。赵居任、杨洪和僧人道成等人则出使前往日本。

明朝的使者还没有出发，日本的使者就来了。这一消息恰巧是与"日本使臣私携武器与民间贸易"的报告同时送到了朱棣那里。

当时的礼部尚书李至对朱棣说："故事，番使入中国，不得私携兵器鬻民。宜敕所司其舶，诸违禁者，悉籍送京师。"意思是说，根据规定，外国使者来中国，不得携带兵器，应该把这些日本人都抓起来。

朱棣却说："外夷修贡，履险蹈危，所费实多。有所赍以助资斧，亦人情，岂可概拘以禁令？至其兵器，亦准时直市之，毋阻向化。"意思是，外国来给咱们送礼物，花了不少钱，也算个人情。日本人什么都没有，就是刀还不错，只好拿点兵器来卖，挣点钱，不用管它。

数日之后，又有人对朱棣说"琐里"国来朝贡方物时，带了不少胡椒来卖，应该对他们收税。朱棣也没有批准，他说："商税者，国家以抑逐末之民，岂以为利？今夷人慕义远来，乃欲侵其利，所得几何？而亏辱大体万万矣。"

朱棣还曾经对手下人说："帝王居中，抚驭万国，当如天地之大，无不覆载。远人来归者，悉抚绥之，俾各遂所欲。近西洋回回哈只等，在暹罗间，朝使至即随来朝。远夷知尊中国，亦可嘉也。"意思是，我在中央之国，控制着周围的国家。就应该好像天地一样宽广，能够包容一切。让那些外国人来中国看看，对咱们很尊敬，值得表扬。

为了能够听懂各国使者的语言，朱棣还专门设置了四夷馆，专门负责教授读书人学习外语，然后给朱棣当翻译。

朱棣时期，与朝廷建交的国家有一百多个，"诸番使臣充斥于廷"。

在与明朝交往的各国中，朝鲜使臣来中国的次数最多。朱棣夺位后，东北地区还有朱允炆的势力，他担心朝鲜仍忠于朱允炆，便立刻派使者以即位诏谕朝鲜，目的是孤立在辽东的建文势力。

1407 年，朝鲜国王李远芳命令自己的儿子带着一个庞大的使团前往南京。朱棣知道之后，非常高兴，派遣锦衣卫去迎接使团。后来又命令礼部尚书郑赐、宦官黄俨去慰劳。

朝鲜使团来到南京之后，在会同馆住宿，礼部侍郎赵又奉朱棣之命入馆拜望。

接见使团时，朱棣很喜欢天真的朝鲜国王子，他一改往日的威严，让王子走近自己，与之交谈。

1406 年，朱棣又派侍郎俞士吉出使日本，封日本的富士山为"寿安镇国之山"。朱棣还亲自为封山撰写了碑文：

日本有国钜海东，舟航密迩华夏通。

衣冠礼乐昭华风，服御绮绣考鼓钟。

食有鼎俎居有宫，语言文字皆顺从。

善俗殊异羁与戎，万年景运当时雍。

皇考在天灵感通，监观海宇罔不恭。

尔源道义能迪功，远岛微寇敢鞠凶。

鼠窃蝇嘬潜其踪，尔奉朕命搜捕穷。

如雷如电飞蒙冲，绝港余孽以火攻。

焦流水上横复纵，什什伍伍擒奸凶。

荷校屈肘卫以从，献虏来庭口喁喁。

彤庭左右夸精忠，顾咨太史畴勋庸。

有国镇山宜锡封，惟尔善与山增崇。

宠以铭诗贞石盘，万世照耀扶桑红。

日本国王非常感激朱棣的青睐，便将侵犯明朝疆界的倭寇抓来献给了朱棣。

1408 年，日本国王源道义死了。他的儿子源义持来明朝"报丧"，朱棣派官员前去日本吊丧，并赐谥"恭献"，让源义持继承他的王位。

由此可见，当时的日本，可以算作是明朝的属国，国王的废立都要经过明朝政府的同意。

虽然日本政府臣服于明朝，但是日本的倭寇却一直在侵扰着明朝的海防。据说，朱棣打败朱允炆之后，朱允炆时南方的残余势力开始与日本的海贼合作，以日本一些岛屿为基地，在中国和朝鲜沿海进行报复性侵扰。而日本沿海地区一些失意的封建主，也纠集武夫、浪人、海盗、走私商人，携带武器，成百上千地到我国沿海各地进行骚扰，杀人放火，抢劫财物，无恶不作。据史书记载："洪武二十年十月，（倭寇）竟侵犯辽东，进犯金州"；"洪武二十六年，倭寇（进犯）金州"；"二十七年，倭寇（进犯）金州"；"二十八年四月，倭寇（进犯）金州"。

源义持当上日本国王之后，开始大力清剿这些倭寇。

1411 年，朱棣派王进去日本褒赏源义持剿捕倭寇的举动，并在那里购买一些宫廷需用之物。

王进的运气不好，去日本之后，恰巧赶上了日本内乱。

由于源义持向明朝称臣，引发了一些重臣的不满，所以发动了内乱。王进这个人很机灵，听说日本内乱，便偷偷地从另一条路逃回了中国。

由于大臣的反对，源义持在 1411 年断绝了同明朝的贸易。他给朱棣的解释是"本国开辟以来，百事皆听诸神"、"灵神托人谓曰：我国自古不向外国称臣"。

与明朝断绝来往之后，日本对骚扰明朝海岸的倭寇也开始持纵容态度，对明朝取缔倭寇的要求置之不理。

随着日本对倭寇的约束逐渐放松，倭寇开始日益猖狂，盘石、松门、金乡、平阳、象山等地先后遭其袭击。

朱棣见日本人靠不住了，便决定自己征讨这些倭寇。据《典故纪闻》记载，靖远侯王友招募严宝等人协助剿倭，严宝等杀倭寇数百人，并得其所掠货物。朱棣下诏给王友说：

下人成功者，皆出其能，皆由主将能导之方略，作其志气。今严宝等有获，亦尔之功。但所获货物，宜悉与之，尔勿干与毫末。盖人冒险成功，而不推利与之，后来不复乐为用矣。

虽然获得了一定的成功，但是由于当时倭寇的规模很大，还是给明朝造成了一定的麻烦。朱棣命令刑部员外郎吕渊前去日本，责备日本方面约束不严，令其"悔过自新"，凡是被掠往日本的中国人，都要全部送回。

见朱棣生气了，源义持又派使者来明朝朝贡，并说："海寇旁午，故贡使不能上达。其无赖鼠窃者，实非臣所知。愿贷罪，容其朝贡。"

朱棣也没有追究源义持之前的"背叛行为"，与日本恢复了交往。以后几年时间，朱棣一方面催促日本人征剿倭寇，另一方面也不断派人对前来骚扰的倭寇严加剿捕。

1411 年，朱棣任命刘江为辽东总兵官，负责辽东防务。

刘江是邳州宿迁人，本名刘荣，因替父从军，所以冒用了父亲的名字。

刘江上任之后，积极巡视海防，加紧海防设施建设。

1416 年，他在旅顺口、望海埚、左眼、右眼、西沙洲、三手山、山头等地修建烽火台七座，以防倭寇。

1418 年，刘江到金州卫巡视，来到了望海埚，觉得这里是个驻军的好地方。他听当地的居民说："凡有寇至，必先经此。实为滨海、襟喉之地。"于是，"刘江上疏，用石垒堡筑城，置烟墩瞭望"。

望海埚地区耕田肥沃，村落富庶，是明代最繁荣的几个地区之一。所以这里也成了倭寇抢劫的"重灾区"。

1419 年六月十四日傍晚，负责驻守望海埚的士兵发现海上的一个小岛有火光。刘江预料倭寇即将前来进犯，便马上调集军队，准备迎战。当时，他手下只有常规军 1756 名，屯田军 2020 名。

正如刘江所料，第二天早上，倭寇1500余人乘坐着31艘船来到了望海埚。登陆之后，倭寇头目率领手下，成一字形，鱼贯而行。

刘江命令手下将领徐刚率领步兵埋伏在山下，命令指挥使钱真等人率领骑兵绕到倭寇背后，命令百户姜隆率领士兵去烧毁倭寇的战船。

布置妥当之后，刘江对部下说："旗举伏起，炮鸣奋击，不用命者，以军法从事。"

当倭寇进入到附近的城堡中之后，发现堡中一个人也没有，知道中计了，想要撤退。就在此时，明军伏兵尽起，两翼并进，杀得倭寇尸横遍野。

侥幸逃生的倭寇又回到了城堡中，当时明军将士杀到了兴头上，正要追入城堡歼敌时，刘江却下令停止追击。

他亲自率领军队包围了城堡，但是特意留出西北一个缺口。残余的倭寇见有隙可乘，便从西北方面逃跑。正在残寇你推我挤往城堡外跑的时候，刘江命令骑兵与步兵一拥而上，把残寇几乎全部杀光。少数先逃出城堡的倭寇，跑回了海边，却看见自己的船都被姜隆率领的军队烧了，他们与姜隆死战，但是却都被杀死。

此战中，明军共杀死倭寇742名，生擒857名。刘江令用50辆大车运送这些俘房。

战斗过后，刘江向朝廷报捷。朱棣知道此事后非常高兴，封刘江为广宁伯，还分别奖赏了294名作战有功的士兵。

刘江率领军民全歼倭寇，赢得了当地人的尊敬。人们为了纪念刘江，在金顶山上为他立了祠，并把他的功绩刻在石碑上，以流传后世。

望海埚一战，消灭了倭寇主力，大明王朝的海疆从此之后太平了100多年。刘江功德无量。

空前的船队

为了与海外增加交往，朱棣大兴造船工程。在南京市西部长江之滨，朱棣建造了当时世界上最大的皇家造船厂——龙江船厂。

明朝的造船技术在中国古代首屈一指，龙江船场一年可以生产战船200艘，它以建造大型海船而著称。1957年，在南京宝船场遗址出土了一根全长11米的巨型舵杆。明朝的清江船场，总部四处，分部82处，工匠3000多人，规模非常庞大。

明朝生产的大船，长达44丈，宽18丈，"体势巍然，巨无与敌，篷帆锚舵，非二三百人莫能举动"。

朱棣即位之后，派了一支庞大的船队出海，这支船队的首领，名叫郑和。

郑和原姓马，祖籍云南，12岁时，他就进入燕王府当宦官。郑和不是一般的太监，朱棣起兵之时，郑和跟着朱棣一起南征北战，立下了不少功劳。

朱棣当上皇帝之后，任命郑和为内官监太监，官居正四品，是地位显赫的内臣。不久之后，朱棣便派郑和率领船队通使南洋。《明史》上说："成祖疑惠帝亡海外，欲踪迹之，且欲耀兵异域，示中国富强。"意思是，朱棣怀疑朱允炆跑到了海外，想要去找他。而且为了向其他国家展示中国的富强，所以才派他出使南洋。

朱棣选对了人，郑和不但具有丰富的航海知识，曾出使暹罗、日本，还在战争中摸爬滚打，有很高的军事素养，所以是出使南洋最合适的人选。

1405 年七月十一日，郑和从福建五虎门起航，开始了中国古代历史上最伟大的远航。

郑和率领舰队规模庞大，有"将士卒二万七千八百余人"，船只一百多艘。船队的成员包括官校、旗军、勇士、火长、舵工、班碇手、通事、办事、书算手、阴阳官、医士，铁锚、木捻、搭材等匠，水手、民稍。船上备有充足的粮食、淡水、盐、酱、茶、油、烛、柴，等等。

郑和的船队不仅规模大，而且技术也很先进。航海导航使用的是航海罗盘和过洋牵星术。航海罗盘指针以灯芯草扎住，浮于罗盘水内。虽有风波不易脱落。罗盘分 24 方向，48 指向，每指向 7.5 度。过洋牵星术靠日月升落辨别方向，靠测星体高低度量远近。其法以大小 12 片牵星板测量，在太阳升起前和落下后的 12 分钟内所谓"晨昏朦影"时进行测量。里程计算则以更为时间单位，每一昼夜分为 10 更，每更行程约合 16.22~10.81 海里。各船之间的联络，白天看旗，夜间看灯笼，雾雨天听锣鼓音，还使用信鸽。

这支船队，在当时来讲，拥有世界上最先进的船只和航海技术。为了证明这一点，我们可以将郑和的船队与比郑和晚一些的"世界大航海时代"中的那些著名船队比较一下。

哥伦布航海，1492 年发现新大陆，比郑和晚 87 年，当时他们有帆船 3 艘，最大的排水量不足 250 吨，水手约 88 名。

1497 年，达伽马到达印度卡利卡特，比郑和晚 92 年，他们的船队仅有船 4 艘，最大排水量 120 吨，船员约 160 名。

1519 年，麦哲伦环球航海，比郑和晚 114 年，他有船 5 艘，最大排水量 130 吨。

郑和航海时，阿拉伯人曾画下郑和的宝船，后来美国人又把郑和宝船与哥伦布的船进行了比较，以证明二者大小悬殊。

所以不管从哪个方面来说，郑和的船队都无愧于当时世界第一舰队，而这支舰队，在朱棣的命令下，已经浩浩荡荡地出发了。

郑和的舰队首先来到了占城，半个月后到达爪哇（印度尼西亚爪哇岛）。郑和的船队在爪哇停留时，发生了一个悲剧。

当时此地正处于战乱之中，一支当地的武装力量杀红了眼，居然把郑和的手下当作是敌人，杀死了船队成员170多人。

得知这个消息之后，郑和手下的士兵们都非常愤怒，要狠狠地报复敌人。但是郑和却不同意这么做。

凭当时郑和的实力，击败敌人易如反掌，但是如此一来，"明朝军队杀人"的消息就会传出去，对以后的航程不利，所以郑和没有出兵。

但是事情也不能就这么算了，郑和派人与当地的军阀头目交涉。当军阀头目知道自己的人杀掉了大明派来的舰队船员时，非常害怕，便派出使者去向郑和道歉，解释误会。他害怕这么做还不够，又派人到中国去向朱棣道歉。

朱棣得知此事后，称赞了郑和的理智行为。

解决了问题之后，郑和的船队一路南下，先后经过苏门答腊、锡兰山等地。这些国家听说是明朝的舰队到了，都非常重视，有些国家还派出了使者与郑和同行，要到中国去朝贡。

最终，郑和来到了古里，此地位于印度半岛的西南。古里与明朝的关系很好，他们的国王要接受明朝的册封才算合法。郑和到了这里后，立了一块石碑，上面写道：

其国去中国十万余里，民物咸若，熙皞同风，刻石于兹，永昭万世。

到达古里之后，郑和第一次的航行任务就算是结束了。他开始返航。

在返航途中，郑和遇到了一个叫陈祖义的人。

陈祖义祖籍广东潮州，明朝初年，全家逃到南洋当海盗。此人盘踞马六甲海峡十几年，是当时世界最大的海盗集团头目之一。最鼎盛的时候，手下超过万人，拥有战船近百艘，经常在日本、中国台湾、南海、印度洋等地活动。曾劫掠过一万多艘过往船只，攻陷过五十多座沿海城镇。南洋的一些国家，甚至要向他纳贡。当年朱元璋曾经悬赏捉拿此人，后来，他逃到了印度尼西亚地区的渤林邦国，在国王麻那者巫里手下当上了大将。

麻那者巫里死后，陈祖义篡夺了王位，并且召集了一帮人，继续在海上抢劫。这一次，他居然抢到了郑和的头上。

陈祖义知道郑和舰队的实力很强，所以决定采取一些计策。他假意向郑和投降，希望可以解决郑和的船队，而后发动突然袭击。

当陈祖义的投降信到了郑和手中之后，郑和就马上断定，这是个阴谋。因为当时明朝军队并没有攻击陈祖义的计划，他怎么会无缘无故地投降呢？郑和决定将计就计，假意同意陈祖义投降，而后出其不意，发动袭击。

听说郑和同意自己投降，陈祖义非常高兴，他率领军队靠近郑和的船队。而郑和却毫无反应。等到距离足够近的时候，他下令发动攻击。

而就在此时，郑和的船上大炮响起，明朝军队发起了攻击。此战中，训练有素的明军全歼陈祖义的军队五千余人，击沉战船十余艘。陈祖义自己也被活捉。

得胜之后，郑和率领舰队回到了中国。而倒霉的陈祖义，则被朱棣在各国使者的面前斩首示众。

郑和第一次出航回国之后，立即进行第二次远航。这一次出航的目的主要是送当初跟着郑和一起来明朝朝见朱棣的使节回国。在第二次航行中，郑和来到了占城、渤尼（今文莱）、暹罗（今泰国）、真腊（今柬埔寨）、爪哇、满剌加、锡兰、柯枝、古里等地。到锡兰时，郑和向当地的佛寺布施了金、银、丝绢、香油等。1409 年二月十五日，郑和、王景弘立《布施锡兰山佛寺碑》，记载了这次活动。这块石碑现存于科伦坡博物馆。

1409 年，郑和完成了第二次出使任务，回到了中国。

数月之后，朱棣命太监郑和、王景弘率领官兵 27000 余人再次出航。

这一次，郑和率领 48 艘船，从太仓刘家港启航，经过占城，宾童龙，真腊，暹罗，假里马丁，交阑山，爪哇，重迦罗，吉里闷地，古里，满剌加，彭亨，东西竺，龙牙迦邈，淡洋，苏门答剌，花面，龙涎屿，翠兰屿，阿鲁，锡兰，小葛兰，柯枝，榜葛剌，卜剌哇，竹步，木骨都束，苏禄等国。

满剌加的九洲山盛产沉香，品质非常好，郑和命人入山采香，得到了六株直径八九尺，长八九丈的沉香木。

郑和访问锡兰山国时，锡兰山国王亚烈苦奈儿"负固不恭，谋害舟师"，郑和识破了他的阴谋，便离开了此地。等到返回时郑和再次路过锡兰山国，亚烈苦奈儿派兵五万围攻郑和的船队。郑和则趁着敌人倾巢而出，国中空虚，带领手下二千官兵，出其不意地突袭敌人的首都，将锡兰山国王亚烈苦奈儿抓到了中国。

1411 年七月六日，郑和回到中国，他把锡兰山国王亚烈苦奈儿和他的家属献给了朱棣。当时锡兰山与周围邻国关系都很恶劣，经常抢劫各国使者。各国正感苦而无奈，这次被郑和俘获，没有人肯为他讲情。朱棣召群臣议事时，大都主张将亚烈苦奈儿杀掉。朱棣觉得这个人虽然恶迹颇著，毕竟不同于陈祖义之类流寓海外的华人，杀掉恐不甚妥，想来想去，还是决定将他遣送回去。同时，朱棣又从俘获的锡兰山人口中得知一个名叫耶巴乃那的为人贤明，又是亚烈苦奈儿的支属，便立之为国王，遣使往封。这个耶巴乃那后来成为锡兰山历史上统治时间极长而又极为贤明有为的君主。

1411年，满剌加国王拜里米苏剌亲自带着540多人来觐见朱棣。从此"海外诸番，益服天子威德"。

郑和第三次下西洋，获得了锡兰山之役的胜利，这是宣扬大明王朝威德的大事，朱棣对郑和的成功感到万分满意，他马上让礼部拟定了《下西洋官军锡兰山战功升赏例》。按照这个升赏例则，凡在锡兰山作战中建有奇功、头功的将士匠役都可以得到升级和赏赐，那些阵亡的将士可以得到非常丰厚的抚恤。其实，在这次特赏之前两个月，朱棣已经慰劳过出使西洋的全体将士。当时，朱棣亲自接见了尚在京师的745人，向他们表示慰劳，还赐予不少钱财。几天后，又派宦官赵惟善和礼部郎中李至刚在太仓设宴，招待下西洋的将士，宴罢，每人给钞十锭。

七下西洋

郑和第三次下西洋之后，朱棣大加宴赏，这似乎说明下西洋的外交活动至此可以暂告一个段落了。从那以后，明朝与海外各国的交往就变得更加密切了，各国前来朝贡的使臣络绎不绝。朱棣期待的那种"四夷顺"、"中国宁"的局面已经算是大体上实现了。

但是，仅仅一年之后，不肯安于现状的朱棣就再次筹划下西洋的事情。

这一次，郑和下西洋的主要任务是礼节性的访问，即所谓"抚谕其国"，并给予各国国王们印诰、冠带、锦绮、纱罗、彩绢之类赏赐。临行前，朱棣对郑和说，希望船队可以到达西洋更远的国家，诏谕更多的国家尊崇中国，遣使朝贡。《明史》中记载说，"天子以西洋近国，已航海贡琛，稽颡阙下，而远者犹服，乃命郑和赍玺书往诸国"。

朱棣诏令郑和四下西洋后不久，便动身前往北京，他当时正密切地注视着北方的瓦剌与鞑靼的动静。这一年冬天，朱棣在北京秣马厉兵准备来春亲征瓦剌的同时，郑和开始了第四次下西洋的航程。

郑和第四次下西洋的规模同样很大，副使王景弘等带领27000余人，包括官员868人，兵26800人，指挥93人，都指挥2人，书手140人，百户430人，户部郎中1人，阴阳官1人，教谕1人，舍人2人，医官医士180人，正使太监7人，监丞5人，少监10人，内官内使53人，驾海船四十多艘，出使满剌加，爪哇，占城，苏门答剌，柯枝，古里，南渤里，彭亨，吉兰丹，加异勒，勿鲁谟斯，比剌，溜山，孙剌等国。

第四次出使的行程中，郑和先来到占城，奉帝命赐占城王冠带。这里的国王历来对郑和礼遇有加，随同郑和出使的兵士费信在《星槎胜览》中记录下了占城国王迎接郑和的盛况：

其酋长头戴三山金花冠，身披锦花手巾，臂腿四腕俱以金镯。足穿玳瑁履，腰束八宝方带，如妆朔金刚状。乘象，前后拥随番兵五百余。或执锋刃短枪，或舞皮牌，捶善鼓，吹椰笛壳筒。其部领皆乘马出郊迎接。诏赏，下象，膝行，匍匐，感沐天恩，奉贡方物。

1413 年，郑和船队来到了苏门答剌。据说，苏门答剌曾与邻国花面国爆发战争，国王在战争中死去，王子年幼不能复仇。王妃便对国人说，如果谁能够给国王复仇，自己愿意嫁给他，与他共掌国事。当即有一个渔夫挺身而出，率领军队攻打花面国，杀其国王。

成功之后，这个渔夫就与王妃结婚，成了新的国王，人称渔翁国王。数年之后，原来的那位王子长大，与属下密谋，将渔翁国王杀死，袭取了王位，而渔翁国王的弟弟苏干剌则逃到山里，聚众为乱，内战不息。

郑和来到苏门答腊之后，给当地国王颁发了诏令，这引起了苏干剌的不满，他便引兵前来攻打郑和，结果被郑和打败。

之后，郑和舰队在三宝垄停留了一个多月。然后，他又带领船队第一次绕过阿拉伯半岛，航行到非洲的麻林迪，就是今天的肯尼亚。

同一年，非洲一个国家的使者来中国进献"麒麟"（即长颈鹿）。礼部尚书吕震听到这个消息后，请求命群臣上表祝贺，朱棣则对他说：

往者翰林院言修《五经》、《四书》及《性理大全》。书成欲具表进，朕则许之。盖帝王修齐治平之道具于此，有益世教，可以表进。麒麟之有无，何所损益！

虽然朱棣没同意群臣为麒麟上表祝贺，但还是隆重地接待了前来敬献麒麟的使者，群臣们则借机歌颂朱棣说："陛下圣德广大，被及远夷，故致此嘉瑞。"

朱棣很谦虚地表示："岂朕德所致？此皆皇考深仁厚泽所被及，亦卿等勤劳赞辅，故远人毕来。继今宜益尽心秉德，进贤达能，辅朕为理。远人来归，恃也。"

虽然表面上谦和，但是朱棣内心其实也非常得意。所以等来朝的各国使臣准备各自回国时，他决定再次派遣郑和率船队护送。

1417年，郑和开始了自己的第五次下西洋。经过前几次出航，中国通往东非的海上航道已经非常畅通。所以第五次下西洋，郑和又是满载而归。

沿途各国的国王们为感谢明朝政府的丰厚赐赠，回赠了不少珍禽异兽送给朱棣。郑和将这些奇异的礼品都放在奉天门，让群臣前来参观。

这些从非洲、东南亚来的珍禽异兽是中国所没有的，群臣看到之后，全都非常惊讶。据记载，在这些礼物中有忽鲁谟斯的狮子、金钱豹、大西马，有阿丹的麒麟、长角马，哈鲁的花福鹿，卜刺哇的骆驼、驼鸡、爪哇、古里的麋里羔兽，此外还有宝石、珊瑚、龙涎香、鹤顶、犀角、象牙等物。

1421年正月，朱棣迁都北京，忽鲁谟斯等十六个国家的国王派来使臣祝贺，同时也带来了不少稀奇的东西。朱棣命令礼部宴劳使臣之后，再次又派郑和等人与各国使臣一起前往各自国回赠礼品。于是，郑和第六次下西洋开始了。

这一次下西洋的过程中，郑和与副使们在到达苏门答剌后便分头前进，各自出使一个国家。他们的任务除了要护送各国使节回国、沿途颁赏之外，还要采办海外的珍宝。由于各个国家都有许多珍奇异宝，所以有些船员在当地买了许多东西，沿途交易，也算是在国际贸易中赚了一笔。

在朱棣时代，郑和总共下了六次西洋。但我们知道，历史上郑和一共七次下西洋，而他最后一次下西洋时，朱棣已经逝世了。

那是1424年，郑和奉命去旧港册封已故的宣慰使施进卿之子施济孙袭其父之职，等他回来的时候，朱棣已死了。新任的皇帝朱高炽听取了户部尚书夏原吉等人的建议，在即位诏中说："下西洋诸番国宝船，悉皆停止。如已在福建、太仓等处安泊者，俱回南京，将带去财物，仍于内府核库交收。诸番国有进贡使臣当回去者，只量拨人船护送前去。原差去内外官员，速皆回京，民艄人等，各发宁家。"

朱高炽的一纸诏令，郑和下西洋的活动就结束了。直到五年之后，又一位新皇帝朱瞻基才再次想起当年郑和下西洋时万国来朝的景象，他很向往那样的局面，于是再度派郑和、王景弘等人，率领一支六十一艘宝船的船队进行了大规模的出使西洋活动，让郑和去告谕西洋诸国：大明朝的皇帝已经换人了，现在是我朱瞻基当政了，你们赶紧派遣使臣来朝吧。

这是郑和最后一次下西洋。

或许是郑和的命运与大海难以分开，所以在最后一次下西洋的途中，郑和死在了船上。郑和死后，他被埋在了海外。他的手下将郑和的发辫和靴子带回了国内，埋在南京市牛首山南麓。中国历史上最为伟大的航海家、探险者，就此魂归天际。

昙花一现的明朝海上外交盛况永远结束了，下西洋的事情甚至被很多人看作是浪费国力，毫无益处。

实事求是地说，在封闭的自然经济下，这种"朝贡外交"确实加重了国家财政负担，在经济上看不到更多的积极效果。到明成化年间，有些太监迎合上意，鼓励再通使西洋。当时明宪宗朱见深下诏派人寻找郑和当年出使西洋的航海图和航海记录，兵部尚书项忠翻检旧案，找了三天也没找到。

原来这些旧档案已经被兵部车驾清吏司郎中刘大夏悄悄地藏了起来，项忠问周围的人这些档案哪里去了，刘大夏在一旁说道："三保下西洋，费钱粮数十万，军民死且万计。纵得奇宝而回，于国家何益？此特一弊政，大臣所当切谏者也。旧案虽存，亦当毁之，以拔其根，尚何追究其有无哉?"这些出自儒臣之口的批评如此地理直气壮，几乎将郑和下西洋的壮举全盘否定。然而，这些守旧的文臣们没有看到的是，航海活动虽然耗资巨大，但是对于中国手工业和海上贸易的发展及其对科学技术的贡献也不容小觑。

古代中国，从此错过了走向全球的机会。

第十四章 / 朱棣之死

立储

从朱棣当上皇帝那一天开始，"立储"就成了一个非常重要的问题。围绕着这个问题，在接下来的几十年中，发生了无数堪称腥风血雨的惨烈争斗。

朱棣有四个儿子、五个女儿，其中第四儿子死得早，所以只剩下长子朱高炽、次子朱高煦和三子朱高燧三人。与朱元璋相比，朱棣的子嗣数量可说算是非常少了，但是三个儿子之间的争斗却比当年朱元璋传位时十几个儿子的争斗更加激烈和公开，甚至影响到了明朝政府的正常运作。

之所以会造成这种混乱的局面，其实还是朱棣埋下的祸根。

朱棣起兵"造反"之后，立长子朱高炽为世子，并负责留守北平。而次子朱高煦则跟随朱棣南征北战。

朱高煦不喜欢读书，为人也很粗鲁，颇有些武艺。朱棣"造反"时，他经常作为先锋，率领士兵与敌人争勇斗狠。朱棣数次陷于险境，幸得朱高煦奋勇相救才死里逃生。

朱棣是个马上皇帝，终身征战不已。他认为朱高煦的勇武之气和自己很像，所以非常喜欢这个儿子，也或明或暗流露出要立朱高煦为太子的意思。

朱棣的这种暗示，造成了很不好的影响，让朱高煦觉得自己才应该是继承皇位的那个人，难免因此恃功骄纵，无法无天。

朱高炽和朱高煦的性格截然不同，他性格端重、沉静内向，喜欢读书，很有些文人气质。据说，朱高炽可以日记万言，算得上是天才迥异的才子。

早在朱高炽被册封为燕世子后，朱元璋曾让他与秦王、晋王的世子分别阅军，结果他回来得最晚。朱元璋问他为什么这么晚，朱高炽说："早晨天甚寒冷，我待军士们吃过早饭后才阅军，故尔迟归。"

朱元璋又让朱高炽与诸世子一起阅读大臣们的章奏。朱高炽不去挑剔文中字句的谬误，只注重实质性的问题。朱元璋以为朱高炽马虎大意，便问他为何不能看出字句的错误，朱高炽回答说："不敢忽，顾小过不足渎天听。"意思是，我看出来了，但是那是小错误，不能影响大局。言下之意就是，作为统治者，不能纠结于臣子言辞上的失误，重要的是从大局出发。

朱元璋听了很高兴，又问朱高炽："尧、汤时水旱，百姓何以为恃？"朱高炽回答说："恃圣人有恤民之政。"朱元璋听后，夸奖朱高炽有君子之识。

事实上，朱高炽也不仅仅是个手无缚鸡之力的书生，他也有英武的一面。朱棣造反时，他留守北平，虽然有母亲、道衍、顾成等人的协助，但是以一万多军队守住了五十万敌人的进攻，保住了北平，也不是一件容易的事情。史书上记载：朱高炽"善抚士卒"，而且善于射箭，说他"发无不中"，还会看一些天象，颇有些儒将风度。不过，自从中年后，朱高炽患上了肥胖症，连走路也觉吃力，更不要说亲赴前线了。

当年方孝孺曾经试图离间朱棣、朱高炽父子，朱棣差点中计。虽然最终朱棣醒悟过来，没有做出对朱高炽不利的事情，但是由此可见，其实朱棣对朱高炽并不是十分放心。

朱棣当上皇帝之后，就面临着一个立太子的问题。按照道理说，朱高炽本来就是世子，被立为太子应该是理所当然的事情。但是朱棣却在这个问题上犹豫了两年多。

长达两年的"继承人真空期"，让朝野上下猜疑纷纷。有些人认为，朱棣可能会让朱高煦当太子，所以"未雨绸缪"，开始和朱高煦站在了一边。另一些认为朱棣还是会让朱高炽当太子，依旧站在朱高炽这一边。

站在朱高煦这一边的，大多是武将。如淇国公丘福，当年和朱高煦一起久临战阵，气味相投，所以是朱高煦的支持者。驸马都尉王宁也是一样，经常在朱棣面前支持朱高煦，理由是朱高煦有战功。

支持朱高炽的大多是文臣，这些人自然希望早立太子，以免节外生枝。1403年，群臣上表请立皇太子，朱棣没有反对，但是也没有同意，只是敷衍说："今长子属当进学之时，俟其知识益充，道德益进，克膺付畀，议之。"

两个月后，文武百官再次上表请立太子，朱棣则再次不置可否，

朱棣的暧昧态度，让支持朱高炽的大臣们倍感忧虑，他们找到了和朱棣关系最好的周王，请他出面说服朱棣马上立储。周王答允，上书请立皇太子，朱棣仍然是不置可否。

其实，从这些事情中就可以看出，朱棣确实不想让朱高炽成为自己的继承人，但是受制于礼法、群臣的约束，他又不敢轻易废除朱高炽，所以才会如此犹豫不决。

兵部尚书金忠，善于算卦，朱棣每有疑难，经常让此人帮忙出主意，效果还都不错，朱棣因此很信任这个人。朱棣在南京登基之后，令朱高炽守卫北京，并派金忠协助。在面临立储难题时，朱棣也曾经问过金忠的意见，金忠先是给朱棣列举了其他朝代废长立幼、导致祸端的事情，最后得出结论——还是让朱高炽当继承人比较好。

金忠作为朱棣比较信任的一个大臣，他的意见对朱棣造成了重要的影响。

朱棣还曾经私下询问过解缙的意见，这个解缙就是编撰《永乐大典》的那位明朝第一才子，此人本不善于政治，也不是朱棣的心腹，按照道理说，他不应该牵扯到立储这么敏感的问题中。但是解缙却直截了当地对朱棣说："皇长子仁孝，好圣孙！"意思是说，朱高炽人很不错，另外他还有个好儿子，立朱高炽为皇帝，可保三代平安。朱棣听了这话，点头称善。

朱棣的孙子，朱高炽的儿子叫朱瞻基。此人深受朱棣喜爱。1411 年的时候，朱瞻基才刚刚成年，就被立为皇太孙，明确了将来继承皇统的地位。两年之后的端午节，朱棣率王公大臣在东苑射柳，文武群臣、各国使节和京城者老当时都在场。朱瞻基连连射中，朱棣觉得脸上有光，为了进一步向众人夸耀自己有个"好圣孙"，朱棣故意当众给朱瞻基出题道："万方玉帛风云会。"让他对下联。朱瞻基先是向朱棣行礼，而后脱口而出："一统山河日月明。"这让朱棣更加高兴。

朱瞻基的任何一个优点，都是朱棣炫耀的资本。朱瞻基在行猎时惩治了一个危害百姓的士兵，朱棣在北京听说了这件事后，非常高兴，认为朱瞻基有帝王的风度和威严。

朱瞻基确实可以算得上是一代明君，他既有类似朱棣强悍的一面，又有他父亲那种睿智的谋略。所以在朱棣的心目中完全取代了汉、赵二王。朱棣让兵部尚书金忠选些子弟充当皇太孙随从，一同演武，又命文臣侍伴他讲读。北征时也以皇太孙相从，一路上教他创业守成。朱棣要求朱瞻基不要去做"生长深宫，狃于富贵安逸，不通古今，不识民艰难，经国之务，懵然弗究"的亡国之君。"天下之事不可不周知。人之艰难不可不涉历。"一心把他教育成读书明理而能齐治均平的帝王。

正因朱高炽生了这样一个好儿子，朱棣才在立储的问题上给朱高炽又加了一分。

最后，对朱棣立储起到最为关键性作用的人叫作袁珙，此人是姚广孝的朋友，善于相面，也深得朱棣信任。在立储问题上左右为难的朱棣，为了解决问题，采取了一个不是办法的办法——让袁珙给朱高炽相面。

袁珙相面之后，告诉朱棣说：朱高炽是天子之相；之后他又给朱高炽的儿子朱瞻基相面，说朱瞻基是"万岁天子"。朱棣一贯相信这些玄之又玄的东西，于是他终于下定决心，立朱高炽为皇太子。

1404年4月4日，朱棣正式举行了册封仪式，朱高炽被册立为太子。次子朱高煦被封为汉王，第三子朱高燧被封为赵王。

祸起萧墙

关于朱高炽终于被立为太子一事，有人认为朱高炽的夫人妃张氏发挥了较大作用。《明史》中记载："后（张氏）始为太子妃，操妇道至谨，雅得成祖及仁孝皇后欢。太子数为汉、赵二王所间，体肥硕不能骑射。成祖恚，至减太子宫膳，濒易者屡矣，卒以后故得不废。"据传说，朱棣与皇后徐氏曾小宴内苑，太子朱高炽侍宴。朱棣见到他后，脸上变了颜色，又唾又骂，骂够了，指着张氏说："此佳妇，他日当承我家，脱微此，废尔久矣。"张氏连忙起身顿首拜谢。过了一会儿，张氏不知所去，众人正在奇怪间，她已从宫中亲手制汤饼出来。朱棣和皇后徐氏且喜且感，于是朱高炽与张氏同饮，尽欢而散。

不管怎么说，朱高炽总算是保住了自己继承人的位置。但是他还面临着严峻的考验。

最不满意的人当然是朱高煦，当年朱棣明里暗里地说要让自己当继承人，自己也提着脑袋跟着父亲这么多年苦熬苦奔，到头来终究是水中月，空欢喜了一场。

朱棣封朱高煦一个汉王，藩地在云南。

朱高煦当然不愿意去云南，且不说那时候云南是边塞苦寒之地，任谁也不愿意去。就说若去了云南，山高皇帝远，那么自己就真的是毫无机会了。

所以朱高煦决定耍赖，死留在京城不走，等待着绝地反击的机会。

对于朱高煦的耍赖行为，很多人看不过眼，有人对朱棣说："朱高煦赖在京城不走，可能是别有用心。"

朱棣虽然喜欢朱高煦，但既然已经立了长子为皇太子，就不能容许在继承人的问题上再起风浪，所以他要求朱高煦赶紧到云南去。朱高煦则对朱棣说："我何罪？斥万里。"意思是我有什么罪过了，要把我赶到那么远的地方？

朱棣无言以对，只好将他留在自己身边。

朱高煦虽然留在了京城，但是朱棣深知此人野心勃勃，肯定要图谋不轨。为了警示朱高煦，1407 年，朱棣将朱高煦王府中负责处理日常事务的官员以"辅佐王爷不利"的罪名治罪。

1409 年，朱棣北巡北京。临行前，他特意嘱咐，要让朱高煦跟自己一起去北京，目的是就近约束他。

朱高煦虽然被朱棣"困"在了身边，但是他仍然不气馁，而是开始利用每天在父亲身边的机会，大肆地诽谤朱高炽。

此时，朱高炽在南京监国。朱高煦觉得自己只有回到南京，以亲王的身份与太子一起处理国家事务，才能在政治上有所建树。于是他在 1413 年的冬天又极力请求调回南京。

朱棣当然知道朱高煦心里想的是什么，就没有答应，而是让他等到春暖再说。春天刚到，朱高煦再次提出要回南京，朱棣则想再拖一拖，让他秋天再回去，这一次，朱高煦执意不肯。

朱棣无奈之下，只好答应，但是又害怕朱高煦回到南京做出不轨的事情，就让他把儿子留在北京。而朱高煦则说："亦欲以归进其学。"

虽然朱棣对朱高煦不放心，但是到目前为止，朱高煦还是有功无过，父子之间也不宜闹得太僵。所以在听完朱高煦的那句话之后，朱棣无言以对，只好让他把儿子也带回了南京。但是，通过这件事情，朱棣对朱高煦也有了防备之心。

1415 年，朱棣觉得总是把朱高煦放在京城不是事儿，毕竟已经封他为王，他就该早点到他的藩地去才对，所以决定"赶走"朱高煦。朱棣怕朱高煦再次以"藩地太远太偏僻"为借口拒绝离开京城，就将他改封青州。但这一次，朱高煦仍然耍赖，不肯到青州去。

太远不去，这次近了还不去，朱棣是真的生气了，他斥责朱高煦说："既受藩封，岂可常居京邸？前以云南远惮行，今封青州，又托故欲留侍，前后殆非实意，兹命更不可辞。"

朱棣虽然下了死命令，但是由于言辞并不那么严厉，而且朱棣此时在北京，事后也没有督办。所以朱高煦仍然抗命，留在京城不走。非但不走，他还在京城积极地扩张自己的势力，私自募兵三千人，作为自己的亲兵。

朱高煦四处招来的那些下属们，仗势劫掠，在南京城中为非作歹。负责南京治安的兵马指挥徐野驴抓了他们其中一些人，朱高煦非常生气，竟去用铁爪杀了徐野驴。对于这么严重的事情，太子和京城的官员们都不敢过问。

到了这种地步，朱高煦认为父亲拿自己没办法，更加骄纵。不久后，他又扩充了自己王府的兵力，还学着朱棣当年的样子，以唐太宗李世民自比，不轨之心已经到了赤裸裸的地步。

回到南京之后，为了打击太子，朱高煦开始对太子身边的近臣下手。工部左侍郎陈寿协助太子在南京监国，号称是"侍郎中第一人"。朱高煦罗织了一些罪名，将此人打入大牢。马京也是太子身边比较信任的人，朱高煦则数次向朱棣说马京的坏话，最终此人被谪戍广西。

太子朱高炽的日子着实不好过，因为除了要对付朱高煦的百般手段之外，他还要防着三弟朱高燧。

朱高燧生性聪明，深得朱棣喜爱，被封为赵王后，便被派到北京监国，算得上是"第二个燕王"。

1405年，朱棣曾经两次敕谕赵王朱高燧。第一次让他带领士兵六十人、干练指挥二人，到西北去巡查军务。这实际上是给了他处理北方边疆军务的权力。第二个敕谕则是直接命令朱高燧负责镇守边防。

当时，朱棣身边有个宦官叫黄俨，此人看出朱棣偏爱朱高燧，便倒向了朱高燧一方，暗中准备夺嫡。

1409年，朱高燧企图篡位的计划暴露了。朱棣非常生气，杀死了朱高燧王府中的官员顾晟，并追究朱高燧的责任，朱高炽则极力为朱高燧辩解，朱高燧才躲过一劫。

朱棣又选了赵季通、董子庄二人辅佐朱高燧，同时决定，由皇太孙朱瞻基负责守卫北京城。这件事对赵王朱高燧来讲是个重大的打击，虽然他没有就此放弃争夺皇位，但是再也不敢明目张胆地与朱高炽较劲了。

对于自己身边发生的一切，太子朱高炽是知道的。朱棣去北京时，曾命令镇远侯顾成由贵州调回南京，辅佐朱高炽监国，顾成知道两个王爷阴谋夺嫡，自己恐怕难以担此重任，所以以被迫辞职。临走前，他特地到文华殿向太子告辞，期间他对朱高炽说了这样几句话："殿下但当竭诚孝敬，孜孜恤民，小人当置度外，万事有天理。"

朱高炽知道，自己所能做的，就是好好地当好太子，做好属于自己的事情，让朱棣没有理由罢免自己。从那以后，他做起事来就加倍地小心，唯恐有什么差池。

有人曾经问朱高炽："亦知有谗人乎?"朱高炽回答："不知也，吾知尽子职而已。"要说朱高炽不知道朝中有"谗人"，恐怕未必，但是他却佯作不知，用自己的实际行动去稳固自己的政治地位，从策略上来看，朱高炽无疑是正确的。

虽然朱高炽已经很小心了，但还是经常引朱棣发怒。这恐怕不是因为朱高炽办事不力，而是因为朱棣从一开始，就有将来换太子的想法。这一点，从丘福被重用就可以看得出来。

朱棣在册封朱高炽为太子的同时，又命丘福为太子太师。而这个丘福，是最反对朱高炽当太子的人。朱棣把这样一个人放到太子身边，无疑有监视之意。朱高炽自己也很清楚丘福是干什么的，所以才会如此小心。

朱高炽是监国的太子，但是手中并没有实际的权力，主要是负责一些祭祀活动，军国大事都要交到身处北京的朱棣那里处理。即便是处理一些琐事，他也要用心记录下来，待朱棣回京后要检查，看他做得对不对。朱棣还明确申谕：太子不得授官，不得对臣下治罪。由此可见，所谓监国太子，着实是有名无实。

有一次，朱棣从北京回到南京，他听了朱高煦对太子的诬陷，一回到南京便在午门张榜称：凡是太子处理了的事情，一律废止，不得实行。

朱高炽听说父亲居然全面否定了自己，非常害怕，又不知该如何解释，因此忧虑成疾，卧床不起。朱棣便派蹇义和袁忠彻两个人去探视。

袁忠彻是袁珙的儿子，和父亲一样，他也是太子的支持者。探视完之后，他对朱棣说："太子面色青蓝，是因为受到了惊吓，所以只要收起午门的榜就可以治好他的病。"朱棣这才命令人将午门的榜文撤出，而朱高炽的病果然好了。

眼见太子的地位岌岌可危，另一个"太子党"人解缙也赶紧站了出来，对朱棣说："陛下之举是鼓励他们兄弟相争，万万不可。"

解缙说的话是没错，但是作为一个外臣对皇帝的家事指手画脚，是万万不应该的。朱棣勃然大怒，说解缙是"离间骨肉"，从此便疏远了解缙。

朱高煦见解缙失宠，赶紧跳出来落井下石，怂恿朱棣将解缙下放到外地去当官。

1410年，解缙入京奏事，由于当时朱棣正在策划进攻蒙古，所以没能见到朱棣。他见了朱高炽一面便走了。这种做法也非常不妥，因为外官"私觐太子"在古代是不被容许的，朱棣对此类事情更是敏感。例如1404年，中军都督李谅于早朝后独留私见太子，李谅因此遭到弹劾。朱棣也曾经说："凡百官朝谒东宫，偕进偕退，不许独留私见。"

这一次，解缙无视朱棣的规定，私自去觐见太子，违反了朱棣的规定。朱高煦得知这个消息后，赶紧对朱棣说："解缙有意'伺上外出，私觐太子，径归，无人臣礼'。"

朱棣听了朱高煦的话，二话不说，将解缙打入大牢。而后，一大批支持太子的人受到牵连：大理丞汤宗，宗人府经历高得，中允李贯，赞善王汝玉，检讨蒋骥、潘畿、萧引高等人，都被打入牢中。少詹事邹济也因为此事忧虑成疾，不久就死了。而那些被打入大牢的人，很多人都在狱中被折磨死了。至于解缙，在1415年，也被朱棣派人放到雪地里冻死了。一代文豪、《永乐大典》的首席负责人、明朝第一才子，死在了政治斗争中。

大理寺右丞耿通，看到朱高煦越来越肆无忌惮地对付太子，而太子身边的臣僚则大多朝不保夕，就连太子本人也有被换掉的危险，便不顾形势地向朱棣进谏说："太子事无大过误，可无更也。"意思是说，太子没有什么太大的过错，不能换太子。

朱棣听了耿通的话很不高兴，便说"为东宫关说，坏祖法，离间我父子，不可恕，其置之极刑"，耿通也在这场风波中失去了性命。

1414 年，朱棣结束北征回到了南京。回到南京那一天，朱高炽没能第一时间来迎驾，朱高煦便乘机大说太子的坏话。而朱棣也对此事耿耿于怀，对太子痛加训斥。

骂了太子一顿还不解气，朱棣还下令将东宫的官员们全部打入大牢，其中包括当时的名臣黄淮、杨溥等人。

就当时的情况来看，朱棣似乎已经下定决心要废除朱高炽的太子身份了，否则他不会因为这样一件小事就大张旗鼓地逮捕太子身边的人。太子的地位，真是到了岌岌可危的地步。

此时，兵部尚书金忠站了出来。

作为太子身边的近臣，金忠之所以没有受到牵连，是因为他当年跟随朱棣一起"造反"，立了大功。朱棣还曾经密令金忠监视太子的行为。

金忠是太子的支持者，也是个敢于仗义执言的人。他找到朱棣说："太子没有什么过错，不知道您为什么要如此对他？"听了金忠的话，朱棣非常生气，金忠则马上跪下叩头，脱下衣冠，对朱棣说"愿连坐以保之"，这才保住了太子。

后来，朱棣又向杨士奇问起太子的情况。杨士奇回答说"太子孝敬。"朱棣不满意，让他具体说说。杨士奇又说"凡有事宗庙，祭物祭器皆亲阅。去年将时享，头风作，医言当汗。殿下曰：汗即不敢祭。左右请代。斥之曰：上以命我，我又遣人代乎？遂亲祭。祭毕，汗遍体，勿药病自愈。"

杨士奇和金忠在关键时刻站出来力挺太子，让朱棣开始认识到：自己虽然是皇帝，但是在立太子这件事情上，他也无法独断专行，因为这是国家大事，一有变动，牵扯太大。更何况，那些大臣们所说的话，也是有道理的，对于国家有好处。所以他逐渐打消了废太子的念头。

朱高煦的离开

既然不打算废太子了，就不能让朱高煦再在京城胡闹了。而此时，他也隐约听到一些关于朱高煦胡作非为的传言。朱棣去询问吏部尚书蹇义，朱高煦是否有传言中所说的那些不轨行为，蹇义不敢在朱棣面前说人家儿子的坏话，就说自己不知道。朱棣又去问杨士奇，杨士奇则回答说："臣与蹇义俱侍东宫，外人无敢为臣两人言汉王事者。然汉王两遣就藩，皆不肯行。太子知陛下将徙都，辄请留守南京。唯陛下熟察其意。"意思是说，我和蹇义都是太子东宫中的大臣，所以其他人不敢和我们说朱高煦的事情。不过，朱高煦两次拒绝就藩，请您想想这到底是为什么呢？这个回答很有艺术性，不直接给出答案，而是引起人的联想，让朱棣自己找答案。

朱棣听了杨士奇的话，一言不发，但是心里已经拿定了主意。

数日之后，朱棣收集掌握了朱高煦数十件不法之事，将他叫来痛斥了一番，并命剥去他的官服，囚禁到了皇宫之内，而且还对外说要将这个逆子贬为庶人。

不知道太子朱高炽听到这个消息后是何心情，但是他作为长子，依旧表现出了兄长的气度，哭着请求朱棣放朱高煦一马。于是，朱棣下令削夺汉王府两护卫，杀掉朱高煦身边一些不法之徒。

不久之后，朱棣下令将朱高煦的封地改为乐安州，让他即日起行。朱高煦知道自己这次肯定是没有回旋的余地了，所以只好乖乖离开了京城。

事实上，朱棣原本打算将朱高煦封到更远的地方，是朱高炽出面再三请求，朱棣才决定"不去其爵，处之近畿之地，一旦有变，可朝发而夕擒也"。当时皇太孙朱瞻基也在朱棣身边，朱棣对他说："吾为君父在上，彼尚敢然，将来何有于尔父子？但毋忘吾言，有危宗社者，当为宗社除之，周公诛管、蔡，圣人所为也。"

到此为止，朱棣才下定决心把朱高煦赶走，但是，继承人风波并没有过去，因为还有一个朱高燧。

1417 年，梁潜、周冕等人辅佐太子监国南京。有个姓陈的千户犯了罪，被朱棣夺取官衔，后来朱高炽又念他有军功，改判为输粟赎罪。

前面提到的那个支持朱高燧的宦官黄俨，借着这个机会对朱棣说"上所谪罪人，太子曲宥"。朱棣听了之后非常生气，便杀掉了陈千户，同时将梁潜、周冕打入大牢。此二人不久后也被杀掉。

陈千户一案让朱棣对太子再度产生了怀疑，他命一个大臣出巡江南诸省，最重要的任务是暗中调查太子的行为。临走时，朱棣对这个大臣说："人言东宫多失德，南京可多住几日，试观如何。"

这个大臣在江南走了一圈回到北京之后，对朱棣说朱高炽诚敬孝谨，朱棣这才放下心来。从那以后，在继承人问题上，朱棣就比较坚定了。

朱棣在继承人问题上的转变，恐怕和他的身体有关系。此时的朱棣已经六十岁，重病缠身、时日不多了。

"马上皇帝"朱棣，一直以来给人们的印象都是"强壮英武"，但事实上，朱棣是个体弱多病之人。

朱棣年轻时身体就不是太好。1386 年，当时才 27 岁的朱棣就患过一场大病，史书上记载是"瘕病"，具体的症状是腹中有硬块。

朱棣找了很多医生给他看病，都看不好，最后朱元璋派御医戴思恭到燕王府为朱棣诊治。戴思恭看了之前医生们开的药方，都是对症良药，所以他很奇怪为什么没有效果，于是便问朱棣平日喜欢吃什么，朱棣回答说喜欢吃生芹。戴思恭这才恍然大悟，给朱棣开了一剂药方。

当天晚上，朱棣排出许多小虫子，病才好了。

当上皇帝之后，朱棣已经四十多岁了。他想当个好皇帝，也有人说他好大喜功，但不管是当好皇帝还是好大喜功，都是个体力活。从那以后，朱棣的身体更是每况愈下，他的两条腿经常失去知觉。御医们大部分以为是痿症，但是却总治不好。

当时有个叫盛寅的江南名医，给宫中一个快要死的太监治病，起死回生。朱棣在西苑校射时见到了这个太监，感觉很吃惊，因为他本来以为此人已经死了。结果，朱棣从太监口中听说是盛寅给他治的病，便立即派人把盛寅召到宫中为自己看病。

盛寅把脉之后，对朱棣说："上此风湿也。"朱棣也觉得此话有理，便说："我北征出塞，动至经年，为阴寒所侵而至。"

盛寅给朱棣开了几服药，药到病除，朱棣因此将盛寅召进了太医院。

朱棣半生戎马，年轻时对自己的身体并不太在意，或者说他没有精力照料自己。随着年纪一天比一天大，年轻时的疏忽大意最终酿成了苦果，这时朱棣才开始调养自己，注意起养生之道来。他对身边的近臣说："人但能清心寡欲，使气和体平，疾病自少。如神仙家说服药导引，亦只可少病，岂有长生不死之理？近世有一种疲精劳神佞神求寿，此又愚之甚也。"

御医蒋用文对朱棣的话很是赞同，说："保之之要在养正气耳。正气完，邪气无自入矣。"这一年朱棣48岁，正值中年，虽然有病，但是没有大碍。十年后，也就是1416年，朱棣大病一场，而此时已经快60岁的朱棣，在病魔面前显得非常弱小，被病痛折磨了很久。

当时，礼部郎中周讷从福建回来，说福建人祭祀南唐的道士徐知谔和徐知海，很灵验。治病心切的朱棣便马上命周讷去将二徐的塑像迎到北京来，还给两个人各自封了"九天金阙明道达德大仙显灵溥济德微洞元冲虚妙感慈惠护国庇民崇福洪恩真君"和"九天玉阙宣化扶教上仙昭灵溥济高明宏静冲湛妙应仁惠护国佑民隆福洪恩真君"的称号。

从此之后，朱棣一旦有病，便派人前去洪恩灵济宫去祭拜徐知谔和徐知海，而掌管庙中香火的庙祝会献上所谓的"仙药"。

道士炼药，多用一些大热之物，所以朱棣吃了这些药之后，痰塞气碍，脾气也开始渐渐暴躁起来，有一段时间还不能说话了，这让他更加愤怒。

正是在这种情况下，朱棣开始变得暴躁易怒，杀了很多人。大臣们很担心，但大部分人又不敢直言相劝。有一天，袁忠彻来到朱棣面前，对朱棣说，这些症状"实灵济宫符药所致"。

袁忠彻是朱棣的心腹之人，所以才敢说这种话。但即便如此，也惹怒了朱棣，他说："仙药不服，服凡药耶？"

袁忠彻见朱棣勃然大怒，哭倒在地，两个朱棣身边的内侍也跟着哭起来。

朱棣更是生气，把两个内侍拉出去打了一顿，并说："忠彻哭我，我遂死耶？"

事实上，朱棣早年对道家的法术并不像如今这样迷信，他生病时的确服用过道士的所谓"仙药"，但有时则对此类"仙药"提出怀疑。1417年8月，有道士向他进献金丹和方书，自称可长生不老，朱棣没有接受，说："此妖人也。秦皇、汉武为方士所欺，乃又欲欺朕？"他表示自己不吃所谓金丹，可让那道士自吃，方书毁掉，不许再以此惑人。这说明朱棣当年并非一味地尊崇道教。但是到了晚年时，由于久病不愈，朱棣失去了当年的睿智，开始把自己的健康寄托到了虚无缥缈的仙药上，这反倒加重了他的病情。

朱棣病重，再没有那么多的精力去处理朝政，太子才渐渐有机会执掌大权。从1421年迁都北京之后，朱棣便将军国大事交给了太子。当然，这一方面是因为朱棣身体不好，另一方面是因为朱棣还要拖着病体去攻打北方的敌人，他此时已经不能两头兼顾了。

之前我们说过，朱棣迁都北京之后，就开始着手他的第三次出征，当时有很多人反对出征，其中的一个反对理由就是"圣躬少安，尚须调护"，意思是你身体不好，还是调养调养再说吧。但是此时已经62岁的朱棣却坚持率师出征。他虽然有病在身，但是依旧渴望完成统一北疆的事业，并以极大的毅力支撑着自己的意志，从这一点上来说，朱棣的精神是很可敬的。

1423年，朱棣完成了第四次出征蒙古的任务，回到了北京。但是，他的身体已经非常虚弱了，多日没有上朝。常山护卫指挥孟贤等人从宦官口中得知"朱棣病重"的消息后，认为朱棣可能活不了多久了，此时正是夺嫡的机会，于是暗中勾结朱高燧，散布对太子不利的言论，说朱棣有意将皇位传给朱高燧，废掉现在的太子。

孟贤之所以如此大胆，除了因为朱棣身体不好之外，还因为他的朋友钦天监官员（负责观察天象的官员）王射成对孟贤说："天象当易主。"这句话更加坚定了孟贤支持朱高燧"篡位"的决心。

孟贤和兴州屯军高以正一起炮制出一份伪诏，试图让宦官杨庆乘着朱棣病重，在药里下毒害死朱棣，然后发动叛乱，将朱高燧推上皇帝的宝座。

高以正把这件事情告诉了自己的外甥总旗官王瑜，希望可以拉他入伙。王瑜听后非常吃惊，劝高以正不要干这种诛灭九族的危险勾当，高以正不听。王瑜害怕将来高以正失败后会牵连到自己，便将此事密报朱棣。

朱棣听说这件事情后自然是又惊又怒，马上派人杀了孟贤、王射成、高以正等人，并且拿到了那份伪造的诏书。诏书上明明写着，朱棣死后传位给朱高燧，这证明朱高燧很可能是幕后的指使者。

朱棣拿着这份诏书亲自去审问朱高燧，他注视着朱高燧质问道："尔为之耶？"朱高燧非常害怕，面如土色，不敢说话。太子朱高炽当时也在场，他给弟弟辩解说："此下人所为，高燧必不预知。"朱高燧这才逃得一死。从这件事可以看出，朱高炽确实是个忠厚之人。

此事之后，朱高燧虽然逃得一死，但是他也不敢再有任何越轨的行为，变得老老实实的。而那个支持他的太监黄俨，最后也被查出与此事有关，被朱棣杀死了。

死于征途

前面我们介绍了朱棣四次亲征漠北的经过，其实，在 1423 年朱棣第四次出征漠北的第二年，朱棣又发动了第五次出征漠北的战役。我们之所以没有讲五出漠北的经过，是因为这次战役一定要放到最后来讲，因为朱棣死在了这次出征的路上。

1424 年正月，阿鲁台率军进犯陕西。朱棣不顾病体，马上调集山西、山东、河南等部兵马前去迎敌，并且命令在第四次出征时投降明朝的金忠（也先土干）为先锋。

等到朱棣的大军来到河北张家口沽源县的时候，得知阿鲁台已经逃走了。朱棣命令全军急速追击，但是追击 300 多里，也没能找到阿鲁台的影子。

无奈之下，朱棣只好下令班师回朝。大军行至榆木川，朱棣的病情恶化。此时的塞北，已经是深秋，秋风瑟瑟，落叶萧萧。低沉的天空下，山河一片肃杀景象。朱棣就在这荒野上度过了自己人生最后的时刻。

临终前，他召见英国公张辅，留下了十五个字的遗诏：传位皇太子，丧服礼仪，一遵太祖遗制。

1424 年七月十八日，65 岁的朱棣，溘然长逝，时年 65 岁。一代雄主就这样退出了历史舞台。

朱棣生于行伍之间，死于出征路上，终身征战，堪称一代雄主。

作为一位中国历史上少有的"马上皇帝"，朱棣深刻地影响了中国历史。他在位的 22 年中，中国的社会经济整体是向前发展的，从朱棣开始，明朝开始走向了强盛，国家获得了统一。历史上将朱棣的时代称之为"永宣之治"，与贞观之治相似。明朝人说："高皇帝翦除凶残，鸿业，必须大圣人继起，乃能定之。汉唐宋统一天下，皆有太宗，乃克永世。"意思是说，朱元璋赶走了凶残的元朝统治者，但是如果想要成就一个伟大的时代，必须有贤明的人继承朱元璋的事业才行，汉、唐、宋都是如此。而太宗皇帝（朱棣）正是这样贤明的人物。王世贞也说："太祖之后而功者，孰不知成祖乎？"意思是说，朱元璋之后的伟大人物，朱棣可以算作是一个。

　　《明史》中有关于朱棣关心民生、勤于政事的记载。永乐元年，朱棣曾说："朕即位未久，曾恐民有失所，每宫中秉烛夜坐，披阅州郡民籍，静思熟记，何郡近罹饥荒，当加优恤，何处地迫边鄙，当置守备，旦则出与群臣计议行之。近河南数处蝗旱，朕用不宁，故遣使省视，不绝于道。如得斯民小康，朕之愿也。"

　　朱棣安不志危，勤读不怠。明永乐九年，朱棣在右顺门披览奏章，御案上镇纸金狮欹侧将坠，给事中耿通赶紧移置案中。朱棣看见之后说："一器之微，置于危处则危，置于安处则安。天下，大器也，独可置于危乎？尤须安之。天下虽安，不可忘危，故小事必谨。小不谨而积之，将至大患，小过必改，小不改而积之，将至大坏。皆致危之道也。"

　　朱棣还曾说过："朕德谅薄，托于万姓之上，惧弗克负荷，夙夜祗事，不敢暇豫……夫戒谨者，治之所兴，宴安者，乱之所自。"

　　朱棣也是历史上少有的勤奋皇帝。刚当上皇帝的时候，他每天"四鼓以兴，衣冠静坐"，"思四方之事，缓急之宜"。在他执政期间，上午有早朝，下午有晚朝。朝廷中的事情处理完了，还要处理宫中之事。"闲暇则取经史览阅，未曾敢自暇逸"，"诚虑天下之大，庶务之殷，岂可须臾怠惰！一怠情即百废弛矣。"有人建议少操劳一些，"无为而治"，朱棣回答说："人君固贵简默，然天下之大，民之休戚，事之利害，必广询博闻然后得之。""不如是不足以尽群情。"

对于国家大事，朱棣事必躬亲，他曾指责通政司"四方奏疏非重务者，悉不以闻"。还说："朕主天下，欲周知民情，虽细微事不敢忽。盖上下交则泰，不交则否。自古昏君其不知民事者多至亡国……凡书奏关民休戚者，虽小事必闻，朕于听受不厌倦也。"他曾派人将官员们的姓名写在武英殿南廊，并时不时地去看一眼，为的就是熟悉政情。

朱棣虽然算不上特别节俭，但是和大部分皇帝比起来，还是有过之而无不及，他曾说："内府所贮，皆天财，待赏有功，虽朕不敢妄费。"他曾经穿着一件打过补丁的衣服上朝，大臣们看见之后纷纷称赞他贤德。朱棣则说："朕虽日十易新衣未尝无，但自念当惜福。故每澣濯更进。"这一点朱棣和贫苦出身的朱元璋很像，朱元璋当年就曾经说过："昔皇妣躬补缉故衣，皇考见而喜曰，皇后富贵勤俭如此，正可为子孙法。故朕常守先训不忘"。

其他，如朱棣说"治贵得大体"，不必拘泥细故小事，"君臣贵相与以诚，谀佞非治世之风"，"国之兴废，在德，不专在数"，"一人苟有德可传，何必百岁之寿"，"一物之异常有之，算不得祥瑞"，"海宇清明，生民乐业此国家之瑞"，以及认为"虽生知之圣，亦资学问"，等等。

以上所举的例子，都出自于明史记载，但是如果因此就认为朱棣是一个完人，恐怕不能让人信服。

朱棣经常拿自己与唐太宗相比较，但是客观来讲，朱棣所统治的时代，是无法与"贞观之治"相提并论的。

朱棣在位二十多年的时候，天下百姓苦于无休无止的征战徭役。朱棣虽然在战争中稳固了国家的疆域，但是当时的百姓非但没有享受到其中的好处，反而深受其害。

再者说，朱棣晚年时鸷厉好杀，广招民怨。为了监视大臣、民众，更是设立了东厂、西厂这两个历史上臭名昭著的特务机关。这使人们在赞叹他的文治武功时，不得不注意到他的各种政策对有明一代的负面影响。

朱棣最为失败的政策就是重用宦官，给宦官们打开了涉足政治的大门。那些太监不但被派遣采办、提督市舶，而且还有监军、巡视、使外、镇守的权力。当然，在朱棣时期，重用宦官并未造成多少负面的影响，那是因为他本人足够强大，能够驾驭宦官。到了他的子孙后代那里，许多皇帝没有这种能力，宦官之祸便日益严重起来。正统年间的王振，成化年间的汪直，正德年间的刘瑾，天启年间的魏忠贤，都是权倾一时的奸臣，给大明帝国带来了深重的灾难，朱棣也应该为此付一部分责任。

对于朱棣这个人，我们只能说：不同的时代和不同的文化类型，造就出不同的伟大人物。那个特定的历史条件造就了朱棣。他的政策、思想乃至性格，正孕育于15世纪前期的经济结构、政治体制和文化传统之中。人们可以看到，在历史规定的范围内，他以出类拔萃的才干使自己的业绩达到了历史所能允许的最高点，但他毕竟是在这座特定的舞台上表演，因而他并不能超越历史的局限，让我们身处今天的人感到百分之百的满意。

短寿的新皇帝

朱棣突然病故，直接影响到明朝政府的政局稳定。

那个一直想当皇帝的朱高煦，当年虽然迫不得已离开了南京，来到了乐安州，但是仍没有放弃与兄长争夺皇位的念头。他知道朱棣已经不会再有废太子的念头了，所以在一旁静静地等待机会。

朱高炽和大臣们知道朱高煦不是省油的灯，而朱棣一死，朱高煦没了约束，他可能会破釜沉舟，做出一些不法的事情来。为了不给朱高煦兴风作浪的机会，和朱棣一起出征的英国公张辅、阁臣杨荣、金幼孜和太监马云等人决定隐瞒朱棣的死讯。他们搜集军中锡器，铸成了一口锡棺，将朱棣的遗体秘密装殓，放到皇帝的车上，每日照常进膳行礼。同时，他们暗中遣杨荣和少监海寿先一步回到京城，把朱棣的死讯提前告诉朱高炽。

八月初二，杨荣、海寿回到了北京，面见太子，传达了朱棣的遗诏。太子朱高炽赶紧命令太孙朱瞻基到开平迎丧。

第二天，朱高炽就去大牢中与当年被朱棣关押的旧臣夏原吉商议对策。夏原吉得知朱棣的死讯，哭倒在地，出狱后马上与礼部大臣们共同安排了丧礼。

八月初七，朱瞻基来到了军中，此时明军已经行进到达雕鹗谷。皇帝的死讯这才公开，军中开始发丧。当朱棣的灵柩经过八达岭居庸关时，文武百官和军民都赶去哭迎。

此时，居庸关外残阳如血，十万多军士围着朱棣的遗体痛哭不止。

朱棣曾经多次从居庸关出征塞外，又曾经过这里凯旋，但如今却是最后一次经过这里了。过了居庸关之后，朱棣的遗体被送到了北京皇宫中的仁智殿内。

朱高煦这时才得知了朱棣的死讯，他赶忙派人到京师打探消息。朱高煦的儿子朱瞻圻此时正在北京，也赶紧快马加鞭将朱棣的死讯驰报乐安州。朱高炽知道这些情况后，并没有做出什么过激的反应，因为此时朱棣的遗诏早已公布天下，大局已定，朱高煦再怎么折腾，也难以扭转局面。

朱高炽以新皇帝的身份，主持朱棣的葬礼。全国都开始举行哀悼仪式。按照当时的礼仪规定，对皇帝的哀悼要进行27日，期间禁止一切音乐、嫁娶、祭祀活动。各个寺院、道观响起钟声，他们要按照规定各鸣三万杵。而宫中皇室们则要守孝三年。

九月十日，朱棣被尊谥为"体天弘道高明广运圣武神功纯仁至孝文皇帝"，庙号太宗。

十二月十九日，朱棣被埋葬在北京昌平天寿山的长陵中。

到此为止，朱棣的时代过去了，朱高炽的时代来临。

但是，属于朱高炽的时代却很短，只有一年。朱高炽在太子的位置上等了20年，历经了百般的艰险和坎坷，但是却在当上皇帝一年后便撒手归西。朱高炽临死前对蹇义、杨士奇说："监国二十年，为谗匿所构，心之艰危，吾三人共之，赖皇考仁明，得遂保全。"

朱高炽死时才48岁，正值壮年，这不得不让人怀疑他的真实死因。有这样一种说法：朱高炽的妃子郭妃在皇后张氏的生日那天设宴祝寿，郭妃给张氏盛了一碗汤，张氏没有马上饮用，却被朱高炽取而饮之。郭妃见朱高炽要喝那碗汤，大惊失色，阻拦不及。片刻之后，朱高炽死，郭妃也自杀了。按照这种说法，朱高炽可能是死于后宫的误杀。

另一种说法是：朱高炽即位之后，打压宦官，惹得宦官们极为不满。一个阴雨天，朱高炽上朝之后回到后宫，不久就死去了。当时雷霆大作，有宦官就说朱高炽是被雷震死的。但是当时就有人怀疑是宦官杀了朱高炽。而且，还有人说，朱高炽就殓时，躺在寿棺里的是一具没有头颅的尸体。

这两种说法都是传言，没有确切的证据，但是朱高炽继位一年就死，确实让人唏嘘。但是在历史上，人们对这个当了一年皇帝的朱高炽评价很高，他上任之后，休养生息、勤政爱民，短短时间内，明朝就获得了很快的发展。

朱高炽死后，当年皇太孙朱瞻基继位。

而朱高煦看着自己的侄儿当了皇帝，就想效仿当年的朱棣，从侄儿手中夺取皇位，于是便起兵反叛。但是朱瞻基不是朱允炆，朱高煦也不是朱棣。朱瞻基得知有人造反，立即率兵亲征，朱高煦没有朱棣当年的军事能力，被朱瞻基一举擒获。

朱瞻基将造反的叔叔废为庶人，锁絷在西安门内逍遥城中。当时向朱高煦宣读问罪诏书的都察院监察御史，就是后来在正统和景泰年间名震一时的民族英雄于谦。

朱瞻基一开始并没有杀朱高煦，但是有一次他去看朱高煦时，朱高煦居然很无厘头地伸出脚将朱瞻基绊倒在地，朱瞻基因此大怒，命手下把朱高煦罩在铜缸里烧死了。

谷应泰在《明史纪事本末》上说："虽然，高煦之后，宸濠，反者踵起，岂前车之鉴，不足以儆天诛，抑靖难之风，若或贻以家法，盖观于汉庶人之变，而叹蜾蠃之类我也。"这言下之意是，朱高煦造反之后，明朝还有很多造反的王爷，但是都是因为当年朱棣给树立的榜样。

谈迁在《国榷》中也说："文皇帝矫虔大宝，开端觊觎。高煦乘其材勇，乐祸而敢战，焉称兵。事成曰靖难，事败曰贼，尤而效之，所必至也……由今言之，煦盖效父者，奈何独蒙恶声哉？"意思是说，朱高煦和朱棣造反其实是一回事儿，朱棣成功了，就是靖难，朱高煦失败了就是贼。

由此可见，人们对朱棣起兵及杀戮建文遗臣一直是心怀不平的，一有机会，便要喧宾夺主，针对朱棣做一番文章。

平定了反叛之后，朱瞻基就当上了太平天子。在他的治理下，国家也确实进入了太平盛世。

大明王朝由朱元璋击败各路军阀开始，到朱棣四处征战平定天下，再到朱高炽休养生息，而后传到朱瞻基这里，终于使得大明王朝进入了一个最为辉煌的时期。在他以后，虽然明王朝明君少、昏君多，但是仗着祖先四代人留下的丰厚基业，还是坚持了 200 多年才最终覆灭。所以说，朱棣这位承前启后的君主，虽然有诸多被人诟病的地方，但是他在历史上的作用却不容抹杀。

第十五章 ／ 成祖之谜

朱棣的身世

当年朱标死后，朱元璋为什么立朱允炆为储君，而没有立朱棣？这个问题一直没有定论。朱棣当年其实也很不满意。一次，朱棣用手拍拍皇长孙朱允炆的背，阴阳怪气地说："没想到我侄儿还能有今天啊！"事有不巧，这一幕正好给朱元璋看见，朱元璋生气了，说："怎敢对皇长孙如此无礼？"朱棣不敢说话。朱允炆急忙出来打圆场，才没让朱棣十分难堪。还有一次，朱元璋带着子孙在宫里看赛马，朱元璋出上联："风吹马尾千条线。"朱允炆没有打仗经验，所见不过平凡琐事，憋足劲儿想出"雨打羊毛一片毡"，软绵绵的，没什么味道。而朱棣见过世面，巧对"日照龙鳞万点金"，气魄宏大，朱元璋听了非常高兴。

朱元璋对朱允炆这个孙子，感情其实很复杂。一方面，朱元璋认为这个孩子仁慈宽和，有帝王的风范。而另一方面，朱元璋又担心这个太过斯文的皇太孙，不能担负起治理国家的重任。

在确定立朱允炆为皇太孙之前，朱元璋曾经悄悄询问翰林学士刘三吾："太子死了，皇长孙又还小。治理国家必须要有合适的人选，让朱棣接班怎么样？"

刘三吾是个知识分子，对天天喊打喊杀的朱棣自然没有什么好感，而对同样斯文的朱允炆却青睐有加，所以他对朱元璋说："立燕王是不对的！如果立燕王，那么秦王、晋王怎么办？皇长孙朱允炆四海归心，大家都很信服他，如果立他为储君，您可以高枕无忧。"

朱元璋虽然当时没有表态，但是这番话肯定对他有所触动。

当然，朱元璋不可能因为一个大臣的一番话就最终下定决心。朱棣最终没有被立为储君，还可能是因为另外一个重要的原因——他的出身问题。

在明朝的各种史书中，都记载这朱棣是马皇后所生，是"嫡出"。但是，却始终有人认为，朱棣的身世并不那么简单。

1389 年，朝鲜使臣权近等人在北京拜见朱棣，此人回国之后，写了一本《奉使录》。里面说：他到北京燕王府去见燕王，但是非常不巧的是，那天是农历七月十五日，是朱棣母亲的忌日，朱棣不见客人。

问题出来了，马皇后是八月初十去世的，也就是说，那天朱棣祭拜的人并不是马皇后，而他自己又说是在祭拜母亲，因此，他母亲是谁就有了悬念。

《南京太常寺志》一书有这样的记载："左一位淑妃李氏生懿文太子、秦愍王、晋恭王，右一位妃生成祖文皇帝，是皆享于陵殿，掌于祠官，三百年来未之有改者。"

意思是说，一位皇妃生下了懿文太子、秦愍王、晋恭王，而另一位皇妃则生下了朱棣。这句话揭示了一个重要的信息：朱棣是皇妃所生，而非皇后马氏所生。

《南京太常寺志》是明朝人汪宗元写的，此人号春谷，崇阳人，是嘉靖己丑进士，官至总理河道右副都御史，曾经当过南京太常寺卿。太常寺卿是中国古代的一个官职名称，负责皇帝宗族祭祀的长官。所以他的记载可以说是有一定可信度的。

如果马皇后不是朱棣的生母，那么他的母亲到底是谁？这个问题史学界争论了很久，答案不一，有以下三种说法：

1.高丽(今朝鲜)女子妃李氏。

2.元顺帝妃洪吉喇氏。

3.蒙古女子翁氏。

我们一个一个地分析一下。

首先来说朝鲜女子李氏。

《南京太常寺志》中所说的"右一位妃"指的就是朝鲜女子李氏，一般在史书中被称为"碽妃"。

"碽妃"是高丽选送给朱元璋的女子，这种说法是民国学者陈作霖提出来的。他在《养和轩随笔》中说："予幼时游城南大报恩寺，见正门内，大殿封闭不开。问诸父老，云：'此成祖生母碽妃殿也。妃本高丽人，生燕王，高后 (马皇后) 养为己子。遂赐 (碽妃) 死，有铁裙之刑，故永乐间建寺塔以报母恩。'与史志所载皆不合，疑为谰言。后阅朱竹垞跋《南京太常寺志》，云：'长陵系碽妃所生'。复见谈迁《枣林杂俎》，述：'孝慈高皇后无子，即懿文太子 (朱标) 及秦、晋二王，亦李淑妃产也。乃仅齐东之语，不尽无稽也。'"

意思是，我年轻的时候，去城南大报恩寺游玩。大殿不让进。问当地人为什么，他们说："这是朱棣生母硕妃的宫殿，硕妃本是朝鲜人，生朱棣，马皇后把朱棣当自己的儿子养。于是硕妃就被赐死了。所以朱棣当上皇帝之后，就建造了这个大报恩寺，纪念他的母亲。由于他们说的话和正史不太一样，所以我怀疑他们是胡说八道。后来又读《枣林杂俎》，述：'孝慈高皇后无子，即懿文太子 (朱标) 及秦、晋二王，亦李淑妃产也。乃仅齐东之语，不尽无稽也。'我才相信他们说的是真的。"

传说，朱元璋处死李氏，是因为李氏尚未到预产期，朱棣便出生了，是个早产儿。朱元璋一算日子不对，怀疑是李氏给自己戴了绿帽子，非常生气，赐李氏"铁裙"之刑。

所以，朱棣日后当了皇帝之后，就在南京重建大报恩寺塔，以纪念硕妃。

这种说法在民间流传甚广，也有理有据，但是未得正史确认。

第二种说法是：朱棣是母亲是元顺帝妃洪吉喇氏。

这个说法，可追溯到朱元璋没有称帝前。

当年朱元璋跟随郭子兴起兵，郭子兴死后，朱元璋取而代之。南征北伐，最终打到了北京城。元顺帝见大势已去，就离开了北京，回到了蒙古。朱元璋进入北京城后，来到元顺帝的后宫，看到一位美女，非常美丽，就收她为妃子。这个美女就是元顺帝的第三位妃子格勒德哈屯。

在朱元璋收格勒德哈屯时，她已经怀孕七个月，所以不便跟元顺帝一起跑。朱元璋收他为妃后两个月，她生下一个男孩，就是朱棣。

据说，朱元璋一开始不想认这个儿子，但看到朱棣相貌不凡，朱元璋很喜欢。而且，说自己的后宫女人生了别人的孩子，传出去恐怕有损威严，所以朱元璋不得不认下这个儿子。

这种说法来自于民间，最不可靠，不可信。

第三种说法是朱棣的母亲是蒙古女子翁氏。

与格勒德哈屯一样，翁氏也是元顺帝的妃子。

清初地理学家刘献廷所著《广阳杂记》中说："明成祖，非马后子也。其母翁氏，蒙古人。以其为元顺帝之妃，故隐其事。宫中别有庙，藏神主，世世祀之，不关宗伯，有司礼太监为彭恭庵言之。余少，每闻燕之故老为此说，今始信焉。"

意思是说，朱棣不是马皇后的儿子，母亲是蒙古人翁氏，因为曾是元顺帝的妃子，所以史书上没有写这件事情。

刘献廷之所以这么说，是因为"每闻燕之故老为此说"，所以也不太可靠。

另有一说，来自于民国学者王謇的《孤庐杂缀》。书中说："往余幼从吴梦辄师恩同游，师告余曰：'克金陵时，官军得明成祖御碣于报恩寺塔座下，其文略谓：成祖生母为翁吉剌氏，翁故为元顺帝宫人。生成祖，距入明宫仅六月耳。明制：宫人入宫，七月内生子者，需受极刑。马后仁慈，遂诏翁以成祖为马后所生。实则成祖生日，距懿文太子之生，仅十月稍强也。翁自是遂抑郁而殁，易箦前，以己之画像一帧，授成祖乳母，且告以详，命于成祖成年就国后告之。成祖封燕王，乳母如命相告。于是，成祖始知己之来历，乃投袂奋起，而靖难之变作矣！'"

意思是，小时候我和老师一起出游，老师告诉我，清朝军队攻克南京时，在报恩寺塔底下找到一块石碑，上面写，朱棣的生母是翁吉剌氏。由此可见，王謇的说法也是道听途说，显然不足为凭。

朱棣的生母到底是谁？现在看来，不是马皇后就是朝鲜人李氏。

认定朱棣不是马皇后所生的人，大多数都认为朱棣通过造反夺得皇位，天下人多有不服，为了证明自己有资格当皇帝，所以篡改了历史书，把自己说成是马皇后的儿子，以增加自己当皇帝的合法性。因为朱棣确实有篡改历史的行为，所以这种说法不是没有可能。

认为朱棣是马皇后所生的人，是因为历史书上明明白白就是这么记载的。在没有确凿的证据以前，不能在这种问题上胡乱猜测，所以本书也采取了这种说法。

永乐年间的后宫

朱棣不是一个贪恋美色的昏君，他曾经说："人心诚不可有好乐，一有好乐泥而不返，则欲必胜理。若心能静虚，事来则应，事去则如明镜止水，自然纯是天理。朕每朝退默坐，未尝不思管束此心为切要，又思为人君，但于宫室车马服食玩好无所增加，则天下自然无事。"

不过，从现实上来看，朱棣虽然称不上荒淫无度，但也绝不是他所说的那般清心寡欲，朱棣刚刚当上皇帝之后，就下令"求民间识字妇女入内职"。随后又命令礼部访求在京官员军民之家女子年15~20岁容止端正、性情娴静者备王妃之选。朱棣曾命女官蔡氏到杭州选识字妇女入宫。当时有人作诗说："已云玉闰归马足，更妆金屋贮娥眉。""临别亲邻莫惆怅，从来生女作门楣。"朱棣平时吃饭要有宫女伴唱，晚年因为身体有病，朝参也要有宫女陪伴搀扶，这在整个明朝都是很特殊的。

朱棣的皇后是开国功臣中山王徐达的长女，史书上记载："徐氏自幼贞静，好读书。"朱元璋听说徐达家闺女很不错，便对徐达说："我与你是布衣之交，古君臣相契者，率为婚姻。卿有令女，其以朕子朱棣配焉。"

皇上求亲，徐达哪能拒绝？他马上顿首谢恩。1376 年，徐氏被册封为燕王妃，据说朱元璋的媳妇马皇后很喜欢自己的这个儿媳妇。

徐氏后来跟着朱棣到了北京，期间，马皇后死了，徐氏为婆婆守丧三年，素食淡饭，非常虔诚。

在朱棣争夺皇位的过程中，徐王妃帮了他不少忙。朱棣带兵去攻打大宁，李景隆乘机来进攻北京，朱高炽手下人少，形势紧急，徐王妃便激劝将校士民的妻子参战，组成了一支女兵队伍，协助正规军守城。

朱棣当上皇帝之后，徐王妃就变成了徐皇后。

徐皇后和马皇后一样，宅心仁厚，经常规劝朱棣与民休息，是朱棣的贤内助。

徐皇后的弟弟叫徐增寿，是朱允炆手下的大臣。朱棣造反之后，徐增寿经常将朝廷的情报送给姐夫，最后被朱允炆发现，处以极刑。后来朱棣要为徐增寿追赠官爵，徐皇后表示反对。后来朱棣还是将徐增寿封为定国公，世袭。但是徐皇后却说这有违常理，因而不向朱棣道谢。

有一天，徐皇后问道："陛下与什么人一起治理国家？"朱棣回答说："六卿管理政务，翰林的职责是研究问题、草拟文告。"于是徐皇后便将朱棣手下这些重臣们的夫人请进宫来，让她们以天下苍生为念，劝说自己的丈夫实施仁政。徐皇后说："妻子侍奉丈夫，哪里只是为他准备饭菜、衣服而已，应该还有别的帮助。朋友的话，可以依从，也可以违背，而夫妇之间的话，则委婉顺耳，容易听进去。我朝夕侍奉皇上，惟以百姓生计为念，你们也要鼓励你们的丈夫。"

徐皇后还效仿古代的《女宪》、《女诫》，编成了《内训》二十篇，又编了《劝善书》，颁行天下，以化育人心。

1407 年七月，徐皇后病重，但她仍不忘劝告朱棣爱惜百姓，广求贤才，对宗室要以恩礼相待，不要骄养外戚。又告诫皇太子朱高炽说："我一直惦记着当年在'靖难之役'初起时，为守住北平城而应命作战的将士妻子，感念她们的功劳和付出的伤亡。想要趁着皇帝日后北巡的机会，亲自向她们以及她们的家人赠予嘉奖抚恤。只可惜我再也无法完成这个凤愿，这是我此生唯一的恨事。"

当月初四，朱棣即位六年后，徐皇后病逝，年仅 46 岁。临终前，她再次劝朱棣要爱惜百姓，招揽贤人，好好对自己家族内的亲戚，不要娇宠外戚。

徐皇后死后，朱棣万般伤心，给她在灵谷寺、天禧寺举行了规模很大的葬礼，群臣也纷纷前来拜祭。徐皇后被谥为仁孝文皇后。她死后，朱棣没有再封过皇后。

据说朱棣在徐皇后病故后，曾经想要娶徐皇后的妹妹徐妙锦。但这个徐妙锦对于朱棣造反的事情非常反对，朱棣夺得皇位之后，她还说："建文帝不应出逃，而应当坐在殿上以待，看燕王如何。"

由于对朱棣不满，所以徐妙锦拒绝嫁给朱棣。朱棣威胁她说："不嫁给天子，还想找什么样的女婿呢？"徐妙锦则回答："宁可终生不嫁。"

徐妙锦也是个刚烈女子，她说终生不嫁后，便马上剪去满头秀发，在南京聚宝门外王姑庵出家了。这位出身名门的贵族少女，为了坚持自己的政治信仰，或许也是为了逃避血腥的宫廷生活，义无反顾地过上了青灯古佛的生活。

其实，除了徐皇后之外，朱棣还有两个心爱的妃子——昭献贵妃王氏和恭献贤妃权氏。王氏是个很贤淑的女子，对徐皇后非常敬重，朱棣很喜欢他。朱棣晚年性情比较暴躁，经常因为一些小事处罚大臣，王氏总是出来劝诫。事实上，自从徐皇后死后，王氏就扮演了她之前的角色，宫中一切大事都由王氏掌管。

权氏是个朝鲜人，长得漂亮，人也很聪明，善于吹玉箫，朱棣也很喜欢她。

至于权妃如何从朝鲜来到中国，还有一个故事。

从元朝开始，朝廷每年都会让朝鲜进献美女。明朝继承了元朝的这个传统。朱元璋时期，后宫中就有不少朝鲜女子。甚至正如我们之前所说，朱棣本人可能就是朝鲜的妃子所生。到了朱棣时期，他依然不断下诏派人到朝鲜选秀女入宫。

1408年，朱棣派内使黄俨等人出使朝鲜，赏赐给朝鲜王一千两白银、五十匹丝绸、五十匹布匹，而朝鲜则向明朝献马三千匹。

最后，黄俨对朝鲜王说："我朝皇帝让我转告你说，有生得好的女子，选拣几名来。"朝鲜王赶紧命令全国的适龄女子禁止嫁人，然后四处选秀，以备进献。

一开始朝鲜王选了几名女子，准备敬献给朱棣，但是黄俨却认为这些女子长得不好看，很不满意，说了一些不好听的话。朝鲜王只好命令人再选，同时通告各地："前者，不用心推刷，多有漏报者。更于大小守令、品官、乡吏、日守两班、乡校、生徒、百姓各户，如有姿色，一皆采择。如有隐匿或有针灸、断发、帖药多方规避者，论如律。"

对于这次选来的女子，黄俨要亲自把关。最终，有五位女子被选中，分别是：工曹典书权执中之女，18 岁；仁宁府左司尹任添年之女，17 岁；恭安府判官李文命之女，17 岁；护军吕贵真之女，16 岁；中军副司正崔得霏之女，14 岁。这些女子连同负责伺候她们的侍女 12 名、随从 12 名，一起被送到北京。上路之日，被选淑女的父母亲戚都不忍心与自己的女儿分别，在路旁大哭。朝鲜人曾经写诗描绘了当时的情景：

> 九重思窈窕，万里选娉婷。

> 辞亲语难决，忍泪拭还零。

> 惆怅相离处，群山入梦青。

五位朝鲜女子入宫后，权氏被册立为贤妃，任氏为顺妃，李氏为昭仪，吕氏为婕妤，崔氏为美人。她们的家人也都被授予了官职，如权妃的哥哥被授予光禄卿之职。

朱棣见到权氏后，问她有什么特长，权氏拿出随身携带的玉箫吹奏了一曲，声音非常好听，朱棣很是高兴，大为宠爱。宁王朱权曾写宫词描绘道：

> 忽闻天外玉箫声，花下听来独自行。

> 三十六宫秋一色，不知何处月偏明。

> 鱿鱼窗冷夜迢迢，海峤云飞月色遥。

> 宫漏已沉参倒影，美人犹自学吹箫。

宫中的女官王司彩 (就是掌管储藏缎匹的官) 和权氏很熟悉，也对权氏非常推崇，她曾写宫词歌咏道：

> 琼花移入大明宫，旖旎浓香韵晚风。

> 赢得君王留步辇，玉箫嘹亮月明中。

可惜的是，这位权妃红颜薄命。1410 年，权氏跟着朱棣北征，两年后，朱棣得胜南归，权妃死在了南归路上。

权妃死后，朱棣非常伤心，将她葬在峄县，命令当地人看守坟墓。

一开始，人们都认为权妃是病死的，所以无人起疑。

有一次，后宫吕婕妤和权贵妃两家的奴婢在宫中争吵，权妃的奴婢怒极，失言说是吕婕妤害死了权妃。

吕婕妤与权妃一贯不和，权妃在后宫权力很大，吕婕妤看不惯，曾当面斥责权妃说："有子孙的皇后也死了。你管得几个月，这般无礼！"

由于种种疑点，所以传言说：吕婕妤串通宫中的太监金得、金良，从一个银匠家里找来砒霜，研成粉末，放进胡桃茶中送给权妃吃了，权妃才会因此暴毙。

朱棣听说了这种传言之后，自然是勃然大怒，将太监、银匠和吕婕妤一并处死。吕婕妤死得很惨，朱棣让人用烙铁烙了她一个月，折磨死了她。吕婕妤的婢女也被杀死，牵连被株的人有上百个。

即便如此，朱棣还不解气，还逼迫朝鲜王将吕婕妤的母亲杀死了。

事实上，吕婕妤与权妃确实不和，但所谓"给权妃下药实施暗杀"的传言，却不是实情。直到朱棣老年，人们才知道了事情的真相：

权贵妃、吕婕妤入宫之后，又有商人之女吕氏被选入宫。吕氏和吕婕妤同姓，就想与吕婕妤借此结交，但吕婕妤不同意，吕氏因此怀恨在心。权贵妃猝死后，吕氏便乘机散布谣言，最终害得吕婕妤家破人亡。

后来，这个吕氏在宫中行为不检点，与宦官私通，朱棣察觉到此事，吕氏惧罪自缢。她死后，朱棣把她的侍婢都拘来审讯。这些侍婢熬不住酷刑，便违心认罪，说吕氏要谋杀朱棣。

谋害皇帝，是株连九族的大罪，朱棣因此大开杀戒，一共有2800人被朱棣所杀。行刑那天，朱棣亲自来到了刑场，要看着这些人死去。朱棣的冷酷无情也让将死之人愤怒无比，有人痛骂朱棣说："你自家阳衰，所以人家才和宦官私通，这有什么罪？"

朱棣大开杀戒后不久，皇宫中奉天、华盖、谨身三座大殿就被雷击起火，大火冲天，还未来得及救火，三座大殿就全部烧成了灰烬。

朱棣是个信天命的人，他认为雷击是上天对他的警示，所以第二天，他就下了一封罪己诏，诏书中说：

朕躬膺天命，祗绍鸿图，爰仿古制，肇建两京，乃永乐十九年四月初八日奉天等三殿灾，朕心惶惧，莫知所措。意者於敬天事神之礼有所怠欤？或法祖有庾而政务有乖欤？或小人在位贤人隐遁而善恶不分欤？或刑狱冤滥及无辜而曲直不辨欤？或谗愿交作诏谀并进而忠言不入欤？或横征暴敛剥削培而殃及田里欤？或赏罚不当财妄费而国用无度欤？或租税太重徭役不均而民生不遂欤？或军旅未息征调无方而饷空乏欤？或工作过度徵需繁数而民力凋敝欤？或奸人附势群吏弄法抑有司茸罢软贪残恣纵而致是欤？下厉于民，上违于天，朕之冥昧，未究所由，尔文武群臣受朕委任，休戚是同，朕所行果有不当，宜条陈无隐，庶图悛改，以回天意。

数日之后，朱棣再次下诏，宣布将"见有不便于民及诸不急之务者，悉皆停止，用苏困弊，仰答天心"。

朱棣细数了自己的"罪状"，但是唯独不提杀戮过甚这一条，可见他内心并未将杀人太多当作过错。

迁都是非

朱棣迁都北京，是明朝的一件大事。

自从朱棣说要迁都的那天起，无数的政治家、史学家就对其利弊争论不休，这种争论一直持续了数千年。

明朝人认为，北京在地理上有很多优越的地方，与长安、洛阳、汴梁相比较，北京形势最优。有人说："天地间之形势，大抵无如燕京，其次则关中，洛阳四面受敌，非用武之地，然视汴犹为上游焉，若金陵则僻在东南，不足控驭西北，非胜地也。"

意思是说，中国版图上的重要城市，没有哪个地方比北京更好了。例如洛阳，四面受敌，不是用武之地，开封也是如此。至于南京，由于地处南方，无法掌控西北，也不是好地方。

那么北京有什么好处呢？"沧海邅其东，太行峙其西，后枕居庸，前襟河济，饶谷马鱼盐果窳之利。顺天为皇居，东南转漕，秦晋入卫，形胜甲天下。"总而言之，这里既有丰富的物产，地势也足够险要。

不过，有些人却不这么认为，例如明朝的大学士丘浚就曾经说："居庸者，则吾之背也，紫荆则吾之吭也。都燕者切近北狄，则又将恐其反扼我之吭而拊我之背焉，所以防蔽之者，尤当深加之意。"意思是说，北京虽然可以掌控边疆局势，但是如果敌人来进攻，也会成为非常容易被攻击到的目标，不保险。

事实上，这种说法也不是没有道理，北京作为明朝的首都，离边疆太近，政权的中枢极易受到困扰。历史也证明了这种说法，有人总结说："有明都燕不过二百年，而英宗狩于土木，武宗困于阳和，景泰初京城受围，嘉靖二十八年受围，四十三年边人阑入，崇祯间京城岁岁戒严，上下精神毙于寇，至日以失天下为事……"

当年有人反对定都北京，朱棣说："北京之迁，吾与大臣密计数月而后行。彼书生之见，岂足以达英雄之略哉！"意思是，我和大臣们商量了好久才决定迁都北京，你们这帮书生的想法，怎么能和我们英雄的想法相比？

由此可见，朱棣认为"北京容易遭受攻击"这种说法，是一种懦弱的想法，真正的英雄就不怕别人打到家门口。这句话对于朱棣自己来讲没错，他有足够的能力应对来犯之敌。但是他似乎没有想过，如果自己的后代不那么"英雄"，敌人打到家门口该怎么办？

事实上，在明朝的历史上，这种事情不是没有发生过。土木堡之变中，朱棣的后代子孙就被敌人在家门口打败，北京城险些不保，若不是当时朝中出了于谦这么一个英雄，明朝的历史就要因此改写了。

或许在朱棣看来，自己有生之年能够完全平定蒙古，让后世无忧。纵观朱棣的一生，他也确实为此而努力了，但是从大的战略层面来讲，朱棣失败了，他虽然屡次大败蒙古，但是却并未彻底断绝蒙古对明朝的威胁。虽然他也对蒙古贵族实行了一些怀柔政策，如任用鞑官，封蒙古贵族为王，等等，但由于他依旧沿用了朱元璋留下的禁止胡服胡语、禁止蒙古人自相婚姻、五府六部不得任用鞑官等对蒙古的歧视政策，所以最终没能将蒙古归于自己的治下。朱棣在时，蒙古人还不敢轻举妄动，他一死，蒙古人又开始兴风作浪。

而塞上一有风吹草动，便举朝惶惶不宁。正统己巳之变，嘉靖庚戌之变，无不危及京师，几倾社稷。

那么，朱棣为什么要如此坚决地定都北京呢？这其中的原因恐怕是非常复杂的。

首先，北京是朱棣的大本营，他从这里起家，最终获得了天下。丘浚说，朱棣"自北平入正大统，遂建都于此"。

第二个原因，就是我们之前所说的那样，为了对抗北方的侵略。朱棣时代，连拉带打，蒙古对明朝实际上已经不如当初那般强了。所以朱棣迁都北京，其实还算比较安全。但是自从明正统皇帝之后，明朝力量逐渐衰落，蒙古再度对明朝造成了威胁。朱棣迁都北京的弊端，由此显现了出来。

据此综而述之，朱棣迁都不过有两个原因：一、北京是兴王之地，二、北京便于控制四夷。那么，这两个原因是否都能成立呢？

以王兴之地建都，是皇帝们比较喜欢的一种做法。朱元璋建立明朝之后，虽然定都南京，但也以临濠为中都。由此可见，朱元璋对自己的王兴之地也很重视。其他历朝历代，都有这种情况。

在朱棣造反的过程中，北京发挥了根据地的作用，军民为了支持他用兵，多有劳苦。朱棣即位后，对北京地区的人非常照顾，他说："时皇太子居守北京，赖军民竭忠效力，不避艰难，供给军需，馈运粮饷，昼夜不宁，攻守战斗，披坚执锐，冒犯矢石，父母妻子不保朝夕，甚为劳苦，使朕无北顾之忧……朕自即位以来，念尔将士人民，饮食梦寐，时刻不忘。"

朱棣曾多次减免北京的赋税。令罪犯于北京纳米赎罪，或充军饷，或输官仓；遇百姓乏食，或停天下中盐，专于北平开中，或诏民采盐易米者勿禁；有灾则急治，民饥则给钞，量免其差，屡蠲其税，较之他地，优恤特甚。朱棣还将"初日所受王庄田地，薄其赋税，岁收租入，建仓积贮，赐名黄垡，于以备一方之民凶荒给赈，而又复除其身，有司差役一切不得与。且当其时，县令贺银，两迁至少司空，宠荣之极，振古所无。"

一次，顺天府三十多名老人去感谢朱棣，朱棣对他们说："往者连年军旅，北方之民供给劳困，朕未尝忘之。比岁农种如何，民力复旧否？"说完，他又对身边的大臣说："北方之民，如人重病初起，善调理之，庶几可安。不然病将愈重，朕所以夙夜拳拳也。"

正因为对北京如此眷顾，所以朱棣下令迁都北京，从感情上讲并不奇怪，也没有什么值得指责的地方。那么，从理智上又该如何看待这个问题呢？

朱棣迁都北京的理性考量就是为了加强守卫北京的军事力量，这样做，不仅仅是为了对付边疆的入侵，似乎更是为了对付国内的政治反对派。根据明史记载，为了加强北京的军事力量，朱棣不惜从全国各地调集军队，进驻北京四周。如此一来，很多边疆地区的防御能力就受到了影响。

所以我们可以得出结论，朱棣从一开始决定迁都北京时，并非用来防御蒙古，相反，是撤销防御蒙古的力量，以加强中央的力量。朱棣之所以这样做，是因为他的皇位毕竟来路不正，害怕有朝一日有人起兵作乱，所以赶紧回到了自己的势力范围之内，并进一步加强了这里的势力。

朱棣的统治地位巩固之后，朱棣才开始正式把北京"守御外敌"的任务放到了第一位。朱棣数次北征，都是从北京出发，非常方便。如果都城还在南京，那么大军从南到北，即使不打仗，光是行军路上的消耗就非常巨大了。所以北京在控制北方疆域方面，确实有着得天独厚的优势。

朱棣雄心勃勃，他希望自己能够为帝国开疆略土，完成汉武帝、唐太宗那样的功绩，他一直在说"控四夷以制天下"，那么哪里是"控四夷"的最好地点？无疑是北京。这或许正是朱棣所谓的英雄之见。

明朝一直以来都承认元朝是中国历史朝代中的一员，而朱棣生于元末，对于昔日大元帝国万国来朝的盛世景象也一定是知道的。野心勃勃的朱棣，希望自己也能够建立一个那样的国家。所以说他都城迁于北京，不仅仅是为了征服蒙古，更是为了征服天下。据《明史》记载："自成祖以武定天下，欲威制万方，遣使四出招徕。由是西域大小诸国莫不稽颡称臣，献琛恐后。又北穷沙漠，南极溟海，东西抵日出没之处，凡舟车可至者，无所不届。"

朱棣将宁王、谷王、辽王迁往内地，将山西行都司、大宁行都司的诸卫所也迁往内地，就是为了控制东北、西北的广大地区。而他派郑和下西洋、征服安南等措施，也是为了征服天下这个目标。

朱棣胸襟，可见一斑。

皇陵疑案

朱棣葬身的长陵，是明十三陵中最为宏伟壮观的陵墓。此地四面青山环抱，林木葱郁。北面是天寿山主峰，峰前河水潆洄，川原开阔，峰后群山崔巍，层峦叠嶂，遥接太行。

朱棣的整个陵园坐北朝南，逶迤的蟒山环绕其后，峻拔的虎峪山雄踞其右。陵前有山间水流屈曲抱身流过，再前又有宝山和昌平城后山等遥相对应。

陵区外面是马兰峪和西山，如"万骑族拥"、"千官侍从"，分布陵区左右。这磅礴的地势正符合古代风水术士们极力赞美的"山川大聚"的帝陵形胜。

帮助朱棣选择这块风水宝地作为葬身之处的人是礼部尚书赵和。

赵和为了给皇帝找一块满意的风水宝地，带着来自民间的廖均卿、钦天监阴阳训术曾从政、知县王侃、给事中马文素、钦天监阴阳人刘玉渊、僧人吴永以及游朝宗、王贤等人走访了很多地方。在这其中，来自民间的风水术士廖均卿起到了关键性的作用。

廖均卿，江西赣州府人。根据他的五儿子廖信厚所写的《均卿太翁钦奉行取扦卜皇陵及行程回奏实录》中记载，自从徐皇后死了之后，朱棣就开始派礼部尚书赵和从全国各地招揽精通风水地理的人为自己选择死后的栖身之所。

赵和通过查阅书籍得知，唐朝时的杨筠松、曾文迪等"精通地理，有仙道之机"的人，都来自江西。所以他赶紧下令江西各府、州、县寻找善于看风水的人，最终找到了家居赣州府兴国县三僚村的廖均卿。

1407年十二月，廖均卿奉命来到北京勘探陵地。

一开始，廖均卿到过北京西边的燕台驿、玉泉山等地去勘探，都不满意。1408年，他来到了北京昌平的黄土山。登上山顶环视一周之后，认为此地风水绝妙，便马上绘制了一幅山图献给朱棣，并在朱棣面前对黄土山风水大加赞美，说此地"高张慧目，广迈皇风"。

1409年，廖均卿冒着北方正月的严寒天气第三次来到了黄土山。这次勘探之后，他又带着朱棣第四次来到黄土山，并先后赴北京西边的潭柘寺、香山及北京北边怀柔地区的洪罗山、昌平的阳山茶湖岭等地继续查找风水宝地，以供朱棣选取。最后，廖均卿对朱棣说：

臣观黄土山，势如鸾凤之奔腾，穴似金盘之荷叶，水绕云从，位极至尊。经云：'仰掌金盘荷叶中，谁知波浪有仙踪。'形似铜锣。臣冒奏：必扦响处始为工。盖响中之穴，以其声鸣于天下。

朱棣听了廖均卿的话非常高兴，于是将黄土山改名为天寿山，还赐给了廖均卿金剑一柄、银锄一把。

但是，在建造陵地后不久发生了一件意外情况——施工中挖出了泉水。

在古代人眼中，若是陵墓中出水，是大凶之兆。从现代科学的角度来分析的话，这种情况虽然和凶吉无关，但是确实对尸体的保存是很不利的。不管怎么说，这都不是好事。

有人把这件事情告诉了朱棣，说："廖均卿戏弄朝廷，掘伤地脉，涌泉不止。"朱棣勃然大怒，马上让廖均卿来给个解释。廖均卿对朱棣说："黄土山其穴，洪水滚滚，乃真龙之聚处，穴法无偏。圣主帝星銮驾到山，涌泉即止。"意思是，只要朱棣亲自去看一看，泉水就会止住。

说来也巧，朱棣跟着廖均卿来到天寿山后，泉水果然不流了。接着，按照廖均卿的指点，施工的人们又挖出石盆一个、石鲤鱼一对。后来在修建地宫的时候，将石盆盖在了金井之下。

之所以会发生如此凑巧、如此离奇的事情，很可能是廖均卿事先的安排。但是对于笃信天意的朱棣来讲，这可是个好兆头，他也因此对廖均卿非常佩服，对大臣们说："均卿非凡间子，诚有仙风道骨，喝山皆应，呼水即止，真朕之奇遇也。"

朱棣还想任命廖均卿当"钦天监五官灵台郎"，但廖均卿不愿意在皇帝手下办事，以上有老母在堂、下有五子为由，请求恩准回家。朱棣再三挽留，许以赏赐金银，升授官职，廖均卿仍然不为所动。朱棣无奈，只好放廖均卿回家了。

从 1409 年五月，朱棣开始正式下令修建陵墓。

陵墓的主要工程包括地宫和陵园两部分。至于长陵地宫是个什么情况，我们至今仍然无法知晓，因为自从长陵修建成功之后，就再也没有人进入到里面。

长陵的地宫修建了四年，徐皇后就被安葬于此。而地面上的陵园，直到 1416 年才修建完工。这个陵园由陵门、恩门、恩殿、明楼和宝城组成，排列于南北纵轴线上。这组建筑群是中国现存最大的木结构建筑群之一，仅此一点也可以看出当时工程的宏大。

明长陵神功圣德碑长陵的修建是一项浩大的工程，按照"军三民七"的比例征调劳力。由于工匠大量死亡，不得不在工地搭棚，找来和尚念经，为死者超度，足见当时建陵的艰难。

在长陵中，除了安葬着朱棣及其家人之外，还有三十余名殉葬者。朱棣最宠爱的韩氏和崔氏两名妃子也在其列。

殉葬的那一天，要赏赐这些殉葬者一顿酒宴，然后领入大堂。此时大堂上已安置了许多小木床。这些殉葬者知道自己已经活不过明天，个个痛哭，但是宫中的人不为所动，他们将殉葬者扶到床上，让她们将头伸进吊好的绳套中。然后站在床边的宦官将床一撤，殉葬者们便被吊死了。

据说，韩氏死时，对自己的乳母说："娘，我去了！娘，我去了！"她正喊着，床已撤了，声音戛然而止。

虽然这些殉葬者家属会受到朝廷的优恤，殉葬者也会得到好听的谥号，但是谁又愿意以这种方式得到那些东西呢？

朱棣的埋葬程序是非常烦琐的。入葬当天，宫中举行了启奠、祖奠等仪式。刚刚登基的新皇帝朱高炽脸朝西在朱棣的棺椁前，皇太子朱瞻基和其他亲王们依次侍立。内侍奏请灵驾进发后，将棺椁抬出宫门。走在最前面的是朱棣生前旧御仪仗，后面是神亭、神帛舆、谥册宝舆、铭旌等。朱高炽把朱棣的遗体送到午门之外，而后由太子朱瞻基和亲王们将灵柩送往长陵。在长陵，还要举行安神礼、迁奠礼、赠礼，之后将棺椁放入地宫，册宝、明器等也都陈列到地宫中。

最后，地宫的石门在沉重的哀乐声中缓缓关闭，一个时代，一段是非，一场功过，就此画上了句号。